D1941954

Karla C. Shippey

Internationale Verträge vorbereiten und durchsetzen

Karla C. Shippey

Internationale Verträge vorbereiten und durchsetzen

Entwurf internationaler Handelsverträge – nicht nur für Rechtsanwälte

Aus dem Englischen übersetzt von Jürgen Ulrich Lorenz

Deutscher Wirtschaftsdienst

Die Deutsche Bibliothek – CIP-Einheitsaufnahme

Shippey, Karla C.:
Internationale Verträge vorbereiten und durchsetzen : Entwurf internationaler Handelsverträge – nicht nur für Rechtsanwälte / Karla C. Shippey. Aus dem Engl. übers. von Jürgen Ulrich Lorenz. – Köln : Dt. Wirtschaftsdienst, 2000
Einheitssacht.: A short course in international contracts <dt.>
ISBN 3-87156-229-7

Die Originalausgabe erschien 1998 unter dem Titel A Short Course in International Contracts. Drafting the international sales contract – for attorneys and non-attorneys
© 1999 by World Trade Press. All Rights Reserved.
Published by arrangement with the original publisher,
World Trade Press, 1450 Grant Avenue, Suite 204, Novato, California 94945, USA

WORLD TRADE PRESS®
Professional Books for International Trade
A Short Course in International ______,
developed by World Trade Press, Novato, California USA,
Copyright © 1999 World Trade Press. All Rights Reserved.

Nr. 6874/75 Dpl. 1
Fachverlag Deutscher Wirtschaftsdienst GmbH
Marienburger Straße 22, D-50968 Köln (Marienburg)
Telefon (02 21) 9 37 63-0, Telefax (02 21) 9 37 63-99
Internet: http://www.dwd-verlag.de, eMail: box@dwd-verlag.de

© 2000 Fachverlag Deutscher Wirtschaftsdienst GmbH, Köln

Das Werk einschließlich aller seiner Teile ist urheberrechtlich geschützt. Jede Verwendung außerhalb der engen Grenzen des Urheberrechtsgesetzes ist ohne Zustimmung des Verlages unzulässig und strafbar. Das gilt insbesondere für Vervielfältigungen, Übersetzungen, Mikroverfilmungen und die Einspeicherung und Verarbeitung in elektronischen Systemen.

Umschlaggestaltung: Ute Weber GraphikDesign, Geretsried
Satz: Hümmer GmbH, Waldbüttelbrunn
Druck: Wilhelm & Adam, Heusenstamm

Inhaltsverzeichnis

Einleitung

In diesem Buch möchte ich den Leser mit den Grundfragen des internationalen Vertragsrechts vertraut machen. Im Mittelpunkt meiner Ausführungen steht der internationale Kaufvertrag. Im Auslandsgeschäft werden die Vertragsparteien im Prinzip mit den gleichen Rechtsfragen wie im Inlandsgeschäft konfrontiert. Sie müssen vertragliche Regelungen für die Vertragsleistung, die Qualitätskontrolle, die Beachtung gesetzlicher Vorschriften (wie zum Beispiel gewerblicher Schutzrechte) und die Regelung unterschiedlicher Auffassungen beziehungsweise Streitigkeiten finden. Internationale Verträge zu schließen, zu erfüllen und durchzusetzen ist selbstverständlich schwieriger und eine größere Herausforderung als das Inlandsgeschäft, weil die Vertragsparteien räumlich weit entfernt sind, einen unterschiedlichen kulturellen Hintergrund haben und den Gesetzen verschiedener Länder unterliegen.

Juristische Betrachtung – »Das hängt davon ab«

Für viele Akteure im Auslandsgeschäft sind internationale Verträge leider ein Buch mit sieben Siegeln, weil die Fachsprache der Juristen für viele unverständlich ist. Wahrscheinlich haben Sie auch die Erfahrung gemacht, daß die Standardantwort von Juristen lautet: »*Das hängt davon ab, ...*«. Unabhängig von der jeweiligen Rechtsordnung ist diese Floskel überall auf der Welt bei Rechtsanwälten beliebt. Selbstverständlich müssen internationale Verträge fachlich durch Juristen beurteilt werden, aber angesichts der Globalisierung der Wirtschaft sollten Verträge auch für Manager transparent sein. In diesem Leitfaden für die Außenhandelspraxis möchte ich daher die komplexe Juristensprache verständlich machen.

Die Unverständlichkeit der Juristensprache ergibt sich im wesentlichen daraus, daß Juristen versuchen, in ihren Formulierungen alle Möglichkeiten zu berücksichtigen und eindeutig zu erklären, um Mißverständnisse oder Angriffsflächen zu vermeiden. Andererseits sorgen zu allgemeine Vertragsbedingungen dafür, daß Juristen ständig konsultiert werden. Wenn in einem Kaufvertrag zum Beispiel festgelegt wird, daß der Käufer den Verkäufer über die zu liefernde Ware »informiert«, dann ist dieser Begriff erklärungsbedürftig. Der Anwalt des Käufers könnte zum Beispiel die Auffassung vertreten, daß der Verkäufer in diesem Fall wissen mußte, daß der Käufer eine besondere Qualität bestellt hatte, weil der Verkäufer bereits fünf gleichartige Aufträge ausgeführt hat. Der Rechtsanwalt des Verkäufers könnte dagegen einwenden, der Käufer hätte die Produktspezifikation schriftlich mitteilen müssen, so wie er sie bei den fünf früheren Aufträgen auf die Rückseite des Bestellformulars geschrieben hatte. Nach Konsultierung eines Juristen wird die einfache Vertragsbedingung »Der Käufer informiert den Verkäufer über die Spezifikation der Ware« vielleicht in den folgenden Fachjargon geändert: »Unabhängig davon, ob der Käufer früher bereits Waren vom Verkäufer bezogen hat, teilt er dem Verkäufer die Spezifikation der Waren, die Gegenstand dieses Vertrags sind, schriftlich, mündlich oder anderweitig mit.«

Trend zur Schriftform

Ich habe mich bemüht, anstelle des juristischen Fachjargons eine allgemeinverständliche Sprache zu verwenden. Anhand zahlreicher Beispiele wird veranschaulicht, wie unterschiedliche Sitten, Geschäftspraktiken und Gesetze die Gestaltung, Interpretation und Durchsetzung internationaler Verträge beeinflussen. Es wird auch dargestellt, wie Verträge in verschiedenen Rechtssystemen betrachtet werden. In einem Kurzlexikon werden die gängigsten Rechtsbegriffe erläutert.

Ich gebe freilich zu, daß ich als amerikanische Rechtsanwältin nicht ganz frei bin von der amerikanischen Tradition, wirtschaftliche Beziehungen mit schriftlichen Verträgen zu regeln, weil sich die Vertragsparteien nicht nur gegenseitige Vorteile bieten, sondern auch gegensätzliche Interessen haben können. Schriftliche Verträge werden wichtiger, wenn die Vertragsparteien aus verschiedenen Ländern kommen und unterschiedliche Erwartungen haben. In zunehmendem Maße erkennen die Akteure im Auslandsgeschäft, daß es vorteilhafter ist, schriftliche Verträge abzuschließen, als mündliche Vereinbarungen zu treffen.

Auf die Frage, wie einfach internationale Verträge sein können, lautet die typische Antwort: »Das hängt davon ab, . . .« Einerseits kann ein internationaler Vertrag klar und verständlich formuliert sein. Andererseits sollte sich die Komplexität der Beziehung, der Rechte und Pflichten der Vertragsparteien in der Länge und der Kompliziertheit der Vertragsbedingungen widerspiegeln. Wenn Vertragsparteien das erste Geschäft abschließen, dann denken sie im allgemeinen nicht daran, was schiefgehen könnte, und daher schließen sie in der Regel einen einfachen Vertrag ab. Allerdings sind Vertragsparteien, die ihre Rechte und Pflichten schriftlich niedergelegt haben, besser gegen Risiken gewappnet.

Ich habe mich bemüht, Ihnen die Bedingungen internationaler Verträge leichtverständlich darzustellen. Gleichzeitig gebe ich zahlreiche Warnhinweise auf mögliche Fallstricke. Die Klarheit der Vertragsbedingungen ist natürlich kein Selbstzweck, sondern *es kommt darauf an,* daß ein internationaler Vertrag eindeutig interpretiert wird.

Musterverträge

Abschließend möchte ich noch einige Bemerkungen über die zehn Musterverträge machen, die ich in diesem Buch vorstelle. Vielleicht sind dies nützliche Anregungen für Ihre Geschäftstätigkeit. Meistens werden Sie diese Musterverträge allerdings ändern müssen, um sie an Ihre konkrete Situation anzupassen. Ich habe die üblichen Probleme behandelt und wollte Ihr Augenmerk auf die Schwierigkeiten richten, die häufig infolge ungenauer oder fehlender Vertragsbedingungen entstehen. Sie sollten stets darauf achten, daß Ihr Vertrag die Rechte und Risiken Ihrer konkreten Transaktion abdeckt. Ich empfehle Ihnen, einen Anwalt zu konsultieren, der unter Berücksichtigung Ihrer spezifischen Situation einen Vertrag entwirft und/oder überprüft.

Orange, California 1998 Karla C. Shippey, J. D.

1 Die Funktion von Verträgen im internationalen Handel

Verträge sind ein normaler Bestandteil unseres gesellschaftlichen Lebens. Daher ist Ihnen wahrscheinlich gar nicht bewußt, wie viele Verträge Sie jeden Tag schließen. Unter einem *Vertrag* verstehen wir eine Vereinbarung, die eine Beziehung zwischen zwei oder mehr Vertragsparteien regelt. Zwei Personen, die ein Ehegelöbnis ablegen, schließen zum Beispiel einen Ehevertrag, und Kunden, die in einem Geschäft Lebensmittel einkaufen, schließen einen Kaufvertrag.

Ein Vertrag kann mündlich oder schriftlich geschlossen werden. Wenn ein Vertrag schriftlich geschlossen wird, kann dies durch Unterzeichnung eines Vertragsentwurfs, schriftliche Erklärungen der Vertragsparteien oder durch notarielle Beurkundung geschehen. Weil die Vertragsparteien gegensätzliche Interessen haben, werden die Vertragsbedingungen in der Regel durch Gesetze ergänzt oder eingeschränkt. Diese Gesetze dienen dazu, die Vertragsparteien zu schützen und – für den Fall, daß einzelne Vertragsbedingungen unklar sind oder sogar fehlen – ihre Beziehungen eindeutig zu definieren.

Im Auslandsgeschäft hat der Kaufvertrag sogar eine besondere Bedeutung, weil das Geschäft komplexer ist und sich die Vertragsparteien häufig nicht kennen und auch nicht persönlich treffen, um den Kaufvertrag abzuschließen. Die Vertragsparteien haben unterschiedliche gesellschaftliche Werte und Rechtsordnungen. Diese Unterschiede können leicht zu Mißverständnissen führen, und daher sollten Kaufverträge im Auslandsgeschäft schriftlich abgeschlossen werden. Im Auslandsgeschäft sind schriftliche Kaufverträge in bezug auf die folgenden Aspekte wichtig.

■ Machtverhältnis zwischen den Vertragsparteien

Bei Abschluß eines internationalen Vertrags hat eine Vertragspartei häufig eine stärkere Verhandlungsposition als die andere. Ein Großunternehmen, das ein Angebot macht, kann vielleicht günstige Vertragsbedingungen durchsetzen und die Rechte der Käufer einschränken. Häufig werden im Auslandsgeschäft nach der Methode »Friß oder stirb« Standardkaufverträge angeboten, über deren Bedingungen nicht oder kaum verhandelt werden kann.

Welche Vertragspartei entwirft den Vertrag?

Die Partei, die den Vertrag entwirft, hat in der Regel die stärkere Verhandlungsposition. Daher wird sie die Vertragsbedingungen so formulieren, daß sie für sie günstig sind, selbst wenn sich die Vertragsparteien in vorausgehenden Verhandlungen bereits auf die wesentlichen Vertragsbedingungen geeinigt hatten. So sieht ein Verkäufer, der einen Kaufvertrag entwirft, beispielsweise Lieferbedingungen vor, nach denen die Gefahren des Verlusts oder der Beschädigung der Ware zum frühestmöglichen Zeitpunkt auf den Käufer übergehen.

Welche Vertragspartei kennt sich mit schriftlichen Verträgen aus?

Im Auslandsgeschäft hat die Vertragspartei die stärkere Verhandlungsposition, die sich besser mit schriftlichen Verträgen auskennt und deren Land ein stärker entwickeltes Vertragsrecht – und damit ein besseres System der Durchsetzung von Verträgen (das heißt Anerkennung und Vollstreckung von Titeln) – hat. Diese Vertragspartei besteht vielleicht auf Vertragsbedingungen, die im Rahmen ihrer inländischen Verträge üblich sind, und die ausländische Vertragspartei, die diese Vertragsbedingungen überhaupt nicht kennt, stimmt einfach zu. In den USA wird zum Beispiel häufig eine Vertragsklausel über ein sogenanntes Fix- oder Termingeschäft (vergleiche § 361 BGB, § 376 HGB) verwendet. Bei einer derartigen Vertragsbedingung wird die Nichteinhaltung des Liefertermins als Vertragsverletzung betrachtet, die die andere Vertragspartei berechtigt, Schadensersatz zu verlangen oder andere Rechtsmittel einzulegen. In Ländern, die mehr Wert auf langfristige Geschäftsbeziehungen legen, hat diese Vertragsklausel wenig Bedeutung. Bei einer Terminverzögerung werden die Vertragsbedingungen im allgemeinen neu ausgehandelt, um die Schwierigkeiten im Rahmen der Vertragserfüllung zu berücksichtigen, weil die langfristigen Beziehungen wichtiger sind als ein einmaliges Geschäft.

Eingeschränkte Durchsetzbarkeit einseitiger Verträge

Wenn eine Vertragspartei ihre stärkere Verhandlungsposition einseitig ausnutzt, kann sich das später durchaus nachteilig auswirken. Gerichte und Schiedsgerichte erkennen häufig einseitige Vertragsbedingungen, die eine Vertragspartei unangemessen belasten oder die sittenwidrig sind, nicht an. Außerdem werden die Vertragsbedingungen von Gerichten strikt gegen die Vertragspartei ausgelegt, die den Vertrag entworfen hat, da diese Partei die Gelegenheit hatte, einen klaren und eindeutigen Vertrag zu entwerfen.

Empfehlung:

Im Hinblick auf die Durchsetzbarkeit von Verträgen sollten die Vertragsparteien im Auslandsgeschäft vermeiden, sich einen unlauteren Vorteil zu verschaffen. Ein Vertrag, der der Verkehrssitte beziehungsweise dem Handelsbrauch entspricht, ermutigt die Vertragsparteien, ihre vertraglichen Pflichten zu erfüllen. So lassen sich Gerichtskosten und die Kosten für eine anwaltliche Vertretung sparen.

Rechte und Pflichten der Vertragsparteien im Rahmen internationaler Verträge

In internationalen Verträgen müssen die Rechte und Pflichten der Vertragsparteien klar und eindeutig festgelegt werden, um Mißverständnisse zu vermeiden und den Vertrag bei Streitigkeiten gerichtlich oder schiedsgerichtlich durchsetzen zu können. Die Vertragsparteien sollten grundsätzlich wissen, daß Gerichte Verträge nicht einfach nach dem Wortlaut auslegen, sondern den Willen der Vertragsparteien im Wege der Auslegung ermitteln.

Unterschiedliche Geschäftspraktiken der Vertragsparteien

Für Verträge, die zwischen Vertragsparteien im gleichen Land geschlossen werden, können fehlende oder unklare Vertragsbedingungen aus den Landesgesetzen oder der *Verkehrssitte* beziehungsweise dem *Handelsbrauch* abgeleitet werden. Bei der Auslegung einer Willenserklärung ist nach § 133 BGB der wirkliche Wille zu erforschen und nicht an dem buchstäblichen Sinne des Ausdrucks zu haften. Nach § 242 BGB ist der Schuldner verpflichtet, die Leistung so zu bewirken, wie Treu und Glauben mit Rücksicht auf die Verkehrssitte es erfordern. Unter Kaufleuten ist nach § 346 HGB in Ansehung der Bedeutung und Wirkung von Handlungen und Unterlassungen auf die im Handelsverkehr geltenden Gewohnheiten und Gebräuche (»Handelsbräuche« genannt) Rücksicht zu nehmen.

Bei internationalen Verträgen läßt sich der Wille der Vertragsparteien nicht so leicht ermitteln, weil sie unterschiedlichen Rechtsordnungen unterliegen und unterschiedliche Geschäftspraktiken haben. Daher ist es notwendig, in internationalen Verträgen die Rechte und Pflichten der Vertragsparteien eindeutig zu definieren.

Internationales Recht

Wegen der Schwierigkeiten, mit denen die Vertragsparteien im Rahmen internationaler Verträge konfrontiert sind, wendet die internationale Staatengemeinschaft auf Transaktionen zwischen Vertragsparteien, die ihren Sitz in verschiedenen Ländern haben, anstelle von Landesrecht internationales Recht (das heißt das *UN-Kaufrecht)* an. Wenn die Vertragsparteien eines internationalen Kaufvertrags Staatsangehörige von Ländern sind, die Unterzeichner des Wiener Übereinkommens der UNO vom 11. April 1980 über den internationalen Kaufvertrag sind (CISG – United Nations Convention on the International Sale of Goods), können sie sich auf internationales Recht stützen, um ihre Rechte und Pflichten festzulegen.

Im allgemeinen ist es günstiger, die Vertragsbedingungen im Rahmen internationaler Verträge klar zu regeln, anstatt fehlende Vertragsbedingungen im Wege der Auslegung nach Landesrecht oder UN-Kaufrecht zu ermitteln. Wenn zum Beispiel in einem Kaufvertrag keine Lieferzeit vereinbart wurde und der Käufer wegen Vertragsverletzung klagt, weil der Verkäufer die Ware nicht innerhalb eines Monats geliefert hat, könnte der Vertrag nach dem Landesrecht des Käufers vielleicht als nichtig betrachtet werden, weil eine wesentliche Vertragsbedingung fehlt. Wendet ein Gericht dagegen das UN-Kaufrecht an, so könnte in diesem Fall eine branchenübliche Lieferzeit von zwei Monaten angenommen werden.

Klarheit der Vertragsbedingungen und Sicherheit

Im Auslandsgeschäft sollten die Rechte und Pflichten der Vertragsparteien in einem schriftlichen Vertrag festgehalten werden, um Unsicherheit und Risiken zu vermeiden. Die Vertragsbedingungen sollten klar und eindeutig formuliert werden, damit beide Vertragsparteien ihre Rechte und Pflichten genau kennen. Die Klarheit der Vertragsbedingungen zahlt sich auch aus, wenn es bei Meinungsverschiedenheiten unvermeidlich ist, ein Gericht anzurufen. Im Fall von Vertragsverletzungen werden die Gerichte bei eindeutigen Vertragsbedingungen die Einhaltung dieser Bedingungen erzwingen (sofern die Vertragsbedingungen nicht sittenwidrig sind). Klare Vertragsbedingungen tragen daher zweifellos dazu bei, daß die Vertragsparteien die Ergebnisse eines Auslandsgeschäfts besser einschätzen können.

■ Unterschiedliche Erwartungen der Vertragsparteien

Gut konzipierte Verträge tragen dazu bei, daß sich Vertragsparteien aus unterschiedlichen Kulturen über ihre vertraglichen Rechte und Pflichten einvernehmlich einigen. Jede Vertragspartei geht mit individuellen Erwartungen in die Vertragsverhandlungen, und diese beeinflussen auch die Auslegung der Vertragsbedingungen. Eine Vertragsbedingung, die für eine Vertragspartei günstig ist, muß es nicht für die andere Partei sein. Damit kann unter Umständen eine wesentliche Voraussetzung für den Abschluß eines durchsetzungsfähigen internationalen Vertrags fehlen. Nach deutschem Recht wird in diesem Zusammenhang zum Beispiel zwischen offenem und verstecktem Einigungsmangel (Dissens) unterschieden. Solange sich die Parteien nicht über alle Punkte eines Vertrags ge-

Zehn Erfolgstips für das Auslandsgeschäft

- Akzeptieren Sie die Verhandlungsführung durch Ihren Gastgeber.
- Verhalten Sie sich höflich.
- Hören Sie aufmerksam und interessiert zu.
- Verwenden Sie möglichst wenig Hand- und Körperbewegungen.
- Sprechen Sie deutlich, bestimmt und in einem warmen Ton, das ermuntert die andere Partei, Bemerkungen zu machen. Sprechen Sie nicht zu laut und vermeiden Sie Fachjargon.
- Unterschreiben Sie die gesamte Korrespondenz mit der anderen Partei persönlich.
- Beantworten Sie Anfragen und Aufträge umgehend.
- Fragen Sie, in welcher Sprache verhandelt werden soll, und halten Sie gegebenenfalls eine(n) Dolmetscher(in) bereit.
- Vermeiden Sie Gemeinplätze und hüten Sie sich, Vorurteile wiederzugeben.
- Wenn Sie über sich selbst lachen können, kann das die Verhandlungsatmosphäre entspannen. Sie sollten jedoch ernst sein, wenn es darauf ankommt.

Siehe auch *A Short Course in International Business Culture* von World Trade Press (deutsche Übersetzung in Vorbereitung beim Fachverlag Deutscher Wirtschaftsdienst, Köln).

einigt haben, über die nach der Erklärung auch nur einer Partei eine Vereinbarung getroffen werden soll, ist der Vertrag nach § 154 BGB (offener Einigungsmangel) im Zweifel nicht geschlossen. Die Verständigung über einzelne Punkte ist auch dann nicht bindend, wenn eine Aufzeichnung stattgefunden hat. Haben sich die Parteien bei einem Vertrag, den sie als geschlossen ansehen, über einen Punkt, über den eine Vereinbarung getroffen werden sollte, in Wirklichkeit nicht geeinigt, so gilt nach § 155 BGB (versteckter Einigungsmangel) das Vereinbarte, sofern anzunehmen ist, daß der Vertrag auch ohne eine Bestimmung über diesen Punkt geschlossen sein würde.

Der Schlüssel für ein erfolgreiches Auslandsgeschäft liegt im Vertragsentwurf. Sie sollten die Vertragsbedingungen so konzipieren, daß sie einerseits die Vorstellungen und den kulturellen Hintergrund der ausländischen Partei widerspiegeln und andererseits Ihre eigenen Anforderungen berücksichtigen. Dies setzt voraus, daß Sie die Kultur und Geschäftspraktiken der anderen Partei kennen und einschätzen können, inwieweit sie von Ihrer eigenen Kultur abweichen. Wenn der Vertrag in die Landessprache der anderen Partei übersetzt werden muß, sollten die Vertragsbedingungen möglichst einfach und leichtverständlich formuliert werden. Sie sollten den Vertragsentwurf insbesondere auf Abkürzungen, Kurzformulierungen und juristische Formulierungen überprüfen, die für die andere Partei vielleicht nicht verständlich sind.

Außerdem sollten Sie sich fragen, welche Erfahrungen die andere Partei bereits im Auslandsgeschäft hat. Handelt es sich um einen Newcomer im Auslandsgeschäft, dann sollten Sie das bei der Formulierung des Vertrags entsprechend berücksichtigen.

Ein internationaler Vertrag, der die Erwartungen und den kulturellen Hintergrund sowie die Geschäftspraktiken beider Parteien widerspiegelt, wird wahrscheinlich eher zur Zufriedenheit beider Parteien erfüllt. Einigung im Rahmen eines internationalen Vertrags bedeutet nicht nur, daß jede Partei vor der Unterzeichnung des Vertrags ihre Rechte und Pflichten kennt, sondern daß die Parteien sich auch über ihre gegenseitigen Rechte und Pflichten einig sind. Im Auslandsgeschäft entstehen Meinungsverschiedenheiten über die Vertragserfüllung im allgemeinen dann, wenn eine Partei ihre Rechte und Pflichten anders auslegt als die andere Partei.

■ Verbindlichkeit von Verträgen

Wenn Sie mit einem Geschäftspartner im Ausland verhandeln, dann sind Sie vielleicht unsicher, wie entschlossen dieser Partner ist, den Vertrag zu erfüllen. Sie sind zweifellos ernsthaft an dem Geschäft interessiert, aber Sie kennen die Einstellung des anderen Partners nicht. Ist die pünktliche Lieferung Ihres Auftrags für die andere Partei genauso wichtig wie für Sie? Wird die andere Partei die Produkte in einer Qualität liefern, die Ihren Erwartungen entspricht? Vertrauen gründet sich auf das persönliche Engagement, das jede Vertragspartei für die Transaktion zeigt.

Im Auslandsgeschäft ist es zweifellos schwieriger, sich vom Engagement des Geschäftspartners zu überzeugen, als im Inlandsgeschäft, in dem die Parteien in der Regel die gleiche Geschäftspraxis haben. In vielen Kulturen lassen sich Geschäfte nur erfolgreich abwickeln, wenn sich die Geschäftspartner persönlich treffen und ihre mündlichen Vereinbarungen mit Handschlag besiegeln. Andere Kulturen bestehen darauf, als Bedingung für das Eingehen einer verbindlichen Verpflichtung einen schriftlichen Vertrag zu unterzeichnen.

Wenn Sie ein Auslandsgeschäft abschließen wollen, sollten Sie sich erkundigen, wie Verträge in dem betreffenden Land abgeschlossen werden und wie verbindlich Verträge im allgemeinen sind. Sie sollten überlegen, ob Sie den Vertrag nach der Landessitte abschließen, auf Unterzeichnung eines schriftlichen Vertrags bestehen oder einen Kompromiß schließen wollen. Wenn Sie die andere Partei persönlich treffen, sollten Sie sich bemühen, ihr Vertrauen zu gewinnen. Vielleicht geben Sie sich damit zufrieden, den Vertrag mündlich zu schließen.

Wenn Ihnen eine mündliche Vereinbarung nicht ausreicht, sollten Sie feststellen, wie Verträge in dem betreffenden Land geschlossen werden. Werden Verträge in dem Land im allgemeinen schriftlich geschlossen, brauchen Sie nur zu erwähnen, daß Sie nach der Verhandlung einen Vertragsentwurf anfertigen und Ihrem Verhandlungspartner zur Unterzeichnung zuschicken werden. Werden Verträge in dem Land jedoch üblicherweise mündlich geschlossen und mit Handschlag besiegelt, dann könnten Sie die abweichende Verkehrssitte in Ihrem Land erklären und als Kompromiß zum Beispiel vorschlagen, die Vereinbarungen schriftlich zu bestätigen.

Wenn Sie bereits Geschäfte mit dem ausländischen Geschäftspartner gemacht haben, sind Sie vielleicht bereit, den Vertrag mündlich zu schließen – aber das sollte nicht die Regel, sondern die Ausnahme sein. Im Auslandsgeschäft sollten Sie grundsätzlich darauf bestehen, die Vereinbarungen zur Beweissicherung schriftlich festzuhalten – dies muß nicht unbedingt in Form eines internationalen Vertrags erfolgen, mitunter reicht ein Schriftwechsel zwischen den Vertragsparteien. Bei grenzüberschreitenden Transaktionen geht es häufig nicht nur um mehr Geld und längere Abwicklungszeiten, sondern es müssen auch die gesetzlichen Vorschriften der beteiligten Länder für die Ausfuhr, den Transport und die Einfuhr von Waren beachtet werden. Daher ist es zweckmäßig, die Rechte und Pflichten beider Parteien klar und eindeutig festzulegen.

■ Entscheidung über das anzuwendende Recht

Häufig nehmen die Vertragsparteien im Auslandsgeschäft fälschlicherweise an, daß sie nach dem Recht und den Verkehrssitten ihres Landes handeln könnten. Dies kann zu unangenehmen Konsequenzen führen. Im Auslandsgeschäft unterliegen Sie nicht nur den Gesetzen Ihres eigenen Landes, sondern auch dem Landesrecht Ihres ausländischen Geschäftspartners. Um den Gesetzen eines anderen Landes zu unterliegen, ist es nicht erforderlich, daß Sie in dieses Land einreisen. Selbst wenn Sie nur Waren mit der Post versenden oder über das Internet verkaufen, kann dies genügend Verbindungen schaffen, daß der Gerichtsstand für diese Geschäfte in einem anderen Land liegt.

In gewisser Weise können Sie die Rechtsanwendung im Rahmen Ihres Geschäfts beeinflussen, indem Sie ausdrücklich erklären, welches Recht auf den Vertrag anzuwenden ist. Bei der Rechtswahl sind die Vertragsparteien jedoch nicht völlig frei. Die meisten Länder haben Gesetze, die für bestimmte Verträge wie zum Beispiel Grundstücksgeschäfte die Anwendung inländischen Rechts vorschreiben.

Unabhängig von der vertraglichen Regelung über das anzuwendende Recht liegt die endgültige Entscheidung bei den Gerichten. In der Praxis neigen die Gerichte dazu, den erklärten Willen der Vertragsparteien anzuerkennen, vorausgesetzt, daß er nicht gegen Gesetze verstößt.

Nach deutschem Recht können die Parteien eines internationalen Vertrags das anzuwendende Recht nach ihrem Willen bestimmen (Artikel 27 Absatz 1 EGBGB). Die Rechtswahl kann ausdrücklich oder stillschweigend erfolgen. Haben die Parteien keine Rechtswahl getroffen, dann unterliegt der Vertrag nach Artikel 28 Absatz 1 EGBGB dem Recht desjenigen Staates, zu dem er *die engsten Verbindungen* aufweist.

■ Durchsetzbarkeit von Verträgen

Im Auslandsgeschäft ist die Durchsetzbarkeit von Verträgen ein besonderes Problem. Landesgesetze und Verkehrssitten legen in der Regel fest, welche Beweise erforderlich sind, um die vertragliche Vereinbarung zu beweisen. Während in einem Land ein mündlicher Vertrag ausreicht, ist in einem anderen Land ein schriftlicher oder vielleicht sogar notariell beurkundeter Vertrag erforderlich.

> **Empfehlung:**
>
> Für den Fall, daß Sie bei einer Vertragsverletzung ein Gericht anrufen müssen, sollten Sie immer versuchen, Ihre Vereinbarung beweisfähig zu sichern – das ist in jedem Fall ein schriftlicher Vertrag. Selbst wenn Sie nicht prozessieren, sondern über eine Änderung der Vertragsbedingungen verhandeln, haben Sie eine bessere Verhandlungsposition, wenn Sie Ihre Vereinbarung eindeutig beweisen können.

In den meisten Rechtsordnungen sind schriftliche Verträge erforderlich, um sie gerichtlich durchsetzen zu können. So müssen zum Beispiel Kaufverträge, die einen gesetzlich vorgeschriebenen Wert übersteigen, in der Regel schriftlich geschlossen werden, um einklagbar zu sein. Für Grundstückskaufverträge gelten meistens besondere Formvorschriften.

■ Rechtsmittel

Die meisten Vertragsparteien erwarten, daß im Auslandsgeschäft alles glatt läuft und beide Parteien von dem Geschäft profitieren. Dies sollte Sie aber nicht davon abhalten, Vorkehrungen für mögliche Schwierigkeiten zu treffen. Selbst bei einfachsten Geschäften sollten Sie an Probleme denken, die später eintreten könnten.

> **Empfehlung:**
>
> Die Grundregel für ein erfolgreiches Auslandsgeschäft lautet: Legen Sie fest, wie Streitigkeiten gelöst werden sollen, bevor sie entstehen.

Bei Vertragsabschluß, wenn beide Parteien positiv über das Geschäft denken, sollten Sie festlegen, wie Konflikte gelöst werden sollen. Der Vertrag sollte eine Bedingung enthalten, welche Rechtsmittel eine Partei einlegen kann, wenn die andere Partei ihre Pflichten nicht erfüllt. So wissen beide Parteien, was sie zu erwarten haben, wenn der Vertrag nicht erfüllt wird.

■ Notwendige Vertragsbedingungen

Obgleich in den meisten Ländern Vertragsfreiheit besteht, werden die Gerichte in den meisten Rechtsordnungen einen Kaufvertrag nur anerkennen, wenn er die folgenden vier Grundbedingungen enthält:

1. Die Beschreibung der Waren nach Art, Qualität und Menge,
2. Lieferzeit,
3. Preis,
4. Zahlungsweise.

Hierbei handelt es sich um wesentliche Vertragsbedingungen, die ein Gericht nicht ohne weiteres im Wege der Auslegung ermitteln kann, wenn sie im Kaufvertrag nicht geregelt sind.

Internationale Trends

International zeichnet sich ein Trend ab, daß Gerichte und Schiedsgerichte vom Bestehen eines Kaufvertrags ausgehen, selbst wenn er die wesentlichen Vertragsbedingungen nicht enthält. Die fehlenden oder nicht eindeutigen Vertragsbedingungen werden im Wege der Auslegung aus der Verkehrssitte beziehungsweise dem Handelsbrauch abgeleitet. Im Gegensatz zu Kaufleuten (vergleiche §§ 1–6 HGB) werden Verbraucher stärker gegen schlechte Geschäfte geschützt, die nicht alle wesentlichen Vertragsbedingungen enthalten, weil man davon ausgeht, daß die Verträge zugunsten der Anbieter formuliert wurden. Sie sollten sich jedenfalls nicht darauf verlassen, wie unvollständige Kaufverträge von Gerichten ausgelegt werden, sondern darauf achten, daß Ihr internationaler Kaufvertrag vollständig und eindeutig ist.

Liefer- und Zahlungsbedingungen

In internationalen Kaufverträgen sind die Lieferbedingungen klar zu definieren, weil diese Bedingungen sonst vielleicht unterschiedlich ausgelegt werden. Bei der Festlegung der Zahlungsbedingungen sollten Sie berücksichtigen, ob es im Land Ihres Vertragspartners Devisenkontrollen oder -vorschriften gibt.

2 Typische Probleme internationaler Kaufverträge

Kulturelle Probleme

Ihr Erfolg im Auslandsgeschäft hängt davon ab, ob und wie Sie die Landeskultur ihres ausländischen Geschäftspartners anerkennen. Die kulturellen Unterschiede beeinflussen nicht nur Ihr Verhalten, sondern auch die Akzeptanz Ihrer Produkte oder Dienstleistungen auf dem ausländischen Markt. Die Landeskultur bestimmt die Tradition, die gesellschaftlichen Werte, das Protokoll, die Kommunikation und den Verhandlungsstil Ihres ausländischen Geschäftspartners. Ihr Erfolg hängt daher davon ab, daß Sie die Landeskultur kennen, sich sensibel verhalten und Ihre Produkte oder Dienstleistungen an die Bedürfnisse und Präferenzen des ausländischen Marktes anpassen.

Die Kultur bezieht sich auf Menschen, nicht auf Nationen. Selbst wenn vielleicht für ein Land eine Gesamtkultur zu erkennen ist, so existieren wahrscheinlich verschiedene Subkulturen. Selbst wenn Sie das Land Ihres ausländischen Geschäftspartners kennen, sollten Sie Vorurteile vermeiden. In der heutigen Welt verändern sich die Menschen, und – was noch wichtiger ist – Kulturen überwinden Landesgrenzen, und die kulturellen Regeln ändern sich ständig.

Die Kultur eines Landes zu kennen, ist beim ersten Kontakt mit Ihrem ausländischen Geschäftspartner und den ersten Verhandlungen am wichtigsten. Beim ersten Kontakt sollten Sie zunächst feststellen, ob das allgemeine Protokoll des Landes starr angewendet wird. Der nächste Schritt besteht darin, die Landessitte in bezug auf die folgenden Aspekte festzustellen: Anrede, Höflichkeit, Geschäftsethik, Entscheidungsfindung, Rolle der Geschlechter, Stil bei Besprechungen und Geschäftskleidung.

Nach diesen Recherchen sollte Sie den Versuch machen, Ihre Erkenntnisse über das landestypische Verhalten auch anzuwenden. Dabei sollten Sie berücksichtigen, daß Fehler praktisch unvermeidbar sind – und auf beiden Seiten gemacht werden. Denken Sie daran, daß Humor und Selbstironie die angespannteste Situation entspannen können.

Empfehlungen für Vertragsverhandlungen

Wenn Sie einen ausländischen Geschäftspartner treffen

Reden Sie Ihren Geschäftspartner mit seinem Titel an, um Respekt zu zeigen, und warten Sie, bis die Gegenseite beginnt, sich ungezwungen zu verhalten. Beantworten Sie Fragen sofort – besonders am Telefon. Zeigen Sie Begeisterung, aber vermeiden Sie, sich anmaßend zu verhalten. Räumen Sie Ihrem Gesprächspartner die gleiche Redezeit ein.

Sie sollten es nicht eilig haben. Stellen Sie vor einer Verhandlung fest, ob es im Gastland üblich ist, daß sich Geschäftsbeziehungen allmählich entwickeln. Wenn das nicht der Fall ist, dann können Sie Ihren Abschluß tätigen. Wenn es der Fall ist, müssen Sie eine persönliche Beziehung aufbauen, bevor Sie einen Vertrag abschließen können. Es kann sogar Monate oder Jahre dauern, eine langfristige Vereinbarung zu erreichen.

Wenn Sie mit Vorurteilen konfrontiert werden

Kleiden Sie sich dezent und beachten Sie die Protokollvorschriften des Landes. Falls möglich, können Sie sich durch einen Geschäftspartner oder Mitarbeiter, der aus dem betreffenden Land stammt, begleiten lassen. Falls die Wellenlänge mit dem ausländischen Verhandlungspartner nicht stimmt, sollten Sie herausfinden, ob Sie mit einem anderen Vertreter des Unternehmens verhandeln können.

Falls Ihr Verhandlungspartner Vorurteile äußert, sollten Sie dies nicht als persönliche Beleidigung verstehen, weil diese Vorurteile sicherlich nicht die Auffassung des Unternehmens oder der ganzen Gesellschaft sind. Sie sollten unbedingt vermeiden, Ihren Verhandlungspartner zu belehren.

Wenn Sie am Verhandlungstisch sitzen

Verhandeln Sie bestimmt. Achten Sie dabei auf die Augenhöhe Ihres Gastgebers. Legen Sie vor der Verhandlung fest, welche Punkte tabu sind und in welchen Punkten Sie nachgeben können. Machen Sie humorvolle Bemerkungen, wenn es angemessen ist, und verhalten Sie sich zurückhaltend, wenn es die Verhandlung erfordert.

Zeigen Sie bei einigen Tagesordnungspunkten Entgegenkommen. Vermeiden Sie offene Konflikte. Außerdem sollten Sie nicht bei jedem Punkt alle Einzelheiten diskutieren. Füllen Sie nicht jede Gesprächspause; Schweigen kann eine gute Verhandlungstaktik sein. Vermeiden Sie, Ihre Tonart oder Ihr Verhalten abrupt zu verändern.

Wenn Sie mit Rechtsfragen konfrontiert werden

Stellen Sie fest, ob Ihr Verhandlungspartner ernsthaft interessiert ist, einen Vertrag abzuschließen. Bitten Sie den Gastgeber um eine Liste der Verhandlungsteilnehmer. Falls sein Rechtsberater an der Verhandlung teilnimmt, sollten Sie überlegen, sich durch Ihren Rechtsanwalt begleiten zu lassen. Konsultieren Sie einen Anwalt, wenn die Verhandlungen schwierig sind und Sie die Risiken nicht einschätzen können.

Stimmen Sie keinem Geschäft zu oder unterzeichnen Sie keinen Vertrag, wenn Sie nicht absolut sicher sind, daß Sie alle Rechte und Pflichten beider Vertragsparteien voll verstehen und akzeptieren.

Bei gesellschaftlichen Kontakten

Nehmen Sie eine Einladung Ihres Gastgebers an. Bereiten Sie sich auf die Einladung vor, indem Sie sich verschiedene Gesprächsthemen, die sich nicht auf das Geschäft beziehen und die für Ihren Gastgeber interessant sein könnten, zurechtlegen. Stellen Sie fest, ob bei solchen Gelegenheiten Geschenke überreicht werden, und wählen Sie gegebenenfalls ein Geschenk aus, das für Ihr Land repräsentativ ist.

Laden Sie Ihren Verhandlungspartner nicht ein, wenn er für die Besprechung nur einen begrenzten Zeitraum anbietet und sich nur auf geschäftliche Ausführungen konzentriert. Kritik über das Gastland und sensible Themen wie Politik, persönliche Verhältnisse oder Religion sollten Sie strikt vermeiden. Achten Sie darauf, nicht zuviel Alkohol zu trinken.

Trends zur Globalisierung und zum einheitlichen UN-Kaufrecht (CISG)

Die neunziger Jahre des 20. Jahrhunderts können als Jahrzehnt des Außenhandels bezeichnet werden. Zahlreiche Länder haben Handelsabkommen zur Förderung des Außenhandels geschlossen, und die Ergebnisse der Uruguay-Runde des GATT, die 1993 von 117 Nationen angenommen wurden, traten 1995 in Kraft. Zu den wichtigen amerikanischen Handelsabkommen gehört die Unterzeichnung des ATPA (United States Andean Trade Preference Act) 1991 und die Gründung der NAFTA (North American Free Trade Agreement) 1993.

Wenn Sie den globalen Markt analysieren, werden Sie feststellen, daß sich Ihr Horizont erweitert. Obwohl einige Länder in ihrer selbst auferlegten Isolation verharren, haben die meisten Länder erkannt, daß die Förderung des Welthandels und die Entwicklung globaler Strategien notwendige Voraussetzungen für Wirtschaftswachstum sind. Diese Einstellung hat dazu geführt, Handelshemmnisse abzubauen und die Infrastruktur für grenzüberschreitende Kommunikation und Transport ständig zu verbessern. Fachzeitschriften berichten immer stärker über Auslandsmärkte. Zahlreiche Regierungen haben die Notwendigkeit erkannt, nationale Rechtssysteme anzugleichen, um den Außenhandel zu erleichtern.

Schrittmacher des Trends zur Globalisierung der Märkte sind jedoch nicht die Regierungen, sondern multinationale Unternehmen. Ihre Aktivitäten verstärken den Trend, ein internationales Kaufrecht zu entwickeln.

UN-Kaufrecht (CISG)

- **Verabschiedung und Vorläufer des UN-Kaufrechts**
  Eine der wichtigsten Entwicklungen im Bereich internationaler Kaufverträge war die Annahme der *CISG (Convention on Contracts for the International Sale of Goods;* nachfolgend als »UN-Kaufrecht« zitiert) durch zahlreiche Mitgliedstaaten der UNO.
  Die CISG wurde am 11. April 1980 in Wien unterzeichnet. Der Text ist im Bundesgesetzblatt 1989/II/588 ff. dreisprachig (englisch, französisch, deutsch) abgedruckt. Das neue UN-Kaufrecht trat in den Unterzeichnerstaaten zu verschiedenen Zeitpunkten in Kraft (in den USA am 1. Januar 1988 und in der Bundesrepublik Deutschland am 1. Januar 1991).
  Bis zum 16. April 1974 mußte bei internationalen Kaufverträgen deutscher Firmen nach den Regeln des *internationalen Privatrechts* entschieden werden, ob sie dem nationalen Kaufrecht des einen oder des anderen Vertragspartners unterliegen sollten. Zur Vereinfachung der Rechtslage hat das *Haager Kaufrechtsübereinkommen* vom 1. Juli 1964, das in der Zeit von 1930 bis 1964 erarbeitet wurde, das Kaufrecht vereinheitlicht. Nach dem Einheitlichen Haager Kaufrecht sollten internationale Kaufverträge einem in allen Vertragsstaaten geltenden materiellen Sonderrecht für internationale Kaufverträge unterstellt werden. Die Bundesrepublik Deutschland hat das Haager Kaufrecht 1973/1974 durch zwei Gesetze in das nationale Recht übernommen (Einheitl. KaufG – Einheitliches Gesetz über den internationalen Kauf beweglicher Sachen; EAG – Einheitliches Gesetz über den Abschluß von internationalen Kaufverträgen über bewegliche Sachen). Das Haager Kaufrechtsübereinkommen wurde noch von Belgien, Großbritannien, Israel, Italien, Luxemburg, den Niederlanden, San Marino und Gambia unterzeichnet. Ein wesentlicher Grund für das Scheitern des Haager Kaufrechtsübereinkommens bestand darin, daß der Kreis der Unterzeichnerstaaten zu klein war. Das UN-Kaufrecht hat die Inhalte des Haager Kaufrechts in weitem Umfang übernommen.
  Unterzeichnerstaaten der CISG haben das Recht, das UN-Kaufrecht mit Einschränkungen anzunehmen; davon haben auch viele Länder Gebrauch gemacht. So haben zum Beispiel einige der sogenannten »Schriftformstaaten«

die Bestimmung des UN-Kaufrechts nicht übernommen, daß Kaufverträge, Angebote, Annahmen, andere Willenserklärungen beziehungsweise Änderungen oder Kündigungen eines Kaufvertrags nicht unbedingt schriftlich gemacht werden müssen (Prinzip der Formfreiheit). So müssen Kaufverträge zum Beispiel in Argentinien, Chile, Ungarn und Rußland schriftlich abgeschlossen werden, um einklagbar zu sein.

- **Ziele des UN-Kaufrechts**
  Das UN-Kaufrecht verfolgt die folgenden Ziele:
  1. Anwendung einheitlichen materiellen Rechts für internationale Kaufverträge,
  2. Anwendung einheitlicher Regeln zur Berücksichtigung unterschiedlicher sozialer und wirtschaftlicher Systeme sowie Rechtssysteme,
  3. Abbau von Rechtsbarrieren im Außenhandel,
  4. Förderung des Welthandels.

- **Anwendung des UN-Kaufrechts**
  Wenn die Vertragsparteien die Anwendung des UN-Kaufrechts nicht ausdrücklich ausschließen, kann es auf Kaufverträge zwischen Parteien aus verschiedenen Ländern angewendet werden – vorausgesetzt, die Länder sind Unterzeichner der CISG, oder das Recht eines Unterzeichnerstaates wird angewendet (Artikel, 1 Absatz 1).
  Das UN-Kaufrecht ist objektives Recht (und insoweit im Charakter mit dem BGB und HGB vergleichbar). Es wird deshalb Inhalt von Einzelverträgen von Angehörigen von Vertragsstaaten, ohne daß es einer besonderen Vereinbarung bedarf.

- **Bestimmungen des UN-Kaufrechts**
  Das UN-Kaufrecht enthält in den Artikeln 14–24 Regeln über den Abschluß von internationalen Kaufverträgen sowie in den Artikeln 25–88 Regeln über das materielle Kaufrecht.
  Nach Artikel 11 gilt das Prinzip der Formfreiheit. Gebräuche und Klauseln (wie zum Beispiel Incoterms oder Trade Terms) gelten nach Artikel 9 nur dann als vereinbart, wenn die Parteien sie kannten oder hätten kennen müssen und sofern sie im internationalen Handel weithin bekannt sind und von den Beteiligten regelmäßig beachtet werden.
  Die Bestimmungen des UN-Kaufrechts beschreiben hauptsächlich die erforderlichen Vertragsbedingungen, um das Zustandekommen eines Kaufvertrags zu beweisen. Wenn die Vertragsparteien es unterlassen haben, ihre Rechte und Pflichten vollständig zu regeln, dann werden die Vertragsbedingungen im Wege der Auslegung nach der Verkehrssitte beziehungsweise dem Handelsbrauch ermittelt. Weitere Bestimmungen beziehen sich auf die Anwendung von Rechtsmitteln bei Vertragsverletzungen, Änderung oder Kün-

digung des Kaufvertrags, Anfechtung des Kaufvertrags und Schadensersatz. Im folgenden beschreibe ich einige Beispiele für die Anwendung des UN-Kaufrechts:

1. Ein Verkäufer macht einen Vorschlag, den der Käufer annimmt. Später behauptet der Verkäufer, daß der Vorschlag kein Angebot war und daß daher kein Kaufvertrag zustande gekommen sei. Der Käufer wendet dagegen ein, daß durch die Annahme des Angebots ein Vertrag zustande gekommen sei. Nach dem UN-Kaufrecht wird der Vorschlag eines Verkäufers als Angebot betrachtet, wenn er dem Käufer mitgeteilt wird, die Waren beschreibt, Menge und Preis festlegt und den Willen des Verkäufers zum Ausdruck bringt, durch diese Bedingungen gebunden zu sein, wenn der Käufer das Angebot annimmt. Folglich hängt die Beurteilung dieses Falls durch ein Gericht vom Inhalt des Vorschlags ab, den der Verkäufer dem Käufer gemacht hat.
2. Ein Verkäufer macht ein Angebot und der Käufer nimmt dieses Angebot unter der Bedingung an, daß zwei Vertragsbedingungen zu seinen Gunsten geändert werden. Der Käufer behauptet, daß ein Kaufvertrag zustande gekommen sei, aber der Verkäufer weigert sich, den Vertrag anzuerkennen. Bei Anwendung des UN-Kaufrechts würde ein Gericht zugunsten des Verkäufers entscheiden. Nach dem UN-Kaufrecht kommt ein Kaufvertrag nur zustande, wenn das Angebot ohne wesentliche Änderungen zu einem Zeitpunkt angenommen wird, in dem das Angebot noch gilt.
3. Die Parteien eines internationalen Kaufvertrags versäumen, einen Lieferort festzulegen. In diesem Fall kann das UN-Kaufrecht angewendet werden, um die Vertragsbedingungen im Wege der Auslegung zu ergänzen.
4. Der Verkäufer ist nicht verpflichtet, die Ware bis zur Lieferung an den Käufer zu versichern. Wenn die Parteien die Anwendung des UN-Kaufrechts vereinbaren, ist der Verkäufer verpflichtet, den Käufer zu benachrichtigen, damit dieser eine Versicherung abschließen kann.
5. In einem internationalen Kaufvertrag fehlt die Angabe der Lieferzeit. Nach Ablauf von drei Monaten klagt der Käufer wegen Vertragsverletzung. Bei Anwendung des UN-Kaufrechts hängt die Entscheidung des Gerichts davon ab, welcher Zeitraum als verkehrsübliche Lieferzeit betrachtet wird.
6. Ein Verkäufer liefert Waren, die nicht vertragsgemäß sind. Der Käufer verweigert daher die Annahme der Lieferung und klagt wegen Vertragsverletzung. Bei Anwendung des UN-Kaufrechts muß das Gericht prüfen, ob die Abweichung wesentlich oder unwesentlich ist. Wenn die Abweichung unwesentlich ist und keine Auswirkung auf die Qualität oder den Wert der Waren hat, ist der Vertrag erfüllt.

7. In einem internationalen Kaufvertrag wurde keine Zeit für die Prüfung der Waren vereinbart, das heißt, der Käufer muß die Waren bei Lieferung annehmen oder zurückweisen. Die Waren werden schließlich geliefert, beim Käufer eingelagert und vier Tage später an den Verkäufer zurückgeliefert. Daraufhin klagt der Verkäufer wegen Vertragsverletzung. Wenn die Parteien keine Vereinbarung über die Prüfung der Ware getroffen haben, ist nach dem UN-Kaufrecht vor der Annahme der Waren eine angemessene Zeit zur Prüfung der Waren erlaubt.
8. Zwei Parteien unterzeichnen einen internationalen Kaufvertrag, ohne einen Preis für die Ware festzulegen. Später können sie sich nicht auf einen Preis einigen. Mit der Behauptung, daß kein Vertrag zustande gekommen sei, weigert sich der Verkäufer, die Waren zu liefern. Daraufhin klagt der Käufer wegen Vertragsverletzung. Unter Anwendung des UN-Kaufrechts erkennt das Gericht, daß ein Vertrag zustande gekommen ist, und ermittelt im Wege der Auslegung einen Preis, zu dem vergleichbare Waren unter vergleichbaren Umständen verkauft worden wären.
9. In einem internationalen Kaufvertrag wurde keine Vereinbarung über die Zahlungsbedingungen getroffen. Der Verkäufer verlangt Bezahlung bei Lieferung, aber der Käufer nimmt die Lieferung an, ohne zu bezahlen. Nach dem UN-Kaufrecht hat der Verkäufer das Recht, bei Lieferung und am Lieferort die Zahlung des Kaufpreises zu verlangen, wenn keine andere Vereinbarung getroffen wurde.
10. Die Parteien eines internationalen Kaufvertrags versäumen es, eine Vereinbarung über den Gefahrenübergang zu treffen. Die Waren werden auf dem Transport zerstört, und der Käufer klagt daraufhin wegen Vertragsverletzung. Ein Gericht kann unter Anwendung des UN-Kaufrechts im Wege der Auslegung ermitteln, wann die Gefahren des Verlusts oder der Beschädigung der Waren vom Verkäufer auf den Käufer übergegangen sind.

- **Nichtanwendbarkeit des UN-Kaufrechts**

Allein die Tatsache, daß die Parteien einer grenzüberschreitenden Transaktion ihren Geschäftssitz in verschiedenen Ländern haben, die das UN-Kaufrecht angenommen haben, bedeutet noch nicht, daß das UN-Kaufrecht auf diesen Kaufvertrag angewendet werden kann. Es gibt zahlreiche Ausnahmen von der Anwendung des UN-Kaufrechts, und den Unterzeichnerstaaten ist erlaubt, die Anwendung des UN-Kaufrechts für ihre Staatsbürger zu begrenzen. Daher sollten Sie Ihren Anwalt konsultieren, ob im Rahmen eines geplanten Auslandsgeschäfts das UN-Kaufrecht vereinbart werden kann.
Artikel 6 des UN-Kaufrechts erlaubt Vertragsparteien, die ihm sonst unterliegen würden, seine Anwendung ganz oder teilweise auszuschließen. Der Ausschluß kann ausdrücklich oder stillschweigend erfolgen. Daher beschränken

Vertragsparteien die Anwendung des UN-Kaufrechts vielleicht auf bestimmte Verträge oder lehnen seine Anwendung vielleicht ganz ab. In diesem Fall sollten die Parteien ausdrücklich schriftlich erklären, daß das UN-Kaufrecht nicht angewendet wird.

Artikel 2 Buchstabe a) des UN-Kaufrechts beschränkt den Anwendungsbereich des Übereinkommens auf Handelskäufe. Das UN-Kaufrecht kann nicht auf die folgenden Verträge angewendet werden:

1. Verbraucher- oder Konsumentengeschäfte, wenn der Verkäufer nicht wußte oder hätte wissen müssen, daß die Waren für diesen Zweck gekauft werden.
2. Kaufverträge für Waren, die im wesentlichen aus Material hergestellt wurden, das der Käufer geliefert hat.
3. Eine Verpflichtung, die sich hauptsächlich auf das Angebot von Arbeitskräften oder anderen Dienstleistungen bezieht.
4. Versteigerungen.
5. Erwerb aufgrund von Zwangsvollstreckungs- oder anderen gerichtlichen Maßnahmen.
6. Kauf von Wertpapieren und Zahlungsmitteln.
7. Kauf von See-, Binnenschiffen, Luftkissenfahrzeugen und Luftfahrzeugen.
8. Kauf von elektrischer Energie.

Artikel 5 des UN-Kaufrechts schließt die Haftung des Verkäufers für den durch die Ware verursachten Tod oder die Körperverletzung einer Person ausdrücklich aus. Insoweit greifen die Vorschriften über die Produkthaftung (ProdHaftG). Ansprüche wegen Sachschäden, die die gelieferte Ware verursacht hat, fallen dagegen unter das UN-Kaufrecht, soweit sie sich auf die Vertragswidrigkeit der Ware stützen.

Wenn ein von Ihnen geplanter internationaler Kaufvertrag nicht unter die Ausnahmeregelungen des UN-Kaufrechts fällt, sollten Sie sich mit den Bestimmungen des UN-Kaufrechts vertraut machen. Obwohl Sie vereinbaren können, das UN-Kaufrecht nicht anzuwenden, stellen Sie vielleicht fest, daß seine Bestimmungen Ihre Rechte im Auslandsgeschäft wirkungsvoll schützen und ihre Risiken begrenzen. Außerdem stellt die Anwendung des UN-Kaufrechts vielleicht einen Anreiz für Ihren ausländischen Geschäftspartner dar, den Vertrag abzuschließen, weil er sich gerecht behandelt beziehungsweise gleichberechtigt fühlt.

Einfluß der Politik

Die Politik hat eine große Wirkung auf die Wirtschaft eines Landes. So können instabile politische Verhältnisse die wirtschaftliche Entwicklung hemmen, während eine stabile Regierung das Wirtschaftswachstum fördern kann. Zweifellos besteht eine Wechselwirkung zwischen Politik und Wirtschaft.

Der Außenhandel spielt eine wichtige Rolle für die Wirtschaft eines Landes. Dies hat immer wieder dazu geführt, daß Handelshemmnisse wie zum Beispiel Handelsboykott, Export-/Importquoten oder -verbote und Zolltarife von Regierungen als politische Druckmittel benutzt wurden. So werden Handelssanktionen häufig eingesetzt, um die Politik eines anderen Landes zu beeinflussen, während Ländern, die eine günstige Politik machen, Handelspräferenzen gewährt werden.

Wenn Sie Außenhandel betreiben, dann müssen Sie sich laufend über Entwicklungstendenzen in anderen Ländern informieren.

Empfehlung:

Wenn in einem Land die Gesetze und die Handelshemmnisse gelockert werden, dann sollten Sie dies als Chance verstehen und ausnutzen. Nutzen Sie die Anreize Ihres eigenen Landes für den Handel mit anderen Ländern. Bevor Sie im Ausland Verpflichtungen eingehen, sollten Sie prüfen, ob die politische Entwicklung des Landes für Ihr Geschäft günstig ist.

Gesetzliche Vorschriften

Im Auslandsgeschäft müssen Sie die einschlägigen gesetzlichen Vorschriften in den relevanten Ländern kennen. Unkenntnis ist kein Schutz gegen Strafanzeigen, Straf- oder Zivilprozesse. Sie müssen die rechtlichen Folgen und Grenzen Ihres Handelns im In- und Ausland kennen. Ein Rechtsanwalt mit spezifischer Erfahrung kann Sie gezielt beraten.

In zahlreichen Ländern nimmt die Regelungsdichte mit Gesetzen, die Ein- und Ausfuhr sowie Kaufverträge regeln, ständig zu. So übernehmen zahlreiche Entwicklungsländer die Gesetze der Industrieländer. Auch in den Industrieländern führt der Trend zur Globalisierung zur Änderung bestehender oder Einführung neuer Gesetze. Die meisten Länder erkennen, daß sie ein günstiges Umfeld bieten müssen, um in der Weltwirtschaft konkurrieren zu können, andererseits wollen sie die Rechte ihrer Staatsbürger besonders schützen. In welchem Land Sie auch Geschäfte machen, in jedem Fall sollten Sie die folgenden gesetzlichen Vorschriften kennen: Ein- und Ausfuhrvorschriften, Kartellgesetz, Antikorruptionsgesetz, Verbraucherschutz, gewerbliche Schutzrechte und Umweltschutz. Sie müssen auch darauf achten, ob diese gesetzlichen Vorschriften geändert werden.

Internet

Das Internet bietet ein großes Potential für den internationalen Handel. In wenigen Minuten können Sie mit Suchbegriffen eine bestimmte Zielgruppe finden und Ihre Werbung zielgruppengenau ohne Streuverluste verbreiten. Sie können Ihre eigene Website entwickeln, um Kunden den Zugang zu Ihrem Unternehmen zu erleichtern. Im E-Commerce können blitzschnell grenzüberschreitend Umsätze gemacht werden. Weltweit können Sie Lieferanten suchen.

Allerdings müssen Internet-Anwender ein besonderes Augenmerk auf die Sicherheit Ihrer Informationen richten. Wenn Sie das Internet für vertrauliche Informationen nutzen wollen, sollten Sie Ihre Informationen verschlüsseln. Wenn Sie Ihr geistiges Eigentum (das heißt Marken, Warenzeichen, urheber- oder patentrechtlich geschütztes Material) auf Ihrer Website speichern, sollten Sie es zuerst international in den relevanten Ländern registrieren lassen.

Die Verwendung des Internet zur Werbung oder zur Geschäftstätigkeit kann in verschiedenen Ländern einen ausreichenden Mindestkontakt darstellen, so daß Sie im Rahmen Ihrer Geschäftstätigkeit dem Recht dieser Länder unterliegen. Daher sollten Sie die rechtlichen Konsequenzen der Anwendung des Internet kennen, bevor Sie den entscheidenden Schritt wagen.

3 Vertragsparteien (I) – Interessen und Rechtsberatung

Ein Kaufvertrag wird zwischen zwei Parteien, dem Verkäufer und dem Käufer, geschlossen. Manchmal sind auch mehrere Parteien beteiligt, die Waren gemeinsam kaufen oder verkaufen. Die Einzelinteressen von Parteien, die gemeinsam handeln, werden im Kaufvertrag jedoch als ein Interesse betrachtet. Käufer und Verkäufer können durch einen Rechtsanwalt vertreten werden.

Andere Interessen dritter Personen und die Einzelinteressen von Parteien, die gemeinsam handeln, werden nicht direkt vom Kaufvertrag zwischen Verkäufer und Käufer geregelt. Diese Außeninteressen können indirekt davon betroffen sein, ob Verkäufer und Käufer den Kaufvertrag vertragsgemäß erfüllen, aber im allgemeinen hängen die Rechte und Risiken dieser dritten Personen und Einzelparteien von separaten Verträgen außerhalb des Kaufvertrags ab. Wenn zum Beispiel eine Verkäufergemeinschaft Waren verkauft, der Käufer vertragsgemäß bezahlt und sich dann ein Mitglied der Verkäufergemeinschaft mit dem Geld davon macht, dann haben die anderen Mitglieder der Verkäufergemeinschaft keinen Anspruch auf eine zweite Zahlung durch den Käufer, wohl aber ein Rückgriffsrecht gegen das flüchtige Mitglied der Verkäufergemeinschaft. Wenn sich ein Käufer verpflichtet, die im Rahmen eines Kaufvertrags zu liefernden Waren zu einem bestimmten Zeitpunkt an einen dritten Einzelhändler weiterzuverkaufen, dann trifft dieser Einzelhändler beispielsweise Vorbereitungen, um die zu liefernden Waren weiterzuverkaufen. Wenn die Waren dann aber mit einer Verzögerung von zwei Monaten geliefert werden und der geplante Wiederverkauf nicht mehr möglich ist, dann kann der Einzelhändler Ansprüche gegen den Käufer geltend machen. Der Käufer wiederum – aber nicht der dritte Einzelhändler – kann wegen verspäteter Lieferung Ansprüche gegen den Verkäufer geltend machen.

Empfehlung:

Wenn Sie sich das Konzept des Kaufvertrags von einem Rechtsanwalt erklären lassen, dann werden Sie wahrscheinlich erfahren, daß nur die Vertragsparteien zur Durchsetzung ihrer vertraglichen Rechte berechtigt sind und die Rechte Dritter nicht geschützt sind. Ob eine dritte Partei ein Recht auf Erfüllung des Kaufvertrags hat, ist eine Frage, deren Beantwortung unter Berücksichtigung der konkreten Umstände Sie am besten Ihrem Anwalt überlassen sollten.

Interessen des Käufers

Der Käufer als Verbraucher

Der Käufer kann in der Mitte der Verbrauchskette stehen; dann verkauft er die gekauften Waren oder Dienstleistungen an andere Käufer weiter, die sie ihrerseits verbrauchen oder benutzen, um andere Waren oder Dienstleistungen herzustellen, die dann vielleicht an andere Käufer weiterverkauft werden. Alternativ kann der Käufer Endverbraucher sein, der die gekauften Waren oder Dienstleistungen verwendet, ohne sie an andere Käufer weiterzuverkaufen.

Ziele des Käufers

Der Käufer – unabhängig davon, ob er Zwischenhändler oder Endverbraucher ist – verfolgt das Ziel, eine Ware von bester Qualität zum niedrigsten Preis zu kaufen. Um dieses Ziel erreichen zu können, muß er den Waren- oder Dienstleistungsmarkt kennen. Der Marktpreis wird hauptsächlich durch das Verhältnis von Angebot und Nachfrage bestimmt. Wenn es zahlreiche Anbieter, aber nur wenige Käufer gibt, dann hat der Käufer eine starke Verhandlungsposition, weil die Anbieter um seinen Auftrag konkurrieren. Wenn es zahlreiche Anbieter und Käufer gibt, dann ist die Verhandlungsposition des Käufers schwächer, weil er zu anderen Käufern im Wettbewerb steht. Dennoch hat er insoweit einen Vorteil, als die Anbieter auch miteinander konkurrieren. Wenn es nur wenige Anbieter gibt, dann ist der Käufer in der schwächsten Verhandlungsposition, weil er weniger Kaufmöglichkeiten hat.

Vorsichtsmaßnahmen des Käufers

Als Käufer sollten Sie versuchen, sich dahingehend abzusichern, daß Qualitätswaren geliefert werden, beziehungsweise sich gegen die Lieferung fehlerhafter oder beschädigter Ware bzw. unbefriedigender Dienstleistungen zu schützen. Wenn Sie den Verkäufer nicht kennen, sollten Sie vor Abschluß eines Kaufvertrags Hintergrundinformationen (zum Beispiel ein Unternehmensprofil und eine Kreditauskunft) oder Referenzen über den Verkäufer einholen. Wenn eine Transaktion im Auslandsgeschäft wichtig ist, dann sollten Sie den Verkäufer in seinen Geschäftsräumen besuchen und seinen Betrieb besichtigen.

Empfehlung:

Überzeugen Sie sich, ob der Verkäufer tatsächlich über die Fähigkeiten verfügt, wie er behauptet. Dies kann geschehen, indem Sie zum Beispiel Warenmuster anfordern und testen, den Service des Verkäufers beobachten, Referenzen prüfen oder einen kleinen Testauftrag mit geringem Risiko erteilen.

Versteckte Kosten des Käufers

Bevor Sie die Preisforderung des Verkäufers akzeptieren, sollten Sie die Gesamtkosten der Transaktion betrachten und in diesem Zusammenhang auch Ihre verborgenen Kosten berücksichtigen. Was kosten die Waren oder die Dienstleistung tatsächlich? Werden Sie diese Kosten wieder hereinholen und zusätzlich einen Gewinn erzielen können? Verborgene Kosten können zum Beispiel sein:

- **Transportkosten:** Wenn der Verkäufer die Transportkosten nicht übernimmt, dann müssen Sie den Transport organisieren und bezahlen. Dies kann zum Beispiel einen Wechsel zwischen verschiedenen Transportarten beinhalten – mit den entsprechenden Kosten und Verzögerungen durch Abladen, Wiederbeladen, Prüfung der Ware und Kontrolle von zwei oder mehr Spediteuren.
- **Zollabfertigung:** Wenn der Verkäufer die Zollabfertigung nicht übernimmt, dann müssen Sie die Aus- und Einfuhrabfertigung durchführen. Die Kosten der Zollabfertigung können Kosten für die Vorbereitung der Dokumente, die vorübergehende Lagerung der Waren und für die Bereitstellung der Waren zur Prüfung beinhalten. Sie müssen wahrscheinlich einen Zollagenten beziehungsweise einen Import-Export-Makler bezahlen, der die Zollabfertigung abwickelt. Darüber hinaus fallen Gebühren an (Gebühren für Genehmigungen und Zollabfertigung sowie Mehrwertsteuer).
- **Versicherung:** Sie sollten überlegen, eine Versicherung gegen die Gefahren des Verlusts oder der Beschädigung der Waren auf dem Transport abzuschließen, insbesondere wenn es um einen großen Auftrag geht. Es kann durchaus schwierig sein, die Waren vor dem Gefahrenübergang vom Verkäufer auf den Käufer zu versichern. Wenn eine Versicherung möglich ist, sollten Sie die möglichen Verluste durch Beschädigung der Ware auf dem Transport mit den Kosten der Versicherung vergleichen.
  Eine weitere Versicherungsfrage bezieht sich auf die Produkthaftung. Wenn Sie die gekauften Waren weiterverkaufen und Produkthaftung in Ihrem Land ein gesetzlicher Anspruch ist, dann müssen Sie vielleicht haften, wenn sich ein Kunde beim Gebrauch der Waren verletzt. Für solche Ansprüche mußten schon horrende Summen gezahlt werden. Sie sollten überlegen, ob Ihr Produkt Verletzungen verursachen kann, weil es fehlerhaft konstruiert ist oder fehlerhaft hergestellt wurde. Falls das zutreffen sollte, stellt sich die Frage, ob Sie sich das Risiko eines Anspruchs aus Produkthaftung leisten können. Obgleich der Verkäufer wahrscheinlich als erster für einen Konstruktions- oder Herstellungsfehler verantwortlich ist, werden Sie wahrscheinlich eine Mithaftung übernehmen, wenn Sie ohne ordnungsgemäße Warnung der Verbraucher ein Produkt verkaufen, von dem Sie wissen oder hätten wissen müssen, daß es fehlerhaft ist oder wahrscheinlich Verletzungen verursachen kann.

- **Betriebs-/Geschäftsunterbrechung:** Sie sollten überlegen, ob bei Lieferung der Waren eine Betriebs- oder Geschäftsunterbrechung für Training der Mitarbeiter, Einbau, Test, Wartung usw. eintritt. Wieviel würde es kosten, wenn sich einer Ihrer Manager oder Mitarbeiter um das korrekte Handling der Waren beim Verkäufer kümmert?
- **Bewirtungskosten:** Müssen Sie den Verkäufer bei einem Besuch bewirten? Bei Waren, die unter der Aufsicht des Verkäufers entladen oder eingebaut werden, müssen Sie die Kosten für Verpflegung, Transport und Übernachtung der Mitarbeiter des Verkäufers übernehmen. Diese Kosten können vielleicht im Produktpreis enthalten sein, Sie sollten aber prüfen, ob eine separate Erstattung vereinbart wurde.
- **Ausgaben für Dritte:** Bei grenzüberschreitenden Transaktionen gibt es ein größeres Risiko für Verzögerungen oder sogar der Nichterfüllung des Vertrags auf Grund von Faktoren, die keine Vertragspartei zu vertreten hat, wie zum Beispiel politische Ereignisse, Zollabfertigung, neue Gesetze und Transport über große Entfernungen. Wenn der Verkäufer in Verzug ist, werden Sie wahrscheinlich mit höheren Kosten rechnen müssen.
- **Entgangene Umsätze oder Produktionsverzögerungen:** Wenn die gelieferten Waren oder Dienstleistungen fehlerhaft oder unzureichend sind, entgehen Ihnen vielleicht Umsätze, oder es tritt eine Produktionsverzögerung ein.
- **Zwischenlösungen:** Wenn sich eine Lieferung verzögert, müssen Sie vielleicht Lagerkapazitäten für die bevorstehende, aber unsichere Ankunft der Waren vorhalten. Wenn Dienstleistungen verspätet erbracht werden, müssen Sie vielleicht vorübergehend Zeitarbeitskräfte beschäftigen.
- **Ersatzbeschaffung von Waren oder Dienstleistungen:** Bei Leistungsverzug müssen Sie vielleicht eine Ersatzbeschaffung von Waren oder Dienstleistungen vornehmen. Wenn Sie den Ersatz schnell benötigen, um eine weitere Verzögerung und zusätzliche Kosten zu vermeiden, müssen Sie wahrscheinlich einen Aufpreis zahlen.

■ Interessen des Verkäufers

Ein Verkäufer ist eine natürliche oder juristische Person, die Waren oder Dienstleistungen liefert. Er kann am Anfang oder in der Mitte der Verbrauchskette stehen.

Ziele des Verkäufers

Das Ziel eines Verkäufers – unabhängig davon, ob er am Anfang oder in der Mitte der Verbrauchskette steht – besteht darin, bei Minimierung der Kosten für Produktion und/oder Vertrieb den höchsten Preis zu erzielen. Um einen Gewinn erzielen zu können, muß der Verkäufer – genau wie der Käufer – den Waren- oder Dienstleistungsmarkt kennen, aber Angebot und Nachfrage wirken umgekehrt.

Wenn es zahlreiche Anbieter und nur wenige Käufer gibt, dann hat der Verkäufer eine schwache Verhandlungsposition, weil er in starkem Wettbewerb zu anderen Anbietern steht. Wenn es viele Anbieter und viele Käufer gibt, hat der Verkäufer eine stärkere Verhandlungsposition, weil die Käufer auch konkurrieren. Dennoch hat er den Nachteil, mit anderen Anbietern konkurrieren zu müssen. Wenn es nur wenige Anbieter gibt, dann hat der Verkäufer die stärkste Verhandlungsposition, weil der Käufer nur begrenzte Einkaufsmöglichkeiten hat.

Marketingmaßnahmen des Verkäufers

Als Verkäufer müssen Sie die Qualität und die Unterschiedlichkeit Ihrer Waren oder Dienstleistungen herausstellen, um den gewünschten Preis durchsetzen zu können. Sie müssen zumindest einen Teil der Transportkosten und der Zollabfertigung übernehmen, um das Geschäft für den Käufer attraktiv zu machen. Wenn Sie als Verkäufer im Ausland einen guten Kundendienst anbieten können, steigert das Ihren Bekanntheitsgrad, Ihr Image und Ihre Umsätze.

Versteckte Kosten des Verkäufers

Im Auslandsgeschäft herrscht häufig ein starker Wettbewerb, und Sie müssen beweisen, daß Ihre Waren oder Dienstleistungen den höheren Preis rechtfertigen. Während Sie einerseits Ihre Kosten minimieren wollen, müssen Sie andererseits die Anforderungen des Auslandsmarktes erfüllen. Genauso wie der Käufer müssen Sie die verborgenen Kosten berücksichtigen, wenn Sie den Preis für Ihre Waren oder Dienstleistungen festlegen. Versteckte Kosten wie die folgenden können Ihren Gewinn signifikant schmälern.

- **Produktanpassungen:** Um die gesetzlichen Vorschriften zu beachten und die Bedürfnisse der Verbraucher zu erfüllen, müssen Sie im Auslandsgeschäft häufig Ihre Produkte oder Dienstleistungen ändern. Sie müssen die gesetzlichen Vorschriften bezüglich Etikettierung und Werbung beachten. Ihre Werbematerialien und Betriebsanleitungen müssen übersetzt werden.
- **Transportkosten:** Haben Sie einen Teil der Transportkosten übernommen, um den Abschluß des Geschäfts zu erleichtern?
- **Zollabfertigung:** Haben Sie sich verpflichtet, die Ausfuhrabfertigung und möglicherweise die Einfuhrabfertigung zu übernehmen? Wenn der Käufer die Zollabfertigung übernommen hat, dann müssen Sie immer noch die notwendigen Dokumente bereitstellen. Die Kosten der Zollabfertigung können Kosten für die Vorbereitung der Dokumente, die vorübergehende Lagerung der Waren und für die Bereitstellung der Waren zur Prüfung beinhalten. Sie müssen vielleicht einen Zollagenten bezahlen, der die Zollabfertigung abwickelt. Darüber hinaus fallen Gebühren an (Gebühren für Genehmigungen und Zollabfertigung sowie Mehrwertsteuer).
- **Versicherung:** Sie sollten überlegen, eine Versicherung gegen die Gefahren des Verlusts oder der Beschädigung der Waren auf dem Transport abzuschlie-

ßen, zumindest bis zum Gefahrenübergang an den Käufer. Wenn Sie die Waren nicht versichern, dann sollten Sie sicher sein, daß Sie das Risiko tragen können.
Eine weitere Versicherungsfrage bezieht sich auf die Produkthaftung (vergleiche deutsches ProdHaftG). Wird durch den Fehler eines Produkts jemand getötet, sein Körper oder seine Gesundheit verletzt oder eine Sache beschädigt, so ist der Hersteller des Produkts verpflichtet, dem Geschädigten den daraus entstandenen Schaden zu ersetzen. Auch wenn Sie nur Produkte verkaufen, die von einem anderen Unternehmen hergestellt wurden, können Sie noch dafür haften, ein Produkt zu verkaufen, von dem Sie wußten oder hätten wissen müssen, daß es fehlerhaft ist oder ohne den richtigen Warnhinweis für die Verbraucher Verletzungen verursachen kann. Sie sollten daher überlegen, gegebenenfalls eine entsprechende Versicherung abzuschließen.

- **Ausgaben für Dritte:** Wenn der Käufer in Annahmeverzug ist, werden Sie wahrscheinlich mit höheren Kosten rechnen müssen. Dabei sollten Sie die folgenden Kosten prüfen:
  - **Zwischenlösungen:** Wenn der Käufer die Waren oder Dienstleistungen nicht zu dem im Vertrag festgelegten Zeitpunkt annehmen kann, müssen Sie vielleicht ein Zwischenlager anmieten oder den Zeitplan Ihrer Serviceanbieter anpassen.
  - **Zusatzkosten bei Weiterverwertung:** Wenn der Kaufvertrag nicht erfüllt werden kann, müssen Sie einen neuen Käufer finden. Sie tragen die Kosten für den Rücktransport der Ware, und vielleicht muß die Ware geändert werden, um sie an einen anderen Käufer verkaufen zu können. Bei einem Vertrag über Dienstleistungen müssen Sie vielleicht bei Stornierung der Reisebuchungen eine Strafe zahlen.

■ Rechtsanwalt des Käufers

Als Käufer kennen Sie Ihr Geschäft und Ihren Markt. Sie können die Anforderungen für die Produkte beschreiben, die Sie im Ausland kaufen wollen, und Sie kennen ausländische Lieferanten.

Warum sollte der Käufer einen Anwalt konsultieren?

Die Antwort auf diese Frage lautet: Weil Sie bei einem Kauf im Ausland nicht alles wissen. Dies kann rechtliche und wirtschaftliche Probleme verursachen. Welches Recht wird bei einer Vertragsverletzung auf Ihren Kaufvertrag angewendet?

Wenn Sie die Waren im Land des Exporteurs übernehmen, dann müssen Sie auch die Ausfuhrabfertigung beantragen. Falls Sie Waren gekauft haben, die nicht exportiert werden dürfen, können Sie strafrechtlich verfolgt werden.

Ein Rechtsanwalt kann Sie über Ihre Rechte, Pflichten, Risiken und Optionen bei einem Kauf im Ausland beraten. Er kann Sie auf die Probleme hinweisen, die in Ihrem Fall von besonderem Interesse sind. Als Käufer sollten Sie Ihren Anwalt in bezug auf die folgenden Themen konsultieren:

- **Informationen über die Rechtssysteme:**
  Nur wenige Geschäftsleute kennen das Rechtssystem ihres Heimatlandes, geschweige das des Landes ihrer ausländischen Geschäftspartner. Hier kann ein erfahrener Rechtsanwalt eine wichtige Informationsquelle sein.
  - Wie unterscheiden sich die Rechtssysteme?
  - Wird der Außenhandel in den betreffenden Ländern stark reguliert? Welche Vorschriften sind für Sie ungünstig?
  - Gibt es allgemeine Handelsabkommen oder bilaterale Vereinbarungen, die sich auf den Außenhandel auswirken? Ist Ihre Branche davon betroffen? Wie können Sie diese Abkommen zu Ihren Gunsten nutzen?
  - Wie werden Importe im Land des Käufers belastet? Welche Abgaben erhebt das Land des Verkäufers auf Exporte?

- **Informationen über Import- und Exportvorschriften:**
  Abgesehen von der Erläuterung der Rechtssysteme kann ein Rechtsanwalt Ihnen die notwendigen Informationen über die Im- und Exportvorschriften beschaffen.
  - Können Sie die benötigten Waren oder Dienstleistungen einführen? Welche Einfuhrbeschränkungen gibt es?
  - Sind für den Import und/oder Verkauf der Waren oder Dienstleistungen in Ihrem Land Genehmigungen erforderlich? Welche Behörden müssen den Import und/oder den Verkauf genehmigen?
  - Gibt es im Land des Verkäufers Exportbeschränkungen?

- **Beratung über Vertragsgestaltung:**
  Um die Feinheiten und Konsequenzen eines internationalen Kaufvertrags zu verstehen, sollten Sie einen erfahrenen Anwalt konsultieren.
  - Besteht in den betreffenden Ländern Vertragsfreiheit?
  - Welche Art von Vertragsbeziehung sollten Sie in Betracht ziehen: Einmaliger Kaufvertrag, Ratenzahlungsgeschäft, Handelsvertreter- oder Vertragshändlervertrag?
  - Sollten Sie den Vertrag schriftlich abschließen? Reichen ein Bestätigungsschreiben oder ein schriftlicher Auftrag aus?
  - Ist es bei Abschluß eines schriftlichen Vertrags unbedingt erforderlich, den Vertrag durch Ihren eigenen Anwalt prüfen zu lassen? Reicht es nicht aus, daß Sie sich einfach auf den Rechtsanwalt des Verkäufers verlassen?
  - Was bedeutet Einigung? Wann kommt ein Vertrag zustande?

- **Beratung über Haftungsausschluß und Schutz gegen Verluste:**
  Der Kauf von Waren oder Dienstleistungen beinhaltet Risiken, die leicht zu einem Verlust führen können. Um diese Risiken zu mindern, ist es in der Regel notwendig, einen Anwalt zu konsultieren.
  - Welche Rechtsmittel haben Sie gegen den Verkäufer, wenn Sie oder ein Dritter durch Fehler der gelieferten Waren oder Dienstleistungen getötet oder verletzt oder eine Sache beschädigt wird? Wofür müssen Sie haften, und wie können Sie sich und Ihr Geschäft schützen? Können Sie eine Vertragsklausel durchsetzen, daß der Verkäufer Sie von der Haftung freistellt?
  - Welche Bedeutung haben gewerbliche Schutzrechte? Welche Regreßansprüche hat der Verkäufer gegen Sie, wenn Sie nichts unternehmen, um das geistige Eigentum des Verkäufers zu schützen?
  - Welche Rechtsmittel haben Sie bei einer Vertragsverletzung durch den Verkäufer in seinem Land und in Ihrem Heimatland?
  - Wie können Sie sich bei einer Vertragsverletzung durch den Verkäufer schützen?
  - Was bedeutet Schadensabwendungs- und -minderungspflicht? Sind Sie verpflichtet, Ihren Schaden möglichst gering zu halten?
  - Welche Rechte hat der Verkäufer, wenn Sie den Vertrag verletzen?
  - Wann ist ein Vertrag sittenwidrig? Wann ist ein Vertrag nichtig? Wann ist er anfechtbar?

Wann sollte der Käufer einen Anwalt konsultieren?

- **Vor Vertragsverhandlungen:**
  Der günstigste Zeitpunkt zur Konsultierung Ihres Anwalts ist die Zeit, bevor Sie den Rat eines Anwalts wirklich benötigen. Sie sollten Ihren Anwalt konsultieren, bevor Sie einen internationalen Kaufvertrag abschließen, weil sein Rat Ihr Verhalten in den Vertragsverhandlungen beeinflussen kann. Wenn Sie noch keinen Vertrag abgeschlossen haben, verfügen Sie noch über Optionen. Sie können Ihre Rechte in den Vertragsverhandlungen durchsetzen – vorausgesetzt, Sie kennen Ihre Rechte und Pflichten. Nach Abschluß eines Vertrags kann sich der Rat Ihres Anwalts nur auf Ihre Verteidigung beziehen, das heißt, wie Sie eventuell neu verhandeln können, wie Sie Forderungen des Verkäufers zurückweisen, den Vertrag anfechten oder zumindest die Verluste aus einem schlechten Geschäft minimieren können.
  Von Ihrem Rechtsanwalt erhalten Sie Hintergrundinformationen, die Sie für die Vertragsverhandlungen mit dem Verkäufer benötigen. Der Rat Ihres Anwalts kann sehr hilfreich sein, wenn er sich auf Ihre konkrete Situation bezieht. Um Ihren Anwalt zu informieren, sollten Sie ihm Ihren Business-Plan vorlegen, der Ihre Branche, Ihr inländisches Geschäft und Ihre Auslandsaktivitäten beschreibt.

- **Während der Vertragsverhandlungen:**
  Ob Sie Ihren Anwalt während der Vertragsverhandlungen konsultieren sollten, hängt von verschiedenen Faktoren ab. Wenn es um einen üblichen Abschluß geht und keine neuen Probleme auftauchen, dann brauchen Sie Ihren Anwalt während der Verhandlungen wahrscheinlich nicht zu konsultieren. Wenn sich die Situation ändert, sollten Sie Ihren Anwalt einschalten. Bei schwierigen Verhandlungen könnte Ihr Anwalt die Verhandlungsführung übernehmen, oder er sollte zumindest an der Verhandlung teilnehmen, um Sie beraten zu können.

- **Vor Abschluß des ersten Geschäfts:**
  Vor Abschluß des ersten Geschäfts sollten Sie den Vertragsentwurf durch Ihren Anwalt prüfen lassen. Er kann aufzeigen, welche Pflichten und welche Haftung Sie vermeiden sollten, und er kann Sie beraten, wie Sie verhandeln sollten, um Ihre Rechte besser zu schützen. Danach werden Sie Ihren Anwalt wahrscheinlich erst wieder konsultieren, wenn sich die Verhältnisse im Rahmen der Verhandlung über einen neuen Vertrag wesentlich ändern.

- **Zur Durchsetzung oder Neuverhandlung des Kaufvertrags:**
  Wenn Sie zur Durchsetzung eines Kaufvertrags Rechtsmittel einlegen oder neu verhandeln müssen, sollten Sie zunächst Ihren Anwalt konsultieren, um Ihre Optionen zu diskutieren. Dies bedeutet nicht unbedingt, daß Sie die andere Partei verklagen wollen. Ihr Anwalt kann Ihre Situation auf Ihre Stärken und Schwächen überprüfen, verschiedene Szenarien entwickeln und Empfehlungen aussprechen, welches Vorgehen – dazu können auch neue Verhandlungen gehören – optimal ist.
  Nach Konsultation Ihres Anwalts können Sie entscheiden, sich mit der anderen Partei zu einigen, den Vertrag neu zu verhandeln oder Ihren Anwalt zu beauftragen, Sie in den Verhandlungen zu vertreten. Bei dieser Entscheidung sollten Sie die Stärke Ihrer Verhandlungsposition, die Unterschiedlichkeit der Rechtssysteme im Land des Verkäufers und in Ihrem Heimatland, das Vertrauen, das Sie zum Verkäufer haben, berücksichtigen und ob die andere Partei sich durch ihren Anwalt vertreten läßt. Wenn die Meinungsverschiedenheiten mit der anderen Partei jedoch unüberbrückbar werden, sollten Sie Ihren Anwalt einschalten.

Wie wählt man einen Anwalt aus?

Um einen Rechtsanwalt auszuwählen, können Sie auf den Gelben Seiten des Telefonbuchs nachschlagen, Familienangehörige oder Freunde fragen oder die Rechtsanwaltskammer oder den Anwaltsuchservice (www.anwalt-suchservice.de) kontaktieren. Wenn Sie mehrere Adressen haben, können Sie Ihre Wahl dadurch eingrenzen, daß Sie den Rechtsanwalt auswählen, der über die folgenden Eigenschaften verfügt:

1. Branchenkenntnis,
2. Kenntnis des UN-Kaufrechts,
3. Erfahrung im Im- und Export,
4. Internationale Verbindungen,
5. Verhandlungsgeschick
6. und der ehrlich genug ist, Ihnen gegebenenfalls zu empfehlen, zur Beratung über andere Themen, die keine Rechtsfragen sind, andere Spezialisten wie zum Beispiel einen Anwalt für internationales Recht, eine Bank, einen Wirtschaftsprüfer, einen Gutachter oder Zollagenten zu kontaktieren.

In diesem Zusammenhang möchte ich eine klare Empfehlung aussprechen: Konsultieren Sie nie den Anwalt des Verkäufers. Selbst wenn Sie gute Geschäftsbeziehungen zum Verkäufer haben, hat er andere Interessen als Sie. Der Verkäufer möchte bei möglichst niedrigen Herstell- und Transportkosten den höchsten Preis erzielen, während Sie für die beste Qualität den niedrigsten Preis zahlen wollen. Wenn ein Rechtsanwalt beide Parteien beraten würde, so wäre das ein Interessenkonflikt. In den meisten Ländern verbieten es die berufsständischen Vorschriften, daß ein Rechtsanwalt zwei gegnerische Parteien vertritt.

Nicht durch Rechtsberatung abgedeckte Themen

Die folgenden Themen werden im Rahmen der Rechtsberatung in der Regel nicht abgedeckt, und daher müssen Sie andere Dienstleistungsanbieter konsultieren:

- **Zölle:**
  In der Regel geben Rechtsanwälte keine Auskunft über das Verfahren der Zollabfertigung (wie zum Beispiel Formulare, Einfuhrbewilligungen, Durchführung der Warenprüfung vor dem Versand, Zollanmeldestellen, beschleunigte Zollabfertigung). Sie könnten aber einen Zollagenten oder Spediteur konsultieren.
- **Transport:**
  Für alle Fragen im Zusammenhang mit dem Transport der Ware sollten Sie einen Spediteur kontaktieren.
- **Finanzierung und Zahlungsweise:**
  Für Fragen über die Finanzierung und Zahlungsweise sollten Sie die Auslandsabteilung Ihrer Bank kontaktieren.
- **Buchführung und Steuerfragen:**
  Für Buchführungs- und Steuerfragen sollten Sie einen Steuerberater kontaktieren.

Rechtsanwalt des Verkäufers

Als Verkäufer haben Sie Ihren Markt analysiert und ein Sortiment von Produkten oder Dienstleistungen entwickelt, für das auch auf ausländischen Märkten eine Nachfrage besteht. Sie haben alle geschäftlichen Aspekte analysiert und eine wirtschaftliche Produktion aufgebaut. Darüber hinaus haben Sie ein erfolgreiches Marketingkonzept entwickelt. Warum sollten Sie daher als Verkäufer einen Rechtsanwalt konsultieren?

Warum sollte der Verkäufer einen Anwalt konsultieren?

Die Antwort auf diese Frage ist im Prinzip die gleiche wie für den Käufer: Sie wissen im Auslandsgeschäft immer noch nicht alles, und es kann zahlreiche rechtliche und wirtschaftliche Probleme geben. Welches Recht wird bei einer Vertragsverletzung auf Ihren Kaufvertrag angewendet?

Wenn der Gefahrenübergang im Land des Käufers stattfindet, dann müssen Sie auch die Einfuhrabfertigung beantragen. Wenn der Import Ihrer Waren verboten ist, können sie vom Zoll beschlagnahmt oder sogar zerstört werden. Sie können im Land des Käufers wegen Vertragsverletzung oder wegen Ansprüchen aus Produkthaftung verklagt werden. Wenn Sie gegen das Kartellgesetz oder Antikorruptionsvorschriften verstoßen, können Sie auch strafrechtlich verfolgt werden.

Ein Rechtsanwalt kann Sie über Ihre Rechte, Pflichten, Risiken und Optionen im Rahmen von Auslandsgeschäften beraten. Er kann Sie auf die Probleme hinweisen, die in Ihrem Fall von besonderem Interesse sind. Als Verkäufer sollten Sie Ihren Anwalt in bezug auf die folgenden Themen konsultieren:

- **Informationen über die Rechtssysteme:**
  Nur wenige Geschäftsleute kennen das Rechtssystem ihres Heimatlandes, geschweige das des Landes ihrer ausländischen Geschäftspartner. Hier kann ein erfahrener Rechtsanwalt eine wichtige Informationsquelle sein.
  - Wie unterscheiden sich die Rechtssysteme?
  - Wird der Außenhandel in den betreffenden Ländern stark reguliert? Welche Vorschriften sind für Sie ungünstig?
  - Gibt es allgemeine Handelsabkommen oder bilaterale Vereinbarungen, die sich auf den Außenhandel auswirken? Ist Ihre Branche davon betroffen? Wie können Sie diese Abkommen zu Ihren Gunsten nutzen?
  - Wie werden Importe im Land des Käufers belastet? Welche Abgaben erhebt das Land des Verkäufers auf Exporte?

- **Informationen über Import- und Exportvorschriften:**
  Abgesehen von der Erläuterung der Rechtssysteme kann ein Rechtsanwalt Ihnen die notwendigen Informationen über die Aus- und Einfuhrvorschriften beschaffen.

- Können Sie die Waren oder Dienstleistungen unbeschränkt ausführen? Welche Ausfuhrbeschränkungen gibt es?
- Sind für den Export und/oder Verkauf der Waren oder Dienstleistungen an einen ausländischen Käufer Genehmigungen erforderlich? Welche Behörden müssen den Export und/oder den Verkauf genehmigen?
- Gibt es im Land des Käufers Importbeschränkungen?

- **Beratung über Vertragsgestaltung:**
  Um die Feinheiten und Konsequenzen eines internationalen Kaufvertrags zu verstehen, sollten Sie einen erfahrenen Anwalt konsultieren.
  - Besteht in den betreffenden Ländern Vertragsfreiheit?
  - Welche Art von Vertragsbeziehung sollten Sie in Betracht ziehen: Einmaliger Kaufvertrag, Ratenzahlungsgeschäft, Handelsvertreter- oder Vertragshändlervertrag?
  - Sollten Sie den Vertrag schriftlich abschließen? Reichen ein Bestätigungsschreiben oder ein schriftlicher Auftrag aus?
  - Ist es bei Abschluß eines schriftlichen Vertrags unbedingt erforderlich, den Vertrag durch Ihren eigenen Anwalt prüfen zu lassen? Reicht es nicht aus, daß Sie sich einfach auf den Rechtsanwalt des Käufers verlassen?
  - Was bedeutet Einigung? Wann kommt ein Vertrag zustande?
  - Welche Art von Gewährleistung ist in Ihrem Land üblich? Gibt es im Land des Käufers eine Gewährleistungspflicht, selbst wenn sie vertraglich nicht ausdrücklich vereinbart ist? Gibt es gesetzliche Gewährleistungsansprüche, selbst wenn sie vertraglich ausdrücklich ausgeschlossen sind?

- **Beratung über Haftungsausschluß und Schutz gegen Verluste:**
  Der Verkauf von Waren oder Dienstleistungen beinhaltet Risiken, die leicht zu einem Verlust führen können. Um diese Risiken zu mindern, ist es in der Regel notwendig, einen Anwalt zu konsultieren.
  - Wie haften Sie, wenn die gelieferten Waren oder Dienstleistungen fehlerhaft sind oder ein Dritter durch Fehler der gelieferten Waren oder Dienstleistungen getötet oder verletzt oder eine Sache beschädigt wird? Wie können Sie sich und Ihr Geschäft schützen?
  - Wie können Sie Ihr geistiges Eigentum im Land des Käufers am besten schützen? Welche gewerblichen Schutzrechte gibt es, und welche Bedeutung haben sie? Welche Regreßansprüche haben Sie gegen einen Käufer, der Ihr geistiges Eigentum nicht schützt beziehungsweise verletzt?
  - Gibt es gesetzliche Vorschriften im Land des Käufers (wie zum Beispiel Kartellgesetz, Antikorruptionsgesetz, Verbraucher- oder Umweltschutzvorschriften), bei deren Verletzung Ihnen eine strafrechtliche Verfolgung oder zivilrechtliche Haftung droht?
  - Welche Rechtsmittel haben Sie bei einer Vertragsverletzung durch den Käufer in seinem Land und in Ihrem Heimatland?

- Wie können Sie sich bei einer Vertragsverletzung durch den Käufer schützen?
- Was bedeutet Schadensabwendungs- und -minderungspflicht? Sind Sie verpflichtet, Ihren Schaden möglichst gering zu halten?
- Welche Rechte hat der Käufer, wenn Sie den Vertrag verletzen?
- Wann ist ein Vertrag sittenwidrig? Wann ist ein Vertrag nichtig? Wann ist er anfechtbar?

Wann sollte der Verkäufer einen Anwalt konsultieren?

- **Vor Vertragsverhandlungen:**
  Als Verkäufer haben Sie den Vorteil, über Waren oder Dienstleistungen zu verfügen, die ein ausländischer Käufer erwerben möchte. Daher können Sie häufig günstige Geschäft abschließen. Aber Sie können Ihren Verhandlungsvorteil verlieren, wenn Sie Ihre Verhandlungsoptionen, Rechte und Pflichten nicht genau kennen. Daher sollten Sie Ihren Anwalt vor Vertragsverhandlungen im Auslandsgeschäft konsultieren. Der Rat Ihres Anwalts kann Ihre Entscheidung beeinflussen, was, wo, wann und wie Sie international verkaufen.
  Wenn Sie Ihren Anwalt vor Abschluß eines internationalen Kaufvertrags nicht konsultieren, wissen Sie wahrscheinlich nicht, ob Sie ein gutes oder ein schlechtes Geschäft gemacht haben. Sie wissen auch nicht, ob Sie eigentlich eine stärkere Verhandlungsposition hatten, aus der heraus Sie sogar einen besseren Abschluß hätten erreichen können.
  Um Ihren Anwalt zu informieren, sollten Sie ihm Ihren Business-Plan vorlegen, der Ihre Branche, Ihr inländisches Geschäft und Ihre Auslandsaktivitäten beschreibt. Ihr Anwalt kann Sie dann gezielt beraten.

- **Während der Vertragsverhandlungen:**
  Ob Sie Ihren Anwalt während der Vertragsverhandlungen konsultieren sollten, hängt von verschiedenen Faktoren ab. Wenn es um einen üblichen Abschluß geht und keine neuen Probleme auftauchen, dann brauchen Sie Ihren Anwalt während der Verhandlungen wahrscheinlich nicht zu konsultieren. Wenn sich die Situation ändert, sollten Sie Ihren Anwalt einschalten. Bei schwierigen Verhandlungen könnte Ihr Anwalt die Verhandlungsführung übernehmen, oder er sollte zumindest an der Verhandlung teilnehmen, um Sie beraten zu können.

- **Vor Abschluß des ersten Geschäfts:**
  Bevor Sie Ihren ersten internationalen Kaufvertrag abschließen, sollten Sie den Vertragsentwurf durch Ihren Anwalt prüfen lassen. Er kann aufzeigen, welche Vertragsbedingungen durchsetzbar, welche ungünstig sind, welche verdeckte Risiken beinhalten und welche geändert werden sollten, um Ihre Rechte besser zu schützen und Ihre Haftung zu beschränken. Danach werden

Sie Ihren Anwalt wahrscheinlich erst wieder konsultieren, wenn ein neuer Kaufvertrag von Ihrer bisherigen Praxis wesentlich abweicht.

- **Zur Durchsetzung oder Neuverhandlung des Kaufvertrags:**
  Wenn der Käufer den Vertrag verletzt oder Sie den Vertrag nicht erfüllen können, sollten Sie Ihren Anwalt konsultieren. Ihr Anwalt kann die Stärken und Schwächen Ihrer Position sowie verschiedene Handlungsalternativen aufzeigen. Nach Konsultation Ihres Anwalts können Sie entscheiden, sich mit der anderen Partei zu einigen, den Vertrag neu zu verhandeln oder Ihren Anwalt zu beauftragen, Klage einzulegen.
  In jedem Fall sollten Sie Ihren Anwalt einschalten – entweder im Hintergrund, wenn Sie mit der anderen Partei verhandeln, oder als Verhandlungsführer. Sie brauchen wenig Unterstützung durch Ihren Anwalt, wenn der Käufer kompromißbereit ist. Aber wenn Sie gezwungen sind, Rechtsmittel im Land des Käufers einzulegen, ist die Unterstützung durch Ihren Anwalt unverzichtbar.

Wie wählt man einen Anwalt aus?

Um einen Rechtsanwalt auszuwählen, können Sie auf den Gelben Seiten des Telefonbuchs nachschlagen, Familienangehörige oder Freunde fragen oder die Rechtsanwaltskammer oder den Anwaltsuchservice (www.anwalt-suchservice.de) kontaktieren. Wenn Sie mehrere Adressen haben, können Sie Ihre Wahl dadurch eingrenzen, daß Sie den Rechtsanwalt auswählen, der über die folgenden Eigenschaften verfügt:

1. Branchenkenntnis,
2. Kenntnis des UN-Kaufrechts,
3. Erfahrung im Im- und Export,
4. Internationale Verbindungen,
5. Verhandlungsgeschick
6. und der ehrlich genug ist, Ihnen gegebenenfalls zu empfehlen, zur Beratung über andere Themen, die keine Rechtsfragen sind, andere Spezialisten wie zum Beispiel einen Anwalt für internationales Recht, eine Bank, einen Wirtschaftsprüfer, einen Gutachter oder Zollagenten zu kontaktieren.

In diesem Zusammenhang möchte ich eine klare Empfehlung aussprechen: Konsultieren Sie nie den Anwalt des Käufers. Selbst wenn Sie gute Geschäftsbeziehungen zum Käufer haben, hat er andere Interessen als Sie. Als Verkäufer wollen Sie bei möglichst niedrigen Herstell- und Transportkosten den höchsten Preis erzielen, während der Käufer für die beste Qualität den niedrigsten Preis zahlen möchte. Wenn ein Rechtsanwalt beide Parteien beraten würde, so wäre das ein Interessenkonflikt. In den meisten Ländern verbieten es die berufsständischen Vorschriften, daß ein Rechtsanwalt zwei gegnerische Parteien vertritt.

Nicht durch Rechtsberatung abgedeckte Themen

Die folgenden Themen werden im Rahmen der Rechtsberatung in der Regel nicht abgedeckt, und daher müssen Sie andere Dienstleistungsanbieter konsultieren:

- **Zölle:**
  In der Regel geben Rechtsanwälte keine Auskunft über das Verfahren der Zollabfertigung (wie zum Beispiel Formulare, Einfuhrbewilligungen, Durchführung der Warenprüfung vor dem Versand, Zollanmeldestellen, beschleunigte Zollabfertigung). Sie könnten aber einen Zollagenten oder Spediteur konsultieren.
- **Transport:**
  Für alle Fragen im Zusammenhang mit dem Transport der Ware sollten Sie einen Spediteur kontaktieren.
- **Finanzierung und Zahlungsweise:**
  Für Fragen über die Finanzierung und Zahlungsweise sollten Sie die Auslandsabteilung Ihrer Bank kontaktieren.
- **Buchführung und Steuerfragen:**
  Für Buchführungs- und Steuerfragen sollten Sie einen Steuerberater kontaktieren.

4 Gestaltung internationaler Kaufverträge

Im Auslandsgeschäft müssen Sie die Geschäftspraktiken und die gesetzlichen Vorschriften sowohl Ihres eigenen Landes als auch des Landes Ihres Vertragspartners berücksichtigen. Im allgemeinen besteht Vertragsfreiheit, und die Vertragsparteien haben die Möglichkeit, die Vertragsbedingungen nach ihren gemeinsamen Vorstellungen zu vereinbaren. Bei manchen Transaktionen schreiben die Gesetze alle oder einige Vertragsbedingungen vor.

■ Voraussetzungen zur Anerkennung und Vollstreckung gerichtlicher Entscheidungen

Wenn Sie Ihren Kaufvertrag gerichtlich durchsetzen müssen, dann lautet die Hauptfrage, ob der Vertrag in dem anderen Land gültig ist. In jedem Fall sollten Sie sich mit Ihrer Gegenpartei über die folgenden vier Grundbedingungen einigen:

- Beschreibung der Ware (das heißt Art, Qualität und Menge),
- Lieferzeit,
- Preis,
- Zahlungsweise.

■ Stillschweigende Vertragsbedingungen

Wenn die Vertragsparteien Vertragsbedingungen auslassen beziehungsweise vergessen, dann werden die Lücken von den Gerichten im Wege der Auslegung der Gesetze und der Verkehrssitte beziehungsweise des Handelsbrauchs ermittelt. Bei internationalen Kaufverträgen hängt die Auslegung der Vertragsbedingungen davon ab, welches Recht angewendet wird. Streitigkeiten werden nach dem Recht des Landes gelöst, dessen Recht auf den Vertrag anzuwenden ist. Die Wahl des anzuwendenden Rechts liegt im Ermessen des Gerichts. Es kann dem ausdrücklich erklärten Willen der Parteien über das anzuwendende Recht folgen oder das Recht des Landes anwenden, in dem der Vertrag unterzeichnet wurde oder die Parteien die meisten Kontakte haben.

Sie sollten daher alle Vertragsbedingungen sorgfältig prüfen. Alle Formulierungen des Kaufvertrags sollten eindeutig sein. Sie sollten alle Eventualitäten berücksichtigen. Sie haben zum Beispiel vereinbart, eine bestimmte Menge eines Produktes zu kaufen, aber wie erfolgt die Lieferung? Schicken Sie jemanden zum

Lieferanten, um die Waren zu verpacken? Sollte der ganze Auftrag sofort geliefert werden?

■ Checkliste für internationale Kaufverträge

Die folgenden Vertragsbedingungen beziehen sich auf einen vollständigen internationalen Kaufvertrag. Im konkreten Einzelfall sind selbstverständlich nicht alle aufgelisteten Vertragsbedingungen relevant. Wenn Sie diese Checkliste im Rahmen des Entwurfs eines internationalen Kaufvertrags verwenden, wird sichergestellt, daß Sie Ihre Beziehung zur anderen Vertragspartei so klar wie möglich definieren und daß Sie so viele Eventualitäten berücksichtigen, wie vorweggenommen werden können.

Unabhängig davon, ob Sie den Kaufvertrag selbst entwerfen, müssen Sie auf die Hauptbedingungen achten, weil Sie Ihre Interessen selbst schützen müssen. Obwohl fehlende Vertragsbedingungen von Gerichten im Wege der Auslegung ermittelt werden können, sollten Sie berücksichtigen, daß Prozesse – ob vor einem Gericht, einem Schiedsgericht oder im Rahmen eines Mediationsverfahrens – zeitaufwendig und mit hohen Kosten verbunden sind. Außerdem sollten Sie berücksichtigen, daß die Ermittlung fehlender oder die Interpretation unklarer Vertragsbedingungen im Wege der Auslegung einem Gericht obliegt und das Ergebnis vielleicht nicht nach Ihrem Wunsch ausfällt. Daher ist es am besten, alle Vertragsbedingungen vor Vertragsabschluß schriftlich festzulegen. Ein internationaler Kaufvertrag kann die folgenden Vertragsbedingungen enthalten:

1. Vertragsdatum, -beginn	☐	2. Vertragsparteien	☐
3. Waren – Beschreibung	☐	4. Waren – Menge	☐
5. Waren – Preis	☐	6. Zahlungsweise	☐
7. Zahlungsweise – Währung	☐	8. Zahlungsweise – Wechselkurs	☐
9. Kosten/Gebühren – Zölle und Steuern	☐	10. Kosten/Gebühren – Versicherung	☐
11. Kosten/Gebühren – Handling, Transport	☐	12. Verpackung	☐
13. Liefertermin	☐	14. Lieferort	☐
15. Lieferung – Besitz-/Eigentumsübergang	☐	16. Transport – Frachtführer	☐
17. Transport – Lager(ung)	☐	18. Transport – Benachrichtigung	☐
19. Transport – Versandzeit/-dauer	☐	20. Transport – Versicherung	☐

21. Im-/Exportdokumente	☐	22. Fakturierung und Lieferung	☐
23. Reexportverbot	☐	24. Rechte zur Prüfung der Ware	☐
25. Freistellung von Haftungsansprüchen	☐	26. Gewerbliche Schutzrechte	☐
27. Gewährleistung	☐	28. Vollstreckung und Rechtsmittel	☐
29. Schiedsgerichtsverfahren	☐	30. Fix-/Termingeschäft	☐
31. Vertragsänderungen	☐	32. Rückgängigmachung des Vertrags (Wandlung)	☐
33. Vertragsstrafe	☐	34. Rechtsanwaltshonorar	☐
35. Höhere Gewalt	☐	36. Abtretung von Rechten	☐
37. Aufschiebende Bedingungen	☐	38. Anzuwendendes Recht	☐
39. Gerichtsstand	☐	40. Salvatorische Klausel	☐
41. Vollständigkeit der Vertragsbedingungen	☐	42. Schriftverkehr zwischen den Parteien	☐
43. Vertretungsvollmacht	☐	44. Unabhängige Beratung	☐
45. Annahme und Unterzeichnung	☐		

Vertragliche Regelungen bei einfachen und bei komplexen Auslandsgeschäften

Für einen kleinen, einmaligen Kauf ist eine einfache Vereinbarung oder eine Rechnung ausreichend. Dies ist auch die häufigste Form im Auslandsgeschäft. Der Verkäufer hat verschiedene Kunden, und der Käufer hat kein exklusives Recht, die Produkte zu kaufen.

Für schwierigere geschäftliche Transaktionen oder eine laufende Geschäftsbeziehung ist dagegen ein schriftlicher Vertrag vorzuziehen, um die Rechte, Pflichten und Rechtsmittel der Vertragsparteien klar zu regeln. Bei Kaufverträgen für Investitionsgüter mit hohem Kreditrisiko, die durch gewerbliche Schutzrechte geschützt sind, sollten zum Beispiel besondere Schutzklauseln vorgesehen werden. Bei der Vorbereitung solcher internationalen Kaufverträge sollten Sie einen Rechtsanwalt konsultieren, der das Recht und die Geschäftspraktiken beider Länder kennt.

Entwurf:

Bei internationalen Kaufverträgen ist es zweckmäßig, mit der anderen Vertragspartei jede Bedingung des Vertragsentwurfs durchzugehen und ausdrücklich zu fragen, wie sie die Vertragsbedingungen versteht. Sie könnten zum Beispiel fragen: »Ist Ihnen klar, daß Sie die Verpflichtung übernehmen, die Waren nach unseren Transportanweisungen zu verpacken?« Wenn Sie befürchten, daß die Vertragsbedingungen nicht richtig verstanden werden, dann sollten Sie verlangen, daß jeder Paragraph von beiden Vertragsparteien paraphiert wird. Im Auslandsgeschäft ist es ohnehin üblich, daß jede Seite des Vertrags von beiden Vertragsparteien paraphiert wird.

Erklärung typischer Vertragsbedingungen

Vertragsbeginn

Dieser Vertrag wird am [*Datum*] geschlossen.

In der Regel tritt der Vertrag mit Unterzeichnung in Kraft, wenn die Parteien nichts anderes vereinbaren. Der Vertragsbeginn ist besonders wichtig, wenn der Liefer- oder der Zahlungstermin im Verhältnis zum Vertragsbeginn festgelegt wird. So kann ein Vertrag zum Beispiel vorsehen: »Versand innerhalb von 30 Tagen nach Vertragsbeginn«.

Im Auslandsgeschäft sollten Sie daran denken, daß das Datum unterschiedlich geschrieben wird. Daher wird empfohlen, den Monat auszuschreiben, um Mißverständnisse zu vermeiden.

Bezeichnung der Vertragsparteien

Dieser Vertrag wird zwischen [*Name von Partei A, Anschrift, Beschreibung des Geschäftszweigs und Staatsangehörigkeit*] (nachfolgend »Verkäufer« genannt) und [*Name von Partei B, Anschrift, Beschreibung des Geschäftszweigs und Staatsangehörigkeit*] (nachfolgend »Käufer« genannt) geschlossen.

Der Kaufvertrag ist für die Parteien bindend, die ihn unterzeichnen. Und diese Parteien sollten hier beschrieben werden. Es sollte der volle Name beziehungsweise die volle Firmenbezeichnung jeder Vertragspartei angegeben werden, um Mißverständnisse zu vermeiden. Wenn eine Partei eine juristische Person ist, dann sollte die Rechtsform angegeben werden. Es sollte vor Unterzeichnung des Vertrags geklärt werden, ob der Vertreter der juristischen Person die Vollmacht zum Vertragsabschluß hat.

Es ist allgemein üblich, die Geschäftsanschrift jeder Partei am Vertragsbeginn anzugeben, manchmal werden die Adressen jedoch am Ende des Vertrags nach den Unterschriften aufgeführt. Wenn eine Partei mehrere Geschäftsadressen hat, dann sollte die Adresse des Sitzes der Gesellschaft oder der Hauptsitz angegeben werden. Wenn im Vertrag nichts anderes festgelegt ist, dann ist diese Anschrift auch der Liefer-, der Zahlungsort und der Ort, an den Benachrichtigungen im Rahmen des Vertrags zugestellt werden.

In internationalen Verträgen enthält die Beschreibung jeder Partei die Angabe der Staatsangehörigkeit wie zum Beispiel: »Eine Société Anonyme nach französischem Recht«, »eine Kommanditgesellschaft nach den Gesetzen des State of California in den USA« oder »Staatsbürger von Singapur«.

Beschreibung, Menge und Preis der Waren

Der Verkäufer verkauft an den Käufer Waren (nachfolgend »Waren« genannt), [die in dem beigefügten Anhang A beschrieben sind <u>*oder*</u> wie nachstehend angegeben:

Art der Waren: (*Beschreibung*)
Artikelbezeichnung:
Artikelnummer:
Menge:
Preis:
Gesamtpreis: . . .]

Diese Vertragsklausel enthält zwei Bedingungen, die für internationale Kaufverträge wesentlich sind: die Beschreibung der Ware und den Preis. Damit der Vertrag durchsetzbar beziehungsweise einklagbar ist, müssen sich die Parteien über diese beiden Vertragsbedingungen einigen. Obwohl es in manchen Rechtsordnungen zulässig ist, diese Bedingungen bei kommerziellen Transaktionen im Wege der Auslegung zu ermitteln, gilt überwiegend, daß diese Vertragsbedingungen nicht im Wege der Auslegung ermittelt werden können.

Wenn die Beschreibung der Waren fehlt oder nicht konkret genug ist, dann ist der Kaufvertrag nicht einklagbar, weil die Waren nicht bestimmt werden können. Eine Vertragsklausel wird als hinreichend genau betrachtet, wenn sie so klar ist, daß beide Parteien die Beschreibung verstehen und bei der Auslegung keinen Ermessensspielraum haben. Die Waren können zum Beispiel durch Angabe einer Artikel- oder Modellnummer beschrieben werden.

Wenn die Parteien sich nicht auf einen Preis oder eine Methode zur Ermittlung des Preises einigen, werden Gerichte den Vertrag nicht anerkennen. Sie können einen Gesamtpreis für die Waren angeben oder einen Preis pro Stück beziehungsweise pro Kilogramm oder Tonne und den Gesamtpreis. Selbst wenn bei

Vertragsabschluß die Warenmenge nicht festgelegt wird, muß dennoch eine Methode zur Ermittlung des Preises angegeben werden (siehe Kapitel 8). In einem internationalen Kaufvertrag ist es zweckmäßig, den Preis in der Währung anzugeben, in der die Zahlung erfolgt, wie zum Beispiel HK$ (das heißt Hongkong-Dollar) oder US$ (das heißt US-Dollar).

Die Menge der Ware ist wichtig. Wenn sich der Kaufvertrag auf verschiedene Waren bezieht, dann muß die Menge für jedes Produkt angegeben werden.

Zahlungsbedingungen

- Der Käufer bezahlt den Kaufpreis [*Angabe zum Beispiel:* am oder vor dem (*Datum*) oder nicht später als (*Anzahl*) Tage vor dem Liefertermin]. Die Zahlung an den Verkäufer erfolgt an folgende Anschrift: [die oben aufgeführte Adresse *oder* Angabe einer anderen Adresse]. Die Zahlung erfolgt in [*Währung*] durch [*Überweisungsart*].

Bei einer einmaligen Transaktion wird der Verkäufer die sicherste Zahlungsweise »vor Lieferung« wählen, während der Käufer vorzieht, daß die Ware vor der Zahlung vom Zoll abgefertigt ist und in gutem Zustand geliefert wurde. Die Parteien müssen daher einen Kompromiß zwischen diesen beiden Positionen aushandeln, und jede sollte auf einer Schutzklausel bestehen, um das Risiko zu begrenzen (siehe Kapitel 8).

In internationalen Kaufverträgen sollten stets die Währung und die Überweisungsart angegeben werden. Die Währung sollte eine Hartwährung sein, um einen gewissen Schutz gegen Wechselkursschwankungen zu bieten, und die Überweisungsart sollte sicher sein. Die Zahlung kann zum Beispiel durch Dokumentenakkreditiv oder Kasse gegen Dokumente, durch Vorauszahlung in bar oder telegrafische Überweisung oder einen Kredit für eine bestimmte Anzahl von Tagen erfolgen.

Kosten und Gebühren

- Der Käufer trägt die folgenden Kosten und Gebühren: [*Auflistung*]. Der Verkäufer trägt die folgenden Kosten und Gebühren: [*Auflistung*].

Sie sollten genau angeben, welche Kosten die beiden Parteien tragen. Dabei sind folgende Positionen zu berücksichtigen: Ausfuhr, Einfuhr, andere Zölle, Transportkosten, Steuern und Gebühren für die erforderlichen Genehmigungen.

Verpackung

- Der Verkäufer verpackt die Ware so, daß die Verpackung der Beanspruchung des Transports standhält, eine Beschädigung der Ware während des Transports verhindert und die folgenden Anforderungen erfüllt: [*Geben Sie zum Beispiel an:* Warnhinweise und Ursprungskennzeichnung nach dem Landesrecht des Käufers, wie es in Anhang B dieses Vertrags aufgeführt ist]. Der Verkäufer bemüht sich, im Hinblick auf den Liefertermin die Verpackung rechtzeitig vorzunehmen. Wenn es eine Verzögerung gibt, wird der Verkäufer den Käufer unverzüglich über die Verzögerung, den voraussichtlichen Fertigstellungstermin und den Grund für die Verzögerung benachrichtigen. Der Käufer hat dann die Option, mit dem Verkäufer einen neuen Liefertermin auszuhandeln, den die Parteien als Änderung des Vertrags schriftlich bestätigen, oder den Verkäufer zu benachrichtigen, daß dieser Vertrag gekündigt wird.

In dieser Vertragsklausel sollte zumindest vom Verkäufer verlangt werden, die Ware so verpacken, daß sie die Beanspruchungen des Transports unbeschädigt übersteht. Besondere Anforderungen an die Verpackung, die sich zum Beispiel aus gesetzlichen Vorschriften und Marktanforderungen im Land des Käufers ergeben, sollten genau beschrieben werden. So sind vielleicht gesetzliche Vorschriften für Importe, den Transport, den Schutz der Gesundheit, die Landwirtschaft, den Umweltschutz, die Gestaltung und Kennzeichnung sowie den Verbraucherschutz zu beachten. Zur Einhaltung gesetzlicher Vorschriften kann zum Beispiel gehören: Beantragung der erforderlichen Genehmigungen, Bereitstellung der Waren zur Prüfung, Verwendung einer geeigneten Verpackung und Etikettierung, Nachweis einer Versicherung und Vorlage der vollständigen Dokumente zur Zollabfertigung.

Die Vertragsparteien können vereinbaren, daß der Käufer die Verpackung anpaßt. In diesem Fall sollte der Verkäufer auf Vertragsklauseln zum Schutz seines geistigen Eigentums und zur Beschränkung seiner Haftung gegenüber Dritten bestehen (siehe Kapitel 8).

Transport und Lieferung der Waren

Die Waren werden [*Lieferklausel angeben wie zum Beispiel:* FOB] [*Ort*] am oder vor dem [*Datum*] (nachfolgend »Liefertermin« genannt) geliefert. Der Verkäufer liefert die Waren in einer Sendung. Über die Transportart bis zum Bestimmungsort entscheidet der Verkäufer. Der Verkäufer bemüht sich, daß die Waren zum Liefertermin eintreffen. Im Falle einer Verzögerung benachrichtigt der Verkäufer den Käufer unverzüglich über die Verzögerung, den voraussichtlichen Liefertermin und den Grund der Verzögerung. Der Käufer hat dann die Wahl, mit dem Verkäufer einen neuen Liefertermin auszuhandeln, den die Parteien als Vertragsänderung schriftlich bestätigen, oder den Verkäufer zu benachrichtigen, daß der Vertrag gekündigt wird.

In internationalen Kaufverträgen werden meistens internationale Lieferklauseln – in der Regel die von der Internationalen Handelskammer in Paris definierten Incoterms – verwendet, um zu regeln, wann die Gefahren des Verlusts oder der

Beschädigung der Ware vom Verkäufer auf den Käufer übergehen und wer die Transportkosten trägt. Obwohl die internationalen Lieferklauseln standardisiert sind, können sie in der Praxis eine unterschiedliche Bedeutung haben. Eine genaue Definition dieser Lieferklauseln ist für Ihren Vertrag insofern wichtig, weil diese Lieferklauseln zum Beispiel festlegen, welche Partei die Waren für einen bestimmten Zeitraum versichern lassen muß, wann das Eigentum vom Verkäufer auf den Käufer übergeht und welche Partei bestimmte Transportkosten trägt.

Wenn Sie keine Lieferklausel der Incoterms verwenden, dann wird in dieser Klausel einfach der Name des Frachtführers aufgeführt, der den Transport durchführt. Geben Sie den Bestimmungsort und den Liefertermin an und legen Sie fest, welche Partei die Kosten des Transports von A nach B trägt. Wenn mehr als zwei oder drei Frachtführer beteiligt sind oder Ihre Waren eine besondere Behandlung erfordern, dann sollten Sie das zusätzlich angeben.

Es kann zweckmäßig sein, einen bestimmten Frachtführer mit dem Transport der Waren zu beauftragen, wenn er die Waren besser als andere transportieren kann oder Ihnen einen besseren Preis bietet. Wenn der Frachtführer im Vertrag benannt ist, sind Sie jedoch verpflichtet, diesen auch unter ungünstigen Bedingungen einzusetzen. Daher sollte die Auswahl des Frachtführers im Vertrag nicht verbindlich festgelegt werden, selbst wenn eine Präferenz zum Ausdruck gebracht wird. Alternativ kann die Art des Frachtführers beschrieben werden, insbesondere wenn die Waren ein besonderes Handling erfordern. In der Transportklausel sollten auch besondere Anforderungen an die Lagerung der Ware vor oder während des Transports beschrieben werden wie zum Beispiel Sicherheitsvorkehrungen, besondere Temperaturanforderungen und Schutz gegen Wettereinflüsse.

Die Parteien können Vereinbarungen über die Benachrichtigung treffen, insbesondere wenn die Waren nicht für den sofortigen Versand bereitstehen. So kann der Verkäufer zum Beispiel verpflichtet sein, den Käufer zu benachrichtigen, wenn die Waren zum Versand oder zur Abholung bereitstehen, insbesondere wenn es sich um leichtverderbliche Waren oder um Waren handelt, die starken Wertschwankungen unterliegen. Wenn die Transaktion zeitkritisch ist, könnten sogar mehrere Benachrichtigungen vorgesehen werden. Dies erlaubt, die Waren während des Transports zu verfolgen und Maßnahmen zu ergreifen, die Kosten und Schäden zu minimieren, wenn Lieferverzögerungen eingetreten sind.

Versicherung

Der [*Käufer/Verkäufer*] schließt auf seine Kosten eine Transportversicherung für die Waren ab, die folgende Risiken abdeckt: [*Beschreibung des Versicherungsschutzes*]. Vor dem Versand der Waren wird dem [*Verkäufer/Käufer*] ein Nachweis über die Versicherung in Form einer Kopie der Versicherungspolice oder einer anderen Erklärung der Versicherung zur Verfügung gestellt. Für jeden weiteren Versicherungsschutz trägt die Partei die Kosten, die diesen Schutz wünscht.

In der Vertragsklausel über die Versicherung sollten Sie die folgenden Punkte regeln: Höhe des Versicherungsschutzes, den Begünstigten der Versicherung, die Vertragspartei, die die Versicherung abschließt und bezahlt, und den Termin, zu dem der Versicherungsschutz beginnt. Sie sollten auch festlegen, wie der Nachweis über die Versicherung zu führen ist.

Eigentumsübergang

Das Eigentum an den Waren geht an den Käufer über, wenn die Waren in [*Ort*] geliefert werden, vorausgesetzt, der Käufer hat zu diesem Zeitpunkt den Kaufpreis an den Verkäufer entrichtet.

Dies ist eine kritische Vertragsbedingung, weil der Eigentümer im allgemeinen während des Transports die Gefahren des Verlusts oder der Beschädigung der Waren trägt. Die allgemeine Regel lautet, daß der Gefahrenübergang dann erfolgt, wenn der Verkäufer die Waren an den Käufer liefert. Wenn der Käufer die Waren am Geschäftssitz des Verkäufers abholt und selbst für den Transport verantwortlich ist, dann ist der Gefahrenübergang erfolgt, und der Käufer trägt alle Gefahren des Verlusts oder der Beschädigung der Waren während des Transports. Wenn der Verkäufer die Waren versendet, kann der Gefahrenübergang je nach Vereinbarung der Parteien an jedem beliebigen Punkt des Transports erfolgen – auch am Geschäftssitz des Käufers. Jede Partei sollte die Waren für den gesamten Zeitraum, in dem sie Eigentümer ist, versichern oder bereit sein, das Risiko des Verlusts oder der Beschädigung der Waren zu tragen.

Import-/Exportdokumente

Der Verkäufer ist verpflichtet, alle Ausfuhrdokumente zu beschaffen, auszufüllen und den Zollbehörden in [*Land*] vorzulegen sowie die Gebühren der Zollabfertigung, einschließlich der folgenden Gebühren zu tragen: [*Auflistung*]. Der Käufer ist verpflichtet, alle Einfuhrdokumente zu beschaffen, auszufüllen und den Zollbehörden in [*Land*] vorzulegen und die Gebühren für die Zollabfertigung zu entrichten, einschließlich der folgenden Gebühren: [*Auflistung*]. Der Käufer muß den Verkäufer benachrichtigen, daß alle Importanforderungen erfüllt wurden. Der Verkäufer ist nicht verpflichtet, die Waren zu versenden, bevor der Käufer dem Verkäufer nachweist, daß die Importanforderungen und -gebühren erfüllt beziehungsweise entrichtet wurden oder rechtzeitig erfüllt werden. Wenn sich der Versand verzögert, weil der Käufer diesen Nachweis nicht rechtzeitig liefert, wird dies nicht als Vertragsverletzung des Verkäufers betrachtet.

Der Versand der Waren und sogar der Vertrag selbst kann davon abhängig gemacht werden, daß eine Partei die erforderlichen Lizenzen, Prüfungsbescheinigungen und anderen Genehmigungen beschafft hat. Die vollständige Im- und Exportdokumentation – das heißt, eine Dokumentation, die für die Zollabfertigung und Einfuhr erforderlich ist – sollte eine Bedingung in Ihrem Kaufvertrag sein.

Die obige Vertragsklausel teilt die Verpflichtung zur Zollabfertigung nach dem Kenntnisstand der Vertragsparteien auf, das heißt, der Verkäufer übernimmt die Zollabfertigung für die Ausfuhr und der Käufer für die Einfuhr. Diese Vertragsbedingung könnte auch dahingehend geändert werden, daß eine Partei die Zollabfertigung in beiden Ländern beantragt.

Rechnungen

- Der Verkäufer stellt für die Waren eine vorläufige und eine endgültige Rechnung aus. In den Rechnungen werden die Waren genau beschrieben sowie die Menge und der Preis angegeben.

Im Rahmen internationaler Transaktionen dienen Rechnungen dazu, den Versand zu bestätigen, den Käufer über den Versand zu benachrichtigen und den Urkundenbeweis für die Zollabfertigung zu liefern. Der Vertrag sollte auch vorsehen, daß bei der Fakturierung die gesetzlichen Vorschriften beider Länder beachtet werden. Daher ist es zweckmäßig, diese gesetzlichen Vorschriften in einem Anhang zum Vertrag aufzuführen.

Verbot des Reexports

- Der Käufer sichert zu, daß die Waren nach [*Land*] geliefert werden, und er verpflichtet sich, die Waren weder in andere Länder zu liefern, noch die Waren nach Lieferung in [*Land*] zu reexportieren.

Diese Vertragsbedingung ist besonders wichtig, wenn die Waren in einem der beteiligten Länder Im- oder Exportbeschränkungen – einschließlich eines Handelsembargos – unterliegen. Nach den Gesetzen verschiedener Länder wie zum Beispiel den USA macht sich der erste Verkäufer in seinem eigenen Land strafbar, wenn er Waren an einen Käufer verkauft, der die Waren seinerseits in ein anderes Land liefert, an das Verkäufe aus dem ersten exportierenden Land verboten sind. Der Verkäufer wird bestraft, wenn er wußte oder hätte wissen müssen, daß die Waren reexportiert werden. Wenn ein Verkäufer den Verdacht hat, daß der Käufer die Waren verbotenerweise reexportiert, dann sollte er daher auf das Geschäft verzichten. Diese Vertragsklausel könnte dahingehend geändert werden, Reexporte in bestimmte Länder zu erlauben, in die Reexporte zulässig sind.

Prüfung der Waren

Der Käufer ist berechtigt, die Waren am [Geschäftssitz des Verkäufers *oder* Versandort] zu prüfen oder durch seinen Agenten prüfen zu lassen. Der Verkäufer trägt die Kosten des Rücktransports und ersetzt Waren, die der Käufer oder sein Agent zurückweist, mit Waren, die der Beschreibung und Spezifikation in diesem Vertrag entsprechen. Nach Durchführung der Prüfung und Annahme der Waren stellt der Käufer oder sein Agent eine Prüfungs- beziehungsweise Annahmebescheinigung aus. Die Kosten der Prüfung und der Ausstellung der Bescheinigung trägt der Käufer. Wenn es der Käufer versäumt, die Waren zu prüfen, dann stellt dies einen Verzicht auf das Recht zur Prüfung dar, und es wird vermutet, daß der Käufer die gelieferten Waren angenommen hat.

Der Käufer sollte auf seinem Recht zur Prüfung der Waren bestehen, um festzustellen, ob die Waren der vertraglichen Spezifikation entsprechen. Diese Vertragsklausel sollte beschreiben, wer die Prüfung durchführt – der Käufer, ein Agent, eine neutrale dritte Partei oder ein lizenzierter Prüfer –, wo die Prüfung stattfindet (zum Beispiel in der Fabrik des Verkäufers oder auf einem Kai) und wann die Prüfung stattfindet.

Gewährleistungsumfang

Der Verkäufer sichert ausdrücklich zu, daß die Waren frei von Material-, Arbeits- oder Montagefehlern sind. Innerhalb von [*Zahl*] Tagen tauscht der Verkäufer fehlerhafte Waren kostenlos (einschließlich der Transportkosten) um. Darüber hinaus sichert der Verkäufer keine bestimmte Eigenschaft der Waren zu. Eine stillschweigende Gewähr der Eignung für einen bestimmten Zweck oder der Verkäuflichkeit wird ausgeschlossen. Die Waren werden verkauft wie gesehen, und der Käufer weiß und sichert zu, daß er sich nicht auf die Fähigkeiten oder das Urteilsvermögen des Verkäufers gestützt hat, um Waren für einen bestimmten Zweck auszuwählen oder zu liefern.

Was die Tauglichkeit oder Qualität der Waren angeht, kann der Verkäufer eine begrenzte oder überhaupt keine Gewährleistung übernehmen. Die Gewährleistungsbedingungen sollten im Vertrag genau erläutert werden. In manchen Ländern gilt eine gesetzliche Gewährleistung, wenn der Verkäufer sie nicht ausdrücklich ausschließt. Auch nach dem UN-Kaufrecht übernimmt der Verkäufer stillschweigend eine Gewährleistung. Es empfiehlt sich, die Garantieklausel durch beide Parteien paraphieren zu lassen.

Haftungsfreistellung für den Käufer

Wenn der Käufer die Waren oder die Verpackung vor dem Verkauf nicht verändert hat, stellt der Verkäufer den Käufer von jeder Haftung frei für Schadensersatzansprüche wegen eines Material-, Konstruktions- oder Herstellungsfehlers der Waren oder wegen Verletzung gewerblicher Schutzrechte in Verbindung mit dem Verkauf oder der Verwendung der Waren. Wenn eine Klage gegen den Käufer erhoben wird, benachrichtigt er den Verkäufer unverzüglich. Der Verkäufer stellt den Käufer von jeder Haftung, jedem Schaden oder Kosten frei, die im Zusammenhang mit einer derartigen Klage entstehen, und bezahlt jede Strafe, die in einem solchen Prozeß gegen den Käufer verhängt wird.

Eine Haftungsfreistellungsklausel kann vereinbart werden. In internationalen Kaufverträgen stimmt der Verkäufer manchmal zu, den Käufer von Schäden freizustellen, die aus bestimmten Gründen wie zum Beispiel Material-, Konstruktions- oder Herstellungsfehlern entstehen können, um den Käufer zu ermuntern, die Produkte des Verkäufers zügig in dem neuen Markt einzuführen. Wenn eine Haftungsfreistellung erfolgt, sollte der Verkäufer immer darauf bestehen, daß die Waren, die Verpackung, die Etikettierung und Kennzeichnung vor dem Verkauf nicht verändert werden. Jede Änderung durch den Käufer sollte die Haftungsfreistellung aufheben, wenn die Änderung nicht durch den Verkäufer genehmigt wurde.

Schutz des geistigen Eigentums

Dem Käufer ist bekannt, daß ausschließlich der Verkäufer berechtigt ist, die Patente, Marken, Firmennamen und Geschmacksmuster in Verbindung mit den Produkten des Verkäufers zu nutzen. Der Käufer erhält keine Rechte am geistigen Eigentum des Verkäufers. Der Käufer verpflichtet sich, das geistige Eigentum des Verkäufers nicht so zu nutzen, als wäre es sein Eigentum, noch das geistige Eigentum des Verkäufers in irgendeinem Land registrieren zu lassen, als wäre es sein Eigentum. Der Käufer erkennt an, daß die nicht genehmigte Verwendung oder Anmeldung des geistigen Eigentums des Verkäufers oder eines geistigen Eigentums, das ihm zum Verwechseln oder täuschend ähnlich ist, als Verletzung der gewerblichen Schutzrechte des Verkäufers betrachtet wird.

Die Verletzung gewerblicher Schutzrechte durch den Käufer sollte gleich von Beginn einer geschäftlichen Beziehung an ausgeschlossen werden. Allzu häufig wickelt ein Verkäufer nur einen kleinen Auftrag mit einem ausländischen Kunden ab, der nie wieder einen Anschlußauftrag erteilt. Dann – fünf oder zehn Jahre später – entscheidet sich der Verkäufer, in diesem ausländischen Markt zu expandieren. Plötzlich stellt er fest, daß er sein geistiges Eigentum dort nicht anmelden kann, weil der ausländische Käufer durch Anmeldung in der Zwischenzeit bereits die gleichen oder ähnliche Schutzrechte erlangt hat. Wenn das Unternehmen seine Produkte in dem ausländischen Markt verkauft, wird es wegen Verletzung der gewerblichen Schutzrechte des früheren Käufers verklagt. Die einzige Möglichkeit besteht darin, dem Käufer die gewerblichen Schutzrechte abzukaufen oder viel Zeit und Kosten aufzuwenden, um gegen die Verletzung seiner Schutzrechte zu klagen. Der Wert gewerblicher Schutzrechte sollte nicht unterschätzt und sie sollten registriert werden. Die gesetzlichen Rechtsmittel gegen ihre Verletzung sind im Vergleich zum verursachten Schaden häufig unangemessen. Daher empfehle ich, im Vertrag für den Fall einer Verletzung der gewerblichen Schutzrechte eine Vertragsstrafe zu vereinbaren.

Fix- oder Termingeschäft

- Die Parteien stimmen überein, daß [*Wählen Sie aus wie zum Beispiel:* es sich um ein Fixgeschäft handelt *oder* der Verkäufer die Waren spätestens bis zum (Datum) liefert].

In den USA sind Fixgeschäfte weitverbreitet. Diese Vertragsklausel erlaubt einer Partei, Ansprüche wegen Vertragsverletzung geltend zu machen, wenn die andere Partei den Vertrag nicht innerhalb der vereinbarten Zeit erfüllt. In anderen Ländern wird diese Klausel nicht so häufig angewendet, weil die Vertragsparteien über die Vertragsbedingungen neu verhandeln, anstatt auf Schadensersatz wegen Nichterfüllung zu klagen.

Aufhebende Bedingungen

- Dieser Vertrag setzt [*Angabe wie zum Beispiel:* die Erteilung einer Einfuhrgenehmigung an den Käufer in (*Land*) und die Erteilung einer Ausfuhrlizenz an den Verkäufer in (*Land*)] voraus.

Sie sollten in einem internationalen Kaufvertrag alle Bedingungen aufführen, die erfüllt sein müssen, bevor eine Partei verpflichtet ist, den Vertrag zu erfüllen. Die Parteien könnten zum Beispiel vereinbaren, daß der Verkäufer nicht verpflichtet ist, die Waren zu versenden, bevor der Käufer Dokumente vorlegt, die die Bezahlung der Waren sichern. Eine andere unerläßliche Bedingung könnte der Eingang einer Vorauszahlung sein. Wenn der Vertrag davon abhängig ist, daß bestimmte Bedingungen eintreten, sollten alle Bedingungen im Vertrag aufgezählt werden, um sicherzustellen, daß die Absicht der Vertragsparteien klar ist. Im allgemeinen werden Vertragsbedingungen, die zu einer Beendigung des Vertragsverhältnisses führen können, von Gerichten in den meisten Ländern als nicht wünschenswert beurteilt.

Rücktrittsrecht (Wandlung)

- Der Käufer hat das Recht, von diesem Vertrag zurückzutreten, wenn der Verkäufer [*Angabe zum Beispiel:* die Waren nicht rechtzeitig liefert]. Der Verkäufer hat das Recht, von diesem Vertrag zurückzutreten, wenn der Käufer [*Angabe zum Beispiel:* nicht innerhalb von (*Anzahl*) Tagen nach Vertragsbeginn zahlt]. Wenn eine Partei die andere benachrichtigt, daß sie den Vertrag nicht erfüllt oder nicht erfüllen kann, ist diese berechtigt, vom Vertrag zurückzutreten. Damit der Rücktritt wirksam wird, muß die Partei, die den Rücktritt geltend macht, die andere Partei benachrichtigen. Der Rücktritt gilt als an dem Tag erfolgt, an dem die Partei die Mitteilung der Nichterfüllung erhält.

Wenn jede Partei ein Rücktrittsrecht hat, sollte der Grund für die Ausübung dieses Rechts genau angegeben werden. Eine Rücktrittsklausel liefert einer Partei ein Rechtsmittel, das eingelegt werden kann, ohne ein Gericht anzurufen.

Höhere Gewalt

Wenn die Lieferung infolge von Gründen unmöglich wird, die der Verkäufer nicht zu vertreten hat, wird dieser Vertrag als beendet betrachtet, und keine Partei haftet der anderen gegenüber für Schadensersatz wegen Nichterfüllung. Zu derartigen Gründen zählen – sind aber nicht darauf beschränkt – Naturkatastrophen, Arbeitskämpfe, Ausfall wichtiger Transportmittel oder Änderung der Ausfuhr- oder Einfuhrpolitik der beteiligten Länder.

Diese Klausel ist in vielen internationalen Kaufverträgen enthalten. Wenn der Vertrag infolge einer Natur- oder anderen Katastrophe, die keine der Parteien zu vertreten hat, nicht erfüllt werden kann, ist der Vertrag beendet.

Vertragsstrafe

Die Parteien stimmen überein, daß eine Verletzung dieses Vertrags für die andere Partei Schäden verursacht, die sich hinsichtlich der Marktanteils-, Umsatz- und Goodwill-Verluste nur schwer quantifizieren lassen. Daher haben die Parteien den Schaden geschätzt, den jede Partei erleiden würde, wenn die andere diesen Vertrag verletzt. Wenn der Verkäufer die Waren aus anderen Gründen – ohne ein Verschulden des Käufers – nicht liefern kann, wird der Verkäufer dem Käufer [*Währung und Betrag*] als Vertragsstrafe zahlen. Wenn der Käufer keine Transportanweisung liefert, die Annahme der Waren unbegründet ablehnt oder den Kaufpreis nicht rechtzeitig entrichtet, zahlt der Käufer die Summe von [*Währung und Betrag*] als Vertragsstrafe an den Verkäufer. Wenn der Käufer die gewerblichen Schutzrechte des Verkäufers verletzt, zahlt der Käufer für jeden Tag der Verwendung die Summe von [*Währung und Betrag*] als Vertragsstrafe an den Verkäufer. Die Zahlung der Vertragsstrafe berührt in keiner Weise die Rechte des Verkäufers, die fortgesetzte Benutzung des geistigen Eigentums des Verkäufers durch den Käufer gerichtlich untersagen zu lassen.

Diese Vertragsbedingung wird in der Regel von Gerichten anerkannt, solange die Schäden angemessen geschätzt wurden. Die Schätzung muß im Verhältnis zum vorweggenommenen oder tatsächlichen Schaden, der durch die Vertragsverletzung verursacht wurde, angemessen sein. Im allgemeinen gehen die Gerichte auch davon aus, daß der Nachweis des Schadens schwierig oder undurchführbar sein muß, beziehungsweise der Schaden ohne Auferlegung einer Vertragsstrafe sogar noch steigt.

Schiedsgericht

Wenn zwischen den Parteien ein Streit über Vertragsbedingungen – mit Ausnahme von Vertragsstrafen – oder die Vertragserfüllung entsteht, wird der Streit durch ein [*bindendes/nichtbindendes*] Schiedsgericht in [*Ort*] beigelegt, das nach den Regeln der [*Name der Schiedsgerichts-Organisation*] durchgeführt wird.

Die Vertragsparteien können ein Schiedsgerichtsverfahren als Alternative zur Anrufung eines Gerichts vorsehen. Ein Schiedsgerichtsverfahren ist ein weniger förmliches Verfahren als eine Hauptverhandlung vor Gericht, erlaubt aber den Parteien dennoch, ihre Ansprüche einer neutralen Person oder Kommission vorzutragen. Dieses Rechtsmittel wird bei handelsrechtlichen Streitigkeiten immer stärker eingesetzt, weil es kostengünstiger und schneller als eine Klage ist. Sie sollten jedoch sicher sein, daß Sie Streitigkeiten wirklich auf diese Weise lösen wollen. Wenn Sie vertraglich ein Schiedsgerichtsverfahren vorsehen, aber später eine Klage anstrengen, wird das Gericht wahrscheinlich auf das Schiedsgerichtsverfahren verweisen und Ihre Klage abweisen.

In der Schiedsgerichtsklausel sollte festgelegt werden,

- ob das Schiedsgerichtsverfahren für die Parteien bindend oder nichtbindend ist,
- das Land, in dem das Schiedsgericht angerufen wird,
- das Verfahren zur Durchsetzung eines Schiedsspruchs,
- die Regeln, nach denen das Schiedsgerichtsverfahren durchgeführt werden soll wie zum Beispiel die U. N. Commission on International Trade Law Model Rules oder die Europäische Übereinkunft über die internationale Handelsschiedsgerichtsbarkeit,
- die Einrichtung, die Schiedsgerichte unterhält wie zum Beispiel die Internationale Handelskammer in Paris,
- das Gesetz, das prozessuale Fragen oder Ergebnisse regelt,
- Beschränkungen hinsichtlich der Auswahl der Schlichter (zum Beispiel kann ein Staatsangehöriger einer der streitenden Parteien ausgeschlossen werden),
- die Qualifikation oder Fachkenntnisse der Schlichter,
- die Sprache, in der das Schiedsgerichtsverfahren durchgeführt wird,
- die Verfügbarkeit von Übersetzungen und Dolmetscherinnen, falls erforderlich.

Schiedsgerichte werden nicht in allen Ländern eingeschaltet. In Mexiko werden Streitigkeiten selten durch Schiedsgerichtsverfahren beigelegt, und in Asien werden Schiedsgerichte fast genauso mißbilligt wie eine Klageerhebung vor Gericht. Darüber hinaus erkennen manche Länder Schiedssprüche aus anderen Ländern nicht an. Sie sollten einen Anwalt konsultieren, der mit dem Landesrecht Ihres Lieferanten vertraut ist, bevor Sie davon ausgehen, daß Sie mögliche Vertragsstreitigkeiten durch Anrufung eines Schiedsgerichts lösen lassen können.

Gerichtsstand und anzuwendendes Recht

- Die Parteien vereinbaren, daß [*nationales*] Recht angewendet wird. Das UN-Kaufrecht [*wird/wird nicht*] angewendet. Gerichtsstand ist [*Ort*].

Ihre Rechtswahl bestimmt in der Regel, wo Sie Klage erheben oder ein Urteil vollstrecken lassen können und welches Recht sowie welches Prozeßrecht angewendet wird. Wenn Sie in Ihrem eigenen Land Klage erheben, in dem Sie das Handels- und Zivilrecht kennen, werden sie andere Erfahrungen machen, als wenn Sie in einem fremden Land klagen, dessen Recht und Prozeßrecht Sie nicht kennen und wo Sie auf einen ausländischen Rechtsanwalt angewiesen sind. Sie sollten auch den Gerichtsstand festlegen, das heißt den Ort, an dem ein Gericht zur Beilegung von Streitigkeiten angerufen werden kann. Dies kann zum Beispiel ein Ort im Ursprungsland der Waren, im Bestimmungsland oder in einem dritten Land sein, dessen Recht für beide Vertragsparteien günstig ist.

Vertragsänderungen und Rechtsverzicht

- Alle Änderungen dieses Vertrags erfordern Schriftform und müssen durch die Vertragsparteien oder ihre bevollmächtigten Vertreter unterzeichnet werden. Wenn eine Partei auf ihre Rechte, Ansprüche wegen Vertragsverletzung zu stellen, aus diesem Vertrag verzichtet, dann hat dieser Verzicht keine Auswirkung auf das Recht dieser Partei, wegen späterer Vertragsverletzungen zu klagen.

Dies ist eine allgemein übliche Vertragsklausel. In internationalen Kaufverträgen sollten Sie unbedingt auf dieser Klausel bestehen.

Bindungswirkung und Abtretung von Rechten

- Dieser Vertrag bindet und wirkt zugunsten der Vertragsparteien, ihrer Rechtsnachfolger und der Abtretungsempfänger – vorbehaltlich der Beschränkung von Abtretungen. Ohne die vorherige schriftliche Zustimmung der anderen Partei darf keine Partei Rechte aus diesem Vertrag abtreten oder die Erfüllung ihrer Pflichten delegieren.

Bei einem einmaligen Kauf spielt diese Vertragsklausel keine Rolle. Wenn sich der Kaufvertrag jedoch auf einen Geschäftspartner in einem politisch instabilen Land bezieht, kann diese Vertragsbedingung wichtig sein.

Salvatorische Klausel – Gültigkeit des Vertrags bei Ungültigkeit einzelner Bestimmungen

- Die Unwirksamkeit oder Undurchführbarkeit einzelner Bestimmungen dieses Vertrags läßt die Wirksamkeit des Vertrags im übrigen unberührt.

Diese Standardklausel sollte regelmäßig Bestandteil Ihrer internationalen Kaufverträge sein. Sie könnten diese Vertragsbedingung gegebenenfalls wie folgt ergänzen: An die Stelle einer unwirksamen oder undurchführbaren Bestimmung tritt diejenige wirksame Regelung, die dem von den Parteien mit der unwirksamen oder undurchführbaren Bestimmung wirtschaftlich Gewollten am nächsten kommt.

Vollständigkeit des Vertrags

- Dieser Vertrag ist die vollständige Vereinbarung beider Parteien. Der Vertrag ist nicht an sonstige Erklärungen, Darstellungen, Versprechen oder Anreize gebunden – ohne Rücksicht darauf, ob sie durch den Verkäufer, einen Vertreter oder Mitarbeiter gemacht wurden – wenn sie nicht in diesem Vertrag aufgeführt sind. Der Käufer versichert ausdrücklich, daß er kein Vertrauen in Darstellungen gesetzt hat, die nicht in diesem Vertrag enthalten sind.

Vertragsverhandlungen können einige Zeit dauern und mehrere Besprechungen erfordern. Die Vertragsparteien treffen sich vielleicht in unterschiedlicher Umgebung wie zum Beispiel im Geschäft und im Rahmen gesellschaftlicher Kontakte, um ihre Beziehung aufzubauen. Diese Vertragsklausel ist wichtig, um gegenüber der anderen Partei klarzustellen, daß der schriftliche Vertrag die endgültige Vereinbarung darstellt, ohne Rücksicht darauf, welche Aussagen während der Verhandlungen gemacht wurden.

Schriftform für Mitteilungen

- Bei Benachrichtigungen im Zusammenhang mit diesem Vertrag muß eine Vertragspartei die andere Partei schriftlich informieren. Mitteilungen werden an die in diesem Vertrag angegebene Anschrift zugestellt. Die Benachrichtigung gilt als erfolgt, wenn sie zugegangen ist. Jede Partei muß die andere Vertragspartei innerhalb von [*Anzahl*] Tagen über eine Adreßänderung benachrichtigen.

Dies ist zwar keine wesentliche Vertragsbedingung, aber trotzdem sollte sie in einem internationalen Kaufvertrag enthalten sein. Eine mündliche Benachrichtigung muß schriftlich bestätigt werden, damit sie wirksam wird.

Vollmacht zum Vertragsabschluß

- Die Parteien sichern sich gegenseitig zu, daß jede bevollmächtigt ist, diesen Vertrag rechtsverbindlich abzuschließen.

Unabhängig davon, ob eine Partei eine natürliche oder juristische Person ist, sollte diese Klausel in einem internationalen Kaufvertrag enthalten sein, weil sie jeder Partei die Sicherheit gibt, daß die Person, die den Vertrag unterzeichnet, die entsprechende Vollmacht hat. Wenn ein Unterzeichner keine Vollmacht zur Unterzeichnung des Vertrags hatte, kann der Vertrag nachträglich angefochten werden. Wenn eine Vertragspartei eine natürliche Person ist, muß sie geschäftsfähig sein (das heißt volljährig und im Vollbesitz ihrer geistigen Kräfte). Wenn eine Vertragspartei eine juristische Person ist, muß der Unterzeichner ein bevollmächtigter Vertreter sein.

Wenn es sich um einen Rahmenvertrag von längerer Dauer handelt, dann sollte der Vertreter des ausländischen Unternehmens seine Vollmacht durch einen beglaubigten Handelsregisterauszug nachweisen. Im Vertrag sollte festgelegt werden, wie der Nachweis über die Vollmacht zum Vertragsabschluß zu führen ist.

Unabhängige Rechtsberatung

Jede Partei bestätigt, beraten worden zu sein und die Möglichkeit gehabt zu haben, unabhängigen Rat über rechtliche und steuerliche Fragen sowie Fragen des Rechnungswesens und der Auswirkungen dieses Vertrags einzuholen. Die Parteien bestätigen ferner, die Gelegenheit gehabt zu haben, sich ihr eigenes unabhängiges Urteil zu bilden, und jede stützt sich bezüglich der Rechte, Pflichten, Haftung und Konsequenzen aus diesem Vertrag nur auf ihre eigene Prüfung und die ihres Beraters.

Zum Zweck der Durchsetzung eines internationalen Kaufvertrags ist es zweckmäßig, diese Klausel in den Vertrag aufzunehmen.

Kosten und Rechtsanwaltsgebühren

Im Falle einer Klage werden der obsiegenden Partei die Kosten und Rechtsanwaltsgebühren von der anderen Partei erstattet, wenn

- eine Vertragspartei gezwungen ist, einen Rechtsanwalt zu beauftragen und andere Kosten zu übernehmen, damit die andere Partei den Vertrag erfüllt oder um sich gegen Ansprüche der anderen Partei, die ihre Pflichten nach diesem Vertrag nicht erfüllt, zu verteidigen;
- von einer Vertragspartei Klage gegen die andere Partei erhoben wird und in dem Urteil oder in einem Vergleich festgestellt wird, daß die andere Partei den Vertrag verletzt hat.

In einem derartigen Fall ist die obsiegende Partei berechtigt, von der anderen Partei angemessene Rechtsanwaltsgebühren und sonstige Kosten im Zusammenhang mit dem Verfahren oder der Verteidigung einzutreiben – ohne

Rücksicht darauf, ob sie vor, während der Vorbereitung, während oder nach Klageerhebung angefallen sind.

Die Bestimmungen über die Erstattung von Gerichtskosten und Rechtsanwaltsgebühren unterscheiden sich von Land zu Land. In manchen Ländern muß die unterlegene Partei die Kosten grundsätzlich übernehmen. In anderen Ländern gilt dies nur bei bestimmten Klagen wie zum Beispiel Klagen wegen unerlaubter Handlung, wegen Fahrlässigkeit oder Betruges. In der Regel enthält das Gerichtsurteil einen Beschluß über die Kostentragung – selbst wenn es kein entsprechendes Gesetz gibt.

Annahme des Angebots

Um dieses Angebot anzunehmen, muß es der Käufer ohne Änderungen unterzeichnen und spätestens bis zum [*Datum*] an den Verkäufer zurücksenden. Der Verkäufer ist berechtigt, dieses Angebot vor Empfang der Annahme jederzeit zu widerrufen.

.................., den ....

(Ort)	(Datum)	(Unterschrift des Verkäufers)
		[Titel, Funktion]

................., den ....

(Ort)	(Datum)	(Unterschrift des Käufers)
		[Titel, Funktion]

Wenn in einem Angebot die Bedingungen der Annahme beschrieben werden, dann muß die Annahme entsprechend erfolgen, oder es kommt kein Vertrag zustande. In dieser Vertragsklausel wird verlangt, daß die Annahme ohne Änderungen erfolgen muß. Das bedeutet, daß jede Änderung durch die annehmende Partei als Gegenangebot gilt.

5 Incoterms – Internationale Lieferklauseln

Obgleich die Vertragsbedingungen im Auslandsgeschäft ähnlich klingen wie im Inlandsgeschäft, haben sie häufig eine andere Bedeutung. Mißverständnisse über die Auslegung von Lieferklauseln können dazu führen, daß kein Geschäft zustande kommt oder das Geschäft mit Verlust durchgeführt wird. Daher sollten Sie die Lieferklauseln des Auslandsgeschäfts kennen, bevor Sie einen internationalen Kaufvertrag abschließen.

■ Incoterms 2000[1]

Entwicklung der Incoterms

Bereits in den zwanziger Jahren hatten Außenhändler Lieferklauseln entwickelt, um ihre Rechte und Pflichten im Rahmen des grenzüberschreitenden Warentransports genau zu beschreiben. Diese Lieferklauseln bestanden aus Abkürzungen für Vertragsbedingungen, um ihre Verwendung zu erleichtern. Leider wurden diese Lieferklauseln unterschiedlich ausgelegt, und daher gab es häufig Mißverständnisse.

Um die Situation zu verbessern, entwickelte die Internationale Handelskammer (ICC – International Chamber of Commerce) Regeln für die Auslegung internationaler Lieferklauseln, die 1936 zum ersten Mal veröffentlicht wurden. Diese Regeln wurden mehrfach überarbeitet, um veränderte Transportarten und die Lieferung gegen Dokumente zu berücksichtigen.

Die *Incoterms 2000* (International Commercial Terms) sind die neueste Fassung einheitlicher Regeln zur Auslegung von Lieferklauseln, die von der Internationalen Handelskammer in Paris entwickelt und veröffentlicht wurden. Die gültige Version ist die ICC-Veröffentlichung Nr. 560 von 1999, welche die Incoterms 1990 ablöste und am 1. Januar 2000 in Kraft trat.

Anwendung der Incoterms

Die Incoterms sind in internationalen Kaufverträgen nicht stillschweigend enthalten. Wenn Sie die Incoterms verwenden wollen, müssen Sie sie ausdrücklich als Vertragsbedingungen aufführen. Ihr Vertrag sollte sich ausdrücklich auf die Auslegungsregeln in der Fassung der letzten Überarbeitung (das heißt Incoterms

---

1 ICC-Publikation Nr. 560, Incoterms 2000. © 1999 Internationale Handelskammer. Alle Rechte vorbehalten. Nachdruck mit schriftlicher Genehmigung der ICC Deutschland, Köln.

2000) beziehen, und Sie sollten die korrekte Anwendung der Lieferklauseln durch zusätzliche Vertragsbedingungen absichern (siehe Kapitel 4 und 6).

■ Rechtsnatur der Incoterms

Anwendbarkeit der Incoterms

Die Incoterms 2000 können in einen internationalen Kaufvertrag aufgenommen werden, wenn die Vertragsparteien das Folgende vereinbaren wollen:

1. Abschluß eines internationalen Kaufvertrags.
2. Festlegung der Pflichten jeder Partei bezüglich der Lieferung der Waren:
   a) Wann ist die Lieferung erfolgt beziehungsweise abgeschlossen?
   b) Wie kann eine Partei sicherstellen, daß sich die andere Partei vertragsgemäß verhält?
   c) Welche Partei muß die erforderlichen Genehmigungen einholen und die Ausfuhr- und Einfuhranträge stellen?
   d) Welche Transportart und welche Frachtklauseln werden gewählt?
   e) Welche Lieferklauseln gibt es, und was wird als Nachweis der Lieferung verlangt?
   f) Wann erfolgt der Übergang der Gefahren des Verlusts oder der Beschädigung der Ware vom Verkäufer auf den Käufer?
   g) Wie werden die Transportkosten zwischen den Parteien aufgeteilt?
   h) Wie müssen sich die Parteien gegenseitig über den Transport benachrichtigen?
3. Vereinbarung von Lieferklauseln in Form von Abkürzungen.

Nichtanwendbarkeit der Incoterms

Die Incoterms 2000 reichen nicht aus, um den Willen der Vertragsparteien vollständig auszudrücken. So regeln die Incoterms zum Beispiel nicht:

1. Dienstleistungsverträge;
2. Definition anderer vertraglicher Rechte und Pflichten außer für die Lieferung;
3. Festlegung der Einzelheiten für den Verkauf, den Transport und die Lieferung von Waren;
4. Festlegung der Eigentumsübertragung;
5. Schutz einer Partei vor ihrem eigenen Risiko des Verlusts oder der Beschädigung der Ware;
6. Schutz der Waren vor oder nach der Lieferung;
7. Definition der Rechtsmittel bei Vertragsverletzung.

> **Hinweis:**
>
> Die Incoterms können zwar ganz nützlich sein, aber ihre Anwendung hat auch Grenzen. Wenn Sie die Incoterms nicht richtig anwenden, dann ist Ihr Vertrag vielleicht nicht eindeutig oder kann gar nicht erfüllt werden. Daher müssen Sie als Akteur im Auslandsgeschäft den Inhalt und die Bedeutung der Incoterms genau kennen, bevor Sie sich darauf stützen, um so wichtige Vertragsbedingungen wie Transportart, Zollabfertigung und Gefahrenübergang zu regeln.

Incoterms 2000

Gruppe E			
Abholklausel	**EXW**	Ex Works	Ab Werk
Gruppe F			
Haupttransport vom Verkäufer nicht bezahlt	**FCA**	Free Carrier	Frei Frachtführer
	FAS	Free Alongside Ship	Frei Längsseite Schiff
	FOB	Free On Board	Frei an Bord
Gruppe C			
Haupttransport vom Verkäufer bezahlt	**CFR**	Cost and Freight	Kosten und Fracht
	CIF	Cost, Insurance and Freight	Kosten, Versicherung, Fracht
	CPT	Carriage Paid To	Frachtfrei
	CIP	Carriage and Insurance Paid To	Frachtfrei versichert
Gruppe D			
Ankunftsklauseln	**DAF**	Delivered At Frontier	Geliefert Grenze
	DES	Delivered Ex Ship	Geliefert ab Schiff
	DEQ	Delivered Ex Quay	Geliefert ab Kai
	DDU	Delivered Duty Unpaid	Geliefert unverzollt
	DDP	Delivered Duty Paid	Geliefert verzollt

Transportart und geeignete Incoterms-Klausel 2000

Jede Transportart, einschließl. multimodaler Transport	**EXW**	Ex Works	Ab Werk
	FCA	Free Carrier	Frei Frachtführer
	CPT	Carriage Paid To	Frachtfrei
	CIP	Carriage and Insurance Paid To	Frachtfrei versichert
	DAF	Delivered At Frontier	Geliefert Grenze

	DDU	Delivered Duty Unpaid	Geliefert unverzollt
	DDP	Delivered Duty Paid	Geliefert verzollt
See- und Binnenschiffs-transport	**FAS**	Free Alongside Ship	Frei Längsseite Schiff
	FOB	Free On Board	Frei an Bord
	CFR	Cost and Freight	Kosten und Fracht
	CIF	Cost, Insurance and Freight	Kosten, Versicherung, Fracht
	DES	Delivered Ex Ship	Geliefert ab Schiff
	DEQ	Delivered Ex Quay	Geliefert ab Kai (verzollt)

EXW (Ex Works) – Ab Werk [... benannter Ort]

»Ab Werk« bedeutet, daß der Verkäufer liefert, wenn er die Ware dem Käufer auf dem Gelände des Verkäufers oder an einem anderen benannten Ort (das heißt Werk, Fabrikationsstätte, Lager usw.) zur Verfügung stellt, ohne daß die Ware zur Ausfuhr freigemacht und auf ein abholendes Beförderungsmittel verladen ist.

Diese Klausel stellt daher die Mindestverpflichtung für den Verkäufer dar, wobei der Käufer alle Kosten und Gefahren, die mit dem Transport der Ware von dem Gelände des Verkäufers verbunden sind, zu tragen hat.

Wenn die Parteien jedoch wünschen, daß der Verkäufer für das Verladen der Ware bei Abfahrt verantwortlich sein und die Gefahren und alle Kosten einer solchen Verladung übernehmen soll, dann sollte dies durch einen entsprechenden ausdrücklichen Zusatz im Kaufvertrag deutlich gemacht werden. Diese Klausel sollte nicht verwendet werden, wenn es dem Käufer nicht möglich ist, direkt oder indirekt die Exportformalitäten durchzuführen. Unter solchen Umständen sollte die FCA-Klausel verwendet werden, vorausgesetzt der Verkäufer ist damit einverstanden, daß er auf seine Kosten und Gefahr verlädt.

FCA (Free Carrier) – Frei Frachtführer [... benannter Ort]

»Frei Frachtführer« bedeutet, daß der Verkäufer die zur Ausfuhr freigemachte Ware dem vom Käufer benannten Frachtführer am benannten Ort liefert. Es sollte beachtet werden, daß der ausgewählte Ort der Lieferung Folgen für die Verpflichtungen zur Be- und Entladung der Ware an diesem Ort nach sich zieht. Falls die Lieferung beim Verkäufer stattfindet, ist der Verkäufer für die Beladung verantwortlich. Falls die Lieferung an einem anderen Ort stattfindet, ist der Verkäufer nicht für die Entladung verantwortlich.

Diese Klausel kann für jede Transportart verwendet werden, einschließlich des multimodalen Transports.

»Frachtführer« ist, wer sich durch einen Beförderungsvertrag verpflichtet, die Beförderung per Schiene, Straße, See, Luft, Binnengewässer oder in einer Kombination dieser Transportarten durchzuführen oder durchführen zu lassen.

Benennt der Käufer für die Entgegennahme der Ware eine andere Person als den Frachtführer, hat der Verkäufer seine Lieferverpflichtung erfüllt, wenn die Ware dieser Person geliefert wird.

FAS (Free Alongside Ship) – Frei Längsseite Schiff [... benannter Verschiffungshafen]

»Frei Längsseite Schiff« bedeutet, daß der Verkäufer liefert, wenn die Ware längsseits des Schiffs im benannten Verschiffungshafen gebracht ist. Dies bedeutet, daß der Käufer alle Kosten und Gefahren des Verlusts oder der Beschädigung der Ware von diesem Zeitpunkt an zu tragen hat.

Die FAS-Klausel verpflichtet den Verkäufer, die Ware zur Ausfuhr freizumachen. Dies bedeutet eine Umkehr gegenüber früheren Fassungen der Incoterms, die den Käufer verpflichteten, die Freimachung der Ausfuhr zu erledigen.

Sollten die Vertragsparteien jedoch wünschen, daß der Käufer die Ware zur Ausfuhr freimacht, sollte dies durch einen entsprechenden ausdrücklichen Zusatz im Kaufvertrag deutlich gemacht werden.

Diese Klausel kann nur für den See- oder Binnenschiffstransport verwendet werden.

FOB (Free On Board) – Frei an Bord [... benannter Verschiffungshafen]

»Frei an Bord« bedeutet, daß der Verkäufer liefert, wenn die Ware die Schiffsreling in dem benannten Verschiffungshafen überschritten hat. Dies bedeutet, daß der Käufer von diesem Zeitpunkt an alle Kosten und Gefahren des Verlusts oder der Beschädigung der Ware zu tragen hat. Die FOB-Klausel verpflichtet den Verkäufer, die Ware zur Ausfuhr freizumachen.

Diese Klausel kann nur für den See- oder Binnenschiffstransport verwendet werden. Falls die Parteien nicht beabsichtigen, die Ware über die Schiffsreling zu liefern, sollte die FCA-Klausel verwendet werden.

CFR (Cost and Freight) – Kosten und Fracht [... benannter Bestimmungshafen]

»Kosten und Fracht« bedeutet, daß der Verkäufer liefert, wenn die Ware die Schiffsreling in dem benannten Verschiffungshafen überschritten hat.

Der Verkäufer hat die Kosten und die Fracht zu tragen, die erforderlich sind, um die Ware zum benannten Bestimmungshafen zu befördern; jedoch gehen die Gefahr des Verlusts oder der Beschädigung der Ware ebenso wie zusätzliche Kosten, die auf Ereignisse nach Lieferung der Ware an Bord zurückzuführen sind, vom Verkäufer auf den Käufer über.

Die CFR-Klausel verpflichtet den Verkäufer, die Ware zur Ausfuhr freizumachen.

Diese Klausel kann nur für den See- oder Binnenschiffstransport verwendet werden. Falls die Parteien nicht beabsichtigen, die Ware über die Schiffsreling zu liefern, sollte die CPT-Klausel verwendet werden.

CIF (Cost, Insurance and Freight) – Kosten, Versicherung, Fracht [... benannter Bestimmungshafen]

»Kosten, Versicherung, Fracht« bedeutet, daß der Verkäufer liefert, wenn die Ware die Schiffsreling in dem benannten Verschiffungshafen überschritten hat.

Der Verkäufer hat die Kosten und die Fracht zu tragen, die erforderlich sind, um die Ware zum benannten Bestimmungshafen zu befördern; jedoch gehen die Gefahr des Verlusts oder der Beschädigung der Ware sowie alle zusätzlichen Kosten, die auf Ereignisse nach Lieferung der Ware zurückzuführen sind, vom Verkäufer auf den Käufer über. In der CIF-Klausel hat der Verkäufer jedoch zusätzlich die Seetransportversicherung gegen die vom Käufer getragene Gefahr des Verlusts oder der Beschädigung der Ware während des Transports abzuschließen.

Folglich schließt der Verkäufer den Versicherungsvertrag ab und zahlt die Versicherungsprämie. Der Käufer sollte beachten, daß gemäß der CIF-Klausel der Verkäufer nur verpflichtet ist, eine Versicherung mit Mindestdeckung abzuschließen. Sollte der Käufer einen Schutz mit höherer Deckung wünschen, müßte er dies entweder ausdrücklich mit dem Verkäufer vereinbaren oder eigene zusätzliche Versicherungsvorkehrungen treffen.

Die CIF-Klausel verpflichtet den Verkäufer, die Ware zur Ausfuhr freizumachen.

Diese Klausel kann nur für den See- oder Binnenschiffstransport verwendet werden. Sollten die Parteien nicht beabsichtigen, die Ware über die Schiffsreling zu liefern, sollte die CIP-Klausel verwendet werden.

CPT (Carriage Paid To) – Frachtfrei [... benannter Bestimmungsort]

»Frachtfrei« bedeutet, daß der Verkäufer die Ware dem von ihm benannten Frachtführer liefert, der Verkäufer hat jedoch zusätzlich die Frachtkosten zu übernehmen, die erforderlich sind, um die Ware bis zum benannten Bestimmungsort zu befördern. Dies bedeutet, daß der Käufer alle Gefahren sowie alle anderen Kosten trägt, die nach der erfolgten Lieferung der Ware auftreten.

»Frachtführer« ist, wer sich durch einen Beförderungsvertrag verpflichtet, die Beförderung per Schiene, Straße, See, Luft, Binnenschiff oder in einer Kombination dieser Transportarten durchzuführen oder durchführen zu lassen. Werden mehrere aufeinanderfolgende Frachtführer für die Beförderung zum benannten Ort eingesetzt, geht die Gefahr auf den Käufer über, sobald die Ware dem ersten Frachtführer übergeben worden ist.

Die CPT-Klausel verpflichtet den Verkäufer, die Ware zur Ausfuhr freizumachen.

Diese Klausel kann für jede Transportart verwendet werden, einschließlich des multimodalen Transports.

CIP (Carriage and Insurance Paid To) – Frachtfrei versichert [... benannter Bestimmungsort]

»Frachtfrei versichert« bedeutet, daß der Verkäufer die Ware dem von ihm benannten Frachtführer liefert, der Verkäufer hat jedoch zusätzlich die Frachtkosten zu übernehmen, die erforderlich sind, um die Ware bis zum benannten Bestimmungsort zu befördern. Dies bedeutet, daß der Käufer alle Gefahren sowie alle zusätzlichen Kosten trägt, die nach der derart erfolgten Lieferung der Ware auftreten. Bei der CIP-Klausel hat der Verkäufer jedoch auch die Transportversicherung gegen die vom Käufer getragene Gefahr des Verlusts oder der Beschädigung der Ware während der Beförderung zu beschaffen.

Folglich schließt der Verkäufer die Versicherung ab und zahlt die Versicherungsprämie.

Der Käufer sollte beachten, daß gemäß der CIP-Klausel der Verkäufer verpflichtet ist, nur eine Versicherung mit Mindestdeckung abzuschließen. Sollte der Käufer einen Schutz mit höherer Deckung wünschen, müßte er dies entweder insoweit ausdrücklich mit dem Verkäufer vereinbaren oder eigene zusätzliche Versicherungsvorkehrungen treffen.

»Frachtführer« ist, wer sich durch einen Beförderungsvertrag verpflichtet, die Beförderung per Schiene, Straße, Luft, See, Binnenschiff oder in einer Kombination dieser Transportarten durchzuführen oder durchführen zu lassen. Werden mehrere aufeinanderfolgende Frachtführer für die Beförderung zum benannten Ort eingesetzt, geht die Gefahr auf den Käufer über, sobald die Ware dem ersten Frachtführer übergeben worden ist.

Die CIP-Klausel verpflichtet den Verkäufer, die Ware zur Ausfuhr freizumachen.

Diese Klausel kann für jede Transportart verwendet werden, einschließlich des multimodalen Transports.

DAF (Delivered At Frontier) – Geliefert Grenze [... benannter Ort]

»Geliefert Grenze« bedeutet, daß der Verkäufer liefert, wenn die zur Ausfuhr, aber nicht zur Einfuhr freigemachte Ware dem Käufer unentladen auf dem ankommenden Beförderungsmittel an der benannten Stelle des benannten Grenzorts zur Verfügung gestellt wird, jedoch vor der Zollgrenze des benachbarten Landes. Der Begriff »Grenze« schließt jede Grenze ein, auch die Grenze des Ausfuhrlandes. Es ist daher von entscheidender Bedeutung, die fragliche Grenze genau zu bestimmen und stets Stelle und Ort in der Vertragsklausel zu benennen.

Sollten die Parteien jedoch wünschen, daß der Verkäufer auf eigene Gefahr und Kosten für die Entladung der Ware von dem ankommenden Beförderungsmittel verantwortlich sein soll, sollte dieses durch einen entsprechenden ausdrücklichen Zusatz im Kaufvertrag deutlich gemacht werden.

Diese Klausel kann für jede Transportart verwendet werden, wenn Ware an eine Landesgrenze geliefert wird. Soll die Lieferung im Bestimmungshafen, an Bord eines Schiffes oder auf dem Kai stattfinden, sollten die DES- oder DEQ-Klauseln verwendet werden.

DES (Delivered Ex Ship) – Geliefert ab Schiff [... benannter Bestimmungshafen]

»Geliefert ab Schiff« bedeutet, daß der Verkäufer liefert, wenn die Ware, die vom Verkäufer nicht für die Einfuhr freizumachen ist, dem Käufer an Bord des Schiffs im benannten Bestimmungshafen zur Verfügung gestellt wird.

Der Verkäufer hat bis zur Entladung alle Kosten und Gefahren der Beförderung der Ware bis zum benannten Bestimmungshafen zu tragen. Falls die Parteien wünschen, daß der Verkäufer die Kosten und Gefahren der Entladung der Ware übernehmen soll, sollte die DEQ-Klausel verwendet werden.

Die DES-Klausel kann nur verwendet werden, wenn die Ware über See- oder Binnenschiff oder im multimodalen Transport auf einem Schiff in den Bestimmungshafen geliefert werden soll.

DEQ (Delivered Ex Quay) – Geliefert ab Kai [... benannter Bestimmungshafen]

»Geliefert ab Kai« bedeutet, daß der Verkäufer liefert, wenn die nicht zur Einfuhr freigemachte Ware dem Käufer am Kai des benannten Bestimmungshafens zur Verfügung stellt wird.

Der Verkäufer hat die Kosten und Gefahren, die mit der Beförderung der Ware zum benannten Bestimmungsort und mit der Entladung der Ware auf den Kai verbunden sind, zu tragen. Die DEQ-Klausel verlangt von dem Käufer, daß er die

Ware zur Einfuhr freimacht und er alle Formalitäten, Zölle, Steuern und andere Abgaben bei der Einfuhr bezahlt.

Dies ist eine Umkehr gegenüber früheren Fassungen der Incoterms, die verlangten, daß der Verkäufer die Freimachung für den Import vornimmt.

Wünschen die Parteien, daß in die Verpflichtungen des Verkäufers alle oder Teile der bei der Einfuhr der Ware anfallenden Abgaben eingeschlossen werden, sollte dieses durch einen entsprechenden ausdrücklichen Zusatz im Kaufvertrag deutlich gemacht werden.

Diese Klausel kann nur verwendet werden, wenn die Ware über See oder Binnenschiff oder im multimodalen Transport zur Entladung von einem Schiff auf den Kai im Bestimmungshafen geliefert werden soll. Wünschen die Parteien jedoch, daß in die Verpflichtungen des Verkäufers die Gefahren und Kosten des Verbringens der Ware vom Kai zu einem innerhalb oder außerhalb des Hafens befindlichen Ort (Lagerhaus, Terminal, Transportstation usw.) eingeschlossen werden, sollten die DDU- oder DDP-Klauseln verwendet werden.

DDU (Delivered Duty Unpaid) – Geliefert unverzollt [... benannter Bestimmungsort]

»Geliefert unverzollt« bedeutet, daß der Verkäufer dem Käufer die nicht zur Einfuhr freigemachte Ware am benannten Bestimmungsort auf dem ankommenden Beförderungsmittel unentladen liefert. Der Verkäufer hat die Kosten und Gefahren der Beförderung bis dorthin zu tragen mit Ausnahme, falls anwendbar, jeglichen »Zolls« (ein Begriff, der die Verantwortung und die Gefahr der Erledigung der Zollformalitäten sowie die Bezahlung von Formalitäten, Zöllen, Steuern und anderer Abgaben umfaßt) für die Einfuhr in das Bestimmungsland. Dieser »Zoll« ist vom Käufer zu tragen ebenso wie alle Kosten und Gefahren, die durch sein Unterlassen, die Ware rechtzeitig zur Einfuhr freizumachen, entstehen.

Wünschen die Parteien jedoch, daß der Verkäufer die Einfuhrzollformalitäten erledigt und die dadurch bedingten Kosten und Gefahren sowie einige der bei Einfuhr der Waren fälligen Kosten trägt, sollte dies durch einen entsprechenden ausdrücklichen Zusatz im Kaufvertrag deutlich gemacht werden.

Diese Klausel kann für jede Transportart verwendet werden; es sollte jedoch die DES- oder DEQ-Klausel verwendet werden, wenn die Lieferung im Bestimmungshafen an Bord des Schiffes oder auf dem Kai stattfinden soll.

DDP (Delivered Duty Paid) – Geliefert verzollt [... benannter Ort]

»Geliefert verzollt« bedeutet, daß der Verkäufer dem Käufer die zur Einfuhr freigemachte Ware an dem benannten Bestimmungsort auf dem ankommenden

Beförderungsmittel unentladen liefert. Der Verkäufer hat alle Kosten und Gefahren der Beförderung der Ware bis dorthin zu tragen, einschließlich, falls anwendbar, jeglichen für die Einfuhr in das Bestimmungsland erforderlichen »Zolls« (ein Begriff, der die Verantwortung und Gefahr der Erledigung der Zollformalitäten sowie die Bezahlung von Formalitäten Zöllen, Steuern und anderer Abgaben umfaßt).

Während die Klausel »Ab Werk« die Mindestverpflichtung des Verkäufers darstellt, enthält die DDP-Klausel seine Maximalverpflichtung.

Diese Klausel sollte nicht verwendet werden, wenn es dem Verkäufer nicht möglich ist, entweder direkt oder indirekt die Einfuhrbewilligung zu beschaffen.

Wünschen die Parteien jedoch, daß von den Verpflichtungen des Verkäufers bestimmte bei der Einfuhr der Ware anfallende Abgaben (wie z. B. die Mehrwertsteuer) ausgeschlossen werden, sollte dies durch einen entsprechenden ausdrücklichen Zusatz im Kaufvertrag deutlich gemacht werden.

Wünschen die Parteien, daß der Käufer alle Gefahren und Kosten der Einfuhr trägt, sollte die DDU-Klausel verwendet werden.

Diese Klausel kann für jede Transportart verwendet werden; es sollte jedoch die DES- oder DEQ-Klausel verwendet werden, wenn die Lieferung im Bestimmungshafen an Bord Bord des Schiffes oder auf dem Kai stattfinden soll.

Die vollständige Ausgabe des Regelwerks »Incoterms 2000« (Publikation Nr. 560) mit deutschem und englischem Text, das die Pflichten des Verkäufers und Käufers im einzelnen beschreibt, kann bestellt werden bei der ICC Deutschland – Vertriebsdienst, Köln: Telefon 02 21–2 57 55 65, Fax 02 21–2 57 55 93, e-mail icc@icc-deutschland.de.

■ Andere internationale Lieferklauseln

Die folgenden internationalen Lieferklauseln werden häufig als Abkürzungen längerer Vertragsbedingungen verwendet. Wie nachfolgend dargestellt ist, werden sie häufig in Verbindung mit den Incoterms verwendet.

- **Additional Services – Zusätzlicher Transport**
  Diese Klausel wird häufig in Verbindung mit den Incoterms FOB oder DAF verwendet. Sie besagt, daß der Verkäufer den Beförderungsvertrag zu üblichen Bedingungen abschließt und der Käufer alle Gefahren des Verlusts oder der Beschädigung der Ware sowie die Transportkosten trägt. Der Verkäufer stimmt dieser Klausel vielleicht zu, wenn es in seinem Land eine Linienschifffahrtsverbindung gibt.

- **Cleared For Export – Ausfuhrabfertigung**
  Diese Klausel verlangt, daß der Verkäufer die Ware zur Ausfuhr freimacht, wenn die Ware vor Erreichen der Grenze dem Käufer übergeben wird. Sie wird häufig in Verbindung mit den Incoterms EXW oder FAS verwendet.

- **Cleared For Import – Einfuhrabfertigung**
  Selbst wenn die Ware dem Käufer vor Erreichen der Grenze übergeben wird, verpflichtet sich der Käufer, die Einfuhrzollformalitäten zu erledigen. Diese Klausel wird häufig in Verbindung mit Incoterm DDU verwendet.

- **Duty Unpaid – Unverzollt**
  Diese Lieferklausel wird manchmal in Verbindung mit Incoterm DEQ verwendet. Der Verkäufer verpflichtet sich, die Ausladekosten zu tragen, ohne den erhobenen Zoll zu bezahlen.

- **Duty Unpaid Not Cleared For Import – Unverzollt und keine Einfuhrabfertigung**
  Diese Lieferklausel wird häufig in Verbindung mit Incoterm DEQ verwendet. Der Verkäufer verpflichtet sich, die Ausladekosten zu tragen, aber nicht den Zoll und die Kosten der Einfuhrabfertigung.

- **Ex Dock oder Ex Quay – Ab Kai**
  Nach dieser Lieferklausel erfolgt der Gefahrenübergang an den Käufer, wenn die Ware am vom Käufer benannten Kai abgeladen wurde.

- **Ex Factory – Ab Werk**
  Diese Lieferklausel ist mit Incoterm Ex Works vergleichbar.

- **FOB Airport – Frei Flughafen**
  Der Verkäufer trägt die Kosten für den Transport der Ware zu der vom Käufer benannten Fluggesellschaft. Der Gefahrenübergang an den Käufer erfolgt mit der Lieferung der Ware am Flughafen. Auf diese Lieferklausel wurde in den Incoterms 2000 zugunsten Incoterm FCA verzichtet, die für den gleichen Zweck verwendet wird und nicht auf eine bestimmte Transportart beschränkt ist.

- **FOB Vessel – Frei an Bord**
  Bei Seetransport trägt der Verkäufer die Kosten für den Transport der Ware zu dem vom Käufer benannten Schiff und die Kosten der Verladung auf das Schiff. Der Gefahrenübergang an den Käufer erfolgt, wenn die Ware auf dem Schiff verstaut ist. Auf diese Klausel wurde in den Incoterms 2000 zugunsten Incoterm FCA verzichtet, die für den gleichen Zweck angewendet wird und die sich nicht auf eine bestimmte Transportart bezieht.

- **FOR (Free On Rail) – Frei Waggon**
  Der Verkäufer trägt die Transportkosten bis zu dem vom Käufer benannten

Zug und die Kosten der Umladung der Ware in den Waggon. Der Gefahrenübergang an den Käufer erfolgt, wenn der Waggon beladen wurde. Auf diese Lieferklausel wurde in den Incoterms 2000 zugunsten von Incoterm FCA verzichtet, die für den gleichen Zweck verwendet wird und nicht auf eine bestimmte Transportart beschränkt ist.

- **FOT (Free On Truck) – Frei Lkw**
  Eine Lieferklausel, die mit der Klausel FOR verglichen werden kann, sich aber auf Lkw bezieht. Auf diese Lieferklausel wurde in den Incoterms 2000 zugunsten von Incoterm FCA verzichtet, die für den gleichen Zweck verwendet wird und nicht auf eine bestimmte Transportart beschränkt ist.

- **Freight Collect – Abholen, Fracht**
  Der Käufer ist verpflichtet, die Frachtkosten dann zu zahlen, wenn die Ware an den Käufer geliefert wird. Der Gefahrenübergang auf den Käufer erfolgt auch zu diesem Zeitpunkt. Diese Klausel wird in der Regel in Verbindung mit den Incoterms FOB Destination (Verschiffungshafen) oder FOB Origin (das heißt, der Käufer holt die Ware am Sitz des Verkäufers ab) verwendet.

- **Freight Prepaid – Fracht bezahlt**
  Der Verkaufspreis enthält die Frachtkosten bis zu einem benannten Bestimmungsort. Diese Lieferklausel wird in der Regel mit Incoterm FOB Destination (Verschiffungshafen) verwendet.

- **Freight Prepaid And Charged – Fracht bezahlt und weiterberechnet**
  Der Verkaufspreis schließt die Frachtkosten bis zu einem benannten Bestimmungsort ein. Die Frachtkosten werden dem Käufer berechnet, indem sie auf die Rechnung aufgeschlagen werden. Diese Lieferklausel wird häufig in Verbindung mit Incoterm FOB Origin verwendet.

- **Loaded On Arriving Vehicle – Frei Abholfahrzeug (keine Abladepflicht)**
  Diese Klausel wird häufig in Verbindung mit Incoterm DDP verwendet. Der Verkäufer ist nicht verpflichtet, die Ware nach Lieferung abzuladen.

- **Loaded On Departing Vehicle – Frei Abholfahrzeug**
  Diese Lieferklausel wird häufig in Verbindung mit Incoterm EXW verwendet. Der Verkäufer ist verpflichtet, dem Käufer bei der Ladung der Ware auf dem Grundstück des Verkäufers zu helfen.

- **Reloaded On Carrying Vehicle – Wiederverladung nach Abgangsort**
  Wenn die Ware nach dem Abtransport vom Lieferanten umgeladen werden muß, ist der Verkäufer verpflichtet, die Umladung zu organisieren und die Kosten dafür zu tragen. Diese Lieferklausel wird häufig in Verbindung mit Incoterm DDP verwendet.

- **Stowed And Trimmed – Verstaut und befestigt**
  Diese Klausel wird häufig in Verbindung mit Incoterm FOB verwendet. Der Verkäufer ist verpflichtet, die Ware im Verschiffungshafen auf das Schiff zu verladen. In der Praxis kann diese Lieferklausel vollständig wie folgt lauten: »FOB stowed, costs and risks in connection with loading on the seller«.
- **Unloaded From Arriving Vehicle – Abladen vom Lieferfahrzeug**
  Nach dieser Lieferklausel ist der Verkäufer verpflichtet, die Ware am Lieferort zu entladen. Meistens wird sie in Verbindung mit Incoterm DDP verwendet.
- **VAT Paid – Mit Mehrwertsteuer**
  Der Verkäufer trägt die Mehrwertsteuer, die bei der Einfuhr der Ware erhoben wird. Diese Lieferklausel wird häufig in Verbindung mit Incoterm DDW verwendet.
- **VAT Unpaid – Ohne Mehrwertsteuer**
  Diese Klausel wird in Verbindung mit Incoterm DEQ verwendet. Danach trägt der Käufer die Mehrwertsteuer, die bei der Einfuhr der Ware erhoben wird.

6 Hauptprobleme im Rahmen internationaler Kaufverträge

Es gibt zahlreiche Probleme, die nur eine Partei eines internationalen Kaufvertrags beschäftigen, aber es gibt auch Probleme beziehungsweise Anforderungen, die von beiden Vertragsparteien berücksichtigt werden müssen. Auf den ersten Blick scheinen die Hauptprobleme nur für die eine oder andere Partei relevant zu sein. Der Erfolg der ganzen Transaktion sowie der Gewinn beider Parteien hängt jedoch im allgemeinen von diesen Hauptproblemen ab. Unabhängig davon, ob Sie im Rahmen eines internationalen Kaufvertrags Käufer oder Verkäufer sind, müssen Sie zumindest die Ex- und Importanforderungen der betreffenden Länder, die Zahlungsbedingungen im Auslandsgeschäft, die gewerblichen Schutzrechte, die Fragen des anzuwendenden Rechts und des Gerichtsstandes kennen.

■ Exportanforderungen

Im Rahmen eines internationalen Kaufvertrags müssen beide Vertragsparteien die Exportanforderungen und -probleme kennen. Diese bestehen bei Kaufverträgen im Inlandsgeschäft nicht, und daher kennen viele Unternehmen – insbesondere jene, die zum ersten Mal exportieren – diese Probleme nicht. Eine Vertragspartei, die diese Probleme nicht kennt, ist vielleicht der Auffassung, daß die Erfüllung des Kaufvertrags unmöglich ist oder zumindest unvorteilhaft ist. Sie sollten die typischen Exportprobleme bereits in Ihren Vertragsverhandlungen berücksichtigen.

Anpassungen an die Bedürfnisse des Importlandes

Zunächst ist zu fragen, ob Ihre Produkte für den ausländischen Markt geeignet sind. Entsprechen sie den Bedürfnissen der Verbraucher oder müssen sie angepaßt werden? Die Kosten für die Anpassung der Produkte trägt in der Regel der Verkäufer. In einem internationalen Kaufvertrag sollten daher die folgenden Aspekte berücksichtigt werden.

- **Beachtung gesetzlicher Vorschriften:**
  Welche Vertragspartei ist verpflichtet, die Produkte so anzupassen, daß sie den Gesetzen des Importlandes wie zum Beispiel dem Verbraucherschutz, den Qualitätsvorschriften und den Bestimmungen des Umweltschutzes entsprechen?

Häufig verpflichten sich Verkäufer, Waren zu liefern, die den gesetzlichen Vorschriften des Importlandes entsprechen. Wenn der Verkäufer diese Vorschriften nicht kennt, kann vertraglich vereinbart werden, daß der Käufer die Anforderungen definiert. Bei geringfügigen Produktänderungen wie zum Beispiel die Änderung der Etikettierung ist der Käufer vielleicht bereit, die Anpassung selbst vorzunehmen, weil die Kosten gering sind und der Verkäufer die Waren dann sofort liefern kann.

- **Anpassung an Marktbedürfnisse:**
  Welche Vertragspartei ist verpflichtet, die Produkte an die Bedürfnisse des ausländischen Marktes anzupassen? Dabei kann es sich um die Übersetzung der Produktinformationen auf dem Etikett in die Landessprache, die Berücksichtigung kultureller oder religiöser Präferenzen und klimatischer Unterschiede, die Anpassung der Maße und Gewichte, die Berücksichtigung von Unterschieden in der Elektrizitäts- oder Wasserversorgung oder die Berücksichtigung der Kaufkraft handeln.
  Für die Anpassung der Produkte an die wirtschaftlichen, kulturellen und gesellschaftlichen Bedingungen des ausländischen Marktes gelten die gleichen Überlegungen wie für die Anpassung der Produkte zur Beachtung der gesetzlichen Vorschriften.
  Wie werden die gewerblichen Schutzrechte des Verkäufers wie zum Beispiel Patente, Marken, Warenzeichen und Geschmacksmuster geschützt, wenn die Produktanpassung vom Käufer durchgeführt wird? Die Tatsache, daß der Vertrag die Änderung der Produkte, der Etiketten und der Verpackung durch den Käufer gestattet, könnte unter Umständen so verstanden werden, daß der Verkäufer auf die ausschließliche Verwendung seiner gewerblichen Schutzrechte verzichtet. Daher sollte der internationale Kaufvertrag ausdrücklich eine Klausel zum Schutz der gewerblichen Schutzrechte des Verkäufers enthalten.

- **Gewährleistung:**
  Wird im ausländischen Markt ein Kundendienst angeboten, und welche Gewährleistung wird übernommen? Wie kann ein verläßlicher Kundendienst sichergestellt werden?
  Kundendienst und Gewährleistung sind wichtige Aspekte im Rahmen internationaler Kaufverträge. Unabhängig davon, ob High-Tech-Produkte oder elektrische Haushaltsgeräte verkauft werden, steigt das Ansehen bei den Kunden, wenn ein Kundendienst angeboten wird – aber nur solange, wie der Kundendienst leistungsfähig ist. Im Vertrag sollte festgelegt werden, in welchem Umfang Gewährleistung und Kundendienst angeboten werden. Wenn diese Leistungen durch den Käufer als lokalen Repräsentanten des Verkäufers im Importland erbracht werden, sollte der Vertrag Bedingungen und Standards festlegen.

Vorschriften des Exportlandes

Die Ausfuhrvorschriften des Exportlandes sollten bekannt sein, bevor ein internationaler Kaufvertrag abgeschlossen wird. Sie hängen von der Art des exportierten Produktes ab. Sie können die Vertragsbedingungen vereinfachen, wenn Sie die konkreten Ausfuhrvorschriften für die betreffenden Exportprodukte zugrunde legen. Zahlreiche Produkte können frei exportiert werden, während für andere Restriktionen bestehen. Manche Produkte dürfen überhaupt nicht exportiert werden.

Im Kaufvertrag sollte festgelegt werden, welche Vertragspartei dafür verantwortlich ist, daß die gesetzlichen Vorschriften für den Export der Produkte beachtet werden, und welche Partei die Kosten für die Ausfuhrabfertigung trägt. In einem internationalen Kaufvertrag sollten die folgenden Aspekte berücksichtigt werden.

- **Beschaffung der Ausfuhrgenehmigung:**
  Welche Partei ist verpflichtet, die erforderlichen Ausfuhrgenehmigungen zu beschaffen?
  In der Regel ist der Verkäufer für die Beschaffung der Ausfuhrgenehmigung zuständig, weil er die Ausfuhrvorschriften seines Landes wahrscheinlich am besten kennt. Aber vielleicht muß ihn der Käufer unterstützen, weil dem Verkäufer die Erfahrung fehlt oder er finanziell nicht in der Lage ist, die Ausfuhrgenehmigung zu beschaffen.

- **Bezahlung der Ausfuhrgenehmigung:**
  Welche Partei trägt die Kosten für die Ausfuhrgenehmigung?
  Wenn die Ausfuhrgenehmigung für jede Exportlieferung beantragt werden muß, verhandeln die Vertragsparteien in der Regel, wer die Kosten übernimmt. Vielleicht ist der Verkäufer bereit, die Kosten zu übernehmen, um dem Käufer einen Anreiz zum Abschluß des Geschäftes zu geben. Oder die Parteien vereinbaren, die Kosten zu teilen. Wenn die Ausfuhrgenehmigung für mehrere Lieferungen erteilt wird, trägt in der Regel der Verkäufer die Kosten.

- **Beachtung der Exportrestriktionen:**
  Wenn die Ausfuhr der Waren besonderen Restriktionen (wie zum Beispiel Vorschriften zur Verpackung, Etikettierung, Kennzeichnung, Quarantäne, Schädlingsbekämpfungsmaßnahmen oder Prüfung der Waren) unterliegt, welche Vertragspartei ist dafür verantwortlich, diese Restriktionen zu beachten?
  In der Regel ist der Verkäufer dafür verantwortlich, daß die Exportrestriktionen beachtet oder die Warenprüfung durchgeführt wird, weil er die Vorschriften am besten kennt und seine Mitwirkung erforderlich ist.

- **Kosten der Beachtung der Exportrestriktionen:**
  Welche Partei trägt die Kosten für die im Zusammenhang mit der Beachtung der Exportrestriktionen erforderlichen Maßnahmen und für die Prüfung der Waren?
  Es gibt keine feste Regel, welche Vertragspartei diese Kosten übernimmt – das ist Verhandlungssache. Wenn die Ausfuhr- und Einfuhrkosten vergleichbar sind, kann der Verkäufer die Kosten für die Ausfuhrabfertigung und der Käufer die Kosten für die Einfuhrabfertigung übernehmen. Wenn diese Kosten unterschiedlich sind, könnten die Vertragsparteien daran denken, die Kosten zu addieren und dann aufzuteilen. Oder der Verkäufer übernimmt die Gesamtkosten, um dem Käufer einen Anreiz zum Abschluß des Geschäftes zu bieten.

- **Exportgebühren und -steuern:**
  Welche Partei zahlt eventuell anfallende Exportzölle, -gebühren oder -steuern?
  Auch hier gibt es keine feste Regel.

Risiko von Leistungsstörungen

Ein äußerst wichtiger Aspekt, der in internationalen Kaufverträgen häufig nicht berücksichtigt wird, ist das Risiko von Leistungsstörungen, das heißt verspätete Annahme, Leistungsverzug oder Unmöglichkeit. Wenn der Export nicht vertragsgemäß durchgeführt werden kann, entsteht für beide Vertragsparteien ein Schaden. Der Verkäufer trägt die Kosten für die Ausfuhrabfertigung und die Transportkosten, der Käufer trägt die Kosten der Einfuhrabfertigung, der Ankündigungswerbung und eventuell der Produktanpassung, wenn der Käufer nicht rechtzeitig Ersatzprodukte beschaffen kann. Die Ersatzbeschaffung ist in der Regel mit höheren Kosten verbunden.

Das Problem der Unmöglichkeit oder des Verzugs wird durch die Frage des Verschuldens noch komplexer. Hat der Verkäufer falsche Etiketten verwendet? Hat der Käufer seinen Auftrag kurz vor dem Versand der Waren geändert? Wurde die Unmöglichkeit oder der Verzug durch Faktoren verursacht, die keine der Vertragsparteien zu vertreten hat? Im Auslandsgeschäft besteht mitunter ein beträchtliches politisches Risiko. Regierung und Wirtschaft sind miteinander verflochten, beziehungsweise es bestehen Wechselwirkungen zwischen den Ländern. Ihr Auslandsgeschäft kann daher von den Beziehungen zwischen dem exportierenden und dem importierenden Land abhängig sein. In einem internationalen Kaufvertrag sollten daher die folgenden Aspekte berücksichtigt werden.

- **Termingerechte Lieferung:**
  Was ist eine termingerechte Lieferung?
  In einem internationalen Kaufvertrag sollte ein Liefertermin oder eine Möglichkeit festgelegt sein, um diesen Termin zu bestimmen. Wenn kein Liefertermin festgelegt wird, könnte von einem Gericht im Wege der Auslegung ein

»angemessener« oder »branchenüblicher« Liefertermin ermittelt werden. Aber dies sind Begriffe, die zu Streitigkeiten zwischen den Vertragsparteien führen können.

- **Leistungsstörungen:**
  Wenn eine Vertragspartei die Unmöglichkeit oder den Verzug im Export zu vertreten hat, welche Pflichten hat diese Partei, und welche Rechte hat die andere Partei?
  In internationalen Kaufverträgen wird meistens ein harter Standpunkt vertreten. In der Regel berechtigt eine Leistungsstörung zur Kündigung des Vertrags, und die Partei, die diese Leistungsstörung zu vertreten hat, ist der anderen Partei zu Schadensersatz (das heißt Ersatz des tatsächlichen Schadens oder Zahlung einer Vertragsstrafe) verpflichtet. Dieser harte Standpunkt kann dadurch gemildert werden, daß die berechtigte Partei vertraglich verpflichtet ist, angemessene Maßnahmen zu ergreifen (wie zum Beispiel Ersatzverkauf oder Ersatzbeschaffung), um einen Schaden abzuwenden oder zu mindern. Weil davon auszugehen ist, daß die Vertragsparteien es vorziehen, den Kaufvertrag zu erfüllen, als das Zustandekommen eines Vertrags zu bestreiten, wird in internationalen Kaufverträgen der Partei, die in Verzug ist, meistens eine Fristverlängerung zur Behebung des Problems und zur Erfüllung des Vertrags gewährt – vielleicht unter Erstattung der Kosten, die durch den Verzug verursacht wurden.

- **Staatliche Eingriffe:**
  Welche Rechte und Pflichten haben die Parteien, wenn die Ausfuhrvorschriften vor der Zollabfertigung der Waren plötzlich geändert werden, so daß die Erfüllung des Vertrags für eine Partei äußerst schwierig oder unmöglich wird?
  Die Auswirkungen unkontrollierbarer Faktoren wird in internationalen Kaufverträgen im allgemeinen in einer Vertragsklausel über höhere Gewalt berücksichtigt. Eine derartige Klausel berechtigt in der Regel zur Kündigung des Vertrags, wenn die Leistung zum Beispiel infolge einer Naturkatastrophe unmöglich wird. Aber wenn die Erfüllung des Vertrags infolge von Ereignissen, die von Menschen verursacht wurden, wie zum Beispiel die Erhebung von Ausfuhrzöllen, nur vorübergehend (weil zum Beispiel durch die Regierung des Importlandes Handelssanktionen verhängt werden) schwieriger wird, wollen die Vertragsparteien den Vertrag vielleicht später erfüllen. In diesem Fall sollten Sie im Kaufvertrag vorsehen, daß eine Kündigung oder Neuverhandlung nur erfolgt, wenn der Export auch nach einer gewissen Zeit noch unmöglich ist.

Exportrestriktionen ausgewählter Länder

Die meisten Länder fördern den Export wegen der Deviseneinnahmen. Die folgenden Beispiele veranschaulichen übliche Exportrestriktionen. Die Exportvorschriften eines Landes können Sie anhand verschiedener Quellen ermitteln wie zum Beispiel Zollbehörden, Spediteure, Transportmakler, Rechtsanwälte für internationales Recht und Bücher über Außenhandel oder über das betreffende Land.

Ägypten

- *Waren, die einer besonderen Ausfuhrkontrolle unterliegen:* Schrott, Häute, Wollfasern, Metalle und landwirtschaftliche Erzeugnisse.

Argentinien

- *Ausfuhrkontrollen:* Es werden nur wenig Kontrollen durchgeführt, und die Formulare für die Zollabfertigung wurden vereinfacht. Exporteure müssen sich registrieren lassen.

Australien

- *Ausfuhrkontrollen:* Ungefähr 40 Prozent des Exports unterliegt Restriktionen. Die Ausfuhrkontrollen umfassen Exportgenehmigungen und Abfertigungsnummern.
- *Waren, die einer besonderen Ausfuhrkontrolle unterliegen:* Nahrungsmittel, Tiere, Pflanzen, Exporte nach Libyen und Irak, geschützte Tiere und Kulturgüter.

Belgien

- *Ausfuhrkontrollen:* Es gilt das System der Ausfuhrkontrolle und das Steuersystem der Europäischen Union. Für Lieferungen in andere EU-Länder ist nur ein vereinfachter Nachweis erforderlich, bei Export in Nicht-EU-Länder ist die vollständige Zollabfertigung vorgeschrieben. Exporte werden aktiv gefördert, obwohl keine direkten Exportsubventionen gezahlt werden.
- *Waren, die einer besonderen Ausfuhrkontrolle unterliegen:* Waffen.

Brasilien

- *Ausfuhrkontrollen:* Es sind Ausfuhrlizenzen erforderlich. Für einige Commodities gibt es Ausfuhrkontingente.
- *Waren, die einer besonderen Ausfuhrkontrolle unterliegen:* Kaffee, Holz und einige andere Commodities.

Bulgarien

- *Ausfuhrkontrollen:* Für einige Produkte sind Ausfuhrlizenzen erforderlich. Es wird eine Ausfuhrsteuer erhoben. Für lebende Tiere, Fleisch, Molkereiprodukte und Sonnenblumen-Saatgut legt der Staat Basis-Exportpreise fest.
- *Waren, die einer besonderen Ausfuhrkontrolle unterliegen:* Arzneimittel, Sprengstoffe und andere gefährliche Substanzen, Edelmetalle.
- *Exportverbot:* Rohöl, rohe Rinderhäute, Pflanzenöl, Motorenbenzin, Gasöl für Maschinen und industrielle Anwendungen, Heizöl, Rohstoffe, die für inländische Industriezweige von strategischer Bedeutung sind.

China

- *Ausfuhrkontrollen:* Exporteure und Außenhandelsgesellschaften (FTCs) müssen durch ein Ministerium bevollmächtigt und genehmigt werden. Die Exportpolitik wurde zwar liberalisiert, aber Ausfuhrkontrollen wurden beibehalten. Die Exportrestriktionen sind von der Knappheit in China abhängig und können Ausfuhrverbote sowie -quoten beinhalten. Für Produkte, die Ausfuhrrestriktionen unterliegen, müssen bei verschiedenen staatlichen und lokalen Behörden Ausfuhrgenehmigungen eingeholt werden.
- *Waren, die einer besonderen Ausfuhrkontrolle unterliegen:* Waren, die die nationale Sicherheit oder das öffentliche Interesse bedrohen, Kulturschätze, wilde Tiere, Pflanzen und pflanzliche Erzeugnisse sowie Textilien.

Deutschland

- *Ausfuhrkontrollen:* Ausfuhrlizenzen sind nicht erforderlich, und die Zollabfertigung ist relativ effizient.

Finnland

- *Ausfuhrkontrollen:* Die Kontrollen entsprechen den Regelungen der Europäischen Union. Für die meisten Produkte sind keine Ausfuhrlizenzen erforderlich.
- *Waren, die einer besonderen Ausfuhrkontrolle unterliegen:* High-Tech-Produkte und Schrott.

Griechenland

- *Ausfuhrkontrollen:* Es gibt wenig Exportkontrollen. Exporte werden gefördert, und es werden Exportsubventionen insbesondere für landwirtschaftliche Erzeugnisse gezahlt.

Großbritannien

- *Ausfuhrkontrollen:* Es gibt nur geringe Exportkontrollen.
- *Waren, die einer besonderen Ausfuhrkontrolle unterliegen:* Antiquitäten, Schrott.

Indien

- *Ausfuhrkontrollen:* Exporte werden durch Exportfirmen und Handelshäuser abgewickelt. Die Zollabfertigung ist kompliziert und ist in jedem Hafen unterschiedlich. Für bestimmte Produkte werden Exportsubventionen gewährt.

Israel

- *Ausfuhrkontrollen:* Es gibt wenig Exportkontrollen. Für international kontrollierte Substanzen und für Waren, die die nationale Sicherheit bedrohen, sind Ausfuhrlizenzen erforderlich. Die Exporterlöse müssen innerhalb eines Jahres nach der Ausfuhr eingehen. Für einige Produkte sind Herkunftsbescheinigungen vorgeschrieben.

Italien

- *Ausfuhrkontrollen:* Die meisten Waren können ohne förmliche Genehmigung exportiert werden.
- *Waren, die einer besonderen Ausfuhrkontrolle unterliegen:* Benzin, High-Tech-Produkte.

Japan

- *Ausfuhrkontrollen:* Der Export wird überwiegend durch große Handelsgesellschaften abgewickelt. Für einige Produkte sind Ausfuhrlizenzen erforderlich. Exportrestriktionen werden eigentlich nur auf Forderung ausländischer Handelspartner erlassen, die Zahlungsbilanzprobleme mit japanischen Exportüberschüssen haben.

Kanada

- *Ausfuhrkontrollen:* Für wenige Produkte sind Ausfuhrgenehmigungen in Abhängigkeit vom Angebots-Nachfrage-Verhältnis in Kanada erforderlich. Für Produkte, die auf der Export Control List stehen, ist eine Ausfuhrgenehmigung erforderlich. Ausfuhrgenehmigungen sind auch für Ausfuhren in bestimmte Länder erforderlich; sie sind in der Area Control List aufgeführt.
- *Waren, die einer besonderen Ausfuhrkontrolle unterliegen:* Holzprodukte und Bodenschätze.

Malaysia

- *Ausfuhrkontrollen:* Ausfuhrlizenzen sind nur für wenige Waren erforderlich. Der Import von Rohstoffen, Maschinen und Anlagen, die für die Produktion von Exportgütern benötigt werden, wird staatlich gefördert. Es werden auch Exportsubventionen gewährt.
- *Waren, die einer besonderen Ausfuhrkontrolle unterliegen:* Textilien, Gummi, Öl, Pfeffer, Palmöl, Zinn.

Mexiko

- *Ausfuhrkontrollen:* Für die meisten Waren sind keine Ausfuhrgenehmigungen oder -lizenzen erforderlich. Für Waren, die Sicherheitsvorschriften erfüllen müssen, die internationalen Übereinkommen entsprechen, oder die für die nationale Sicherheit wichtig sind, kann eine Ausfuhrgenehmigung erforderlich sein.

Pakistan

- *Ausfuhrkontrollen:* Die meisten Waren können ungehindert exportiert werden, aber einige unterliegen Ausfuhrkontingenten, und die Ausfuhr knapper Waren ist verboten. Exporteure müssen sich im Handelsministerium registrieren lassen.
- *Waren, die einer besonderen Ausfuhrkontrolle unterliegen:* Reis, Baumwolle, chirurgische Instrumente, Kinofilme, exotische Vögel, Pferde, Weizenmehl, Kleie, Mineralwasser, trockener roter Chili.

Philippinen

- *Ausfuhrkontrollen:* Exporte werden durch Subventionen gefördert. Die Zollabfertigung wurde vereinfacht. Es gibt wenig Exportkontrollen.

Rußland

- *Ausfuhrkontrollen:* Auf verschiedene Waren werden Ausfuhrzölle erhoben, die bis zu 30 Prozent betragen. Für einige Waren sind Ausfuhrlizenzen, erforderlich – insbesondere für jene, die die nationale Sicherheit bedrohen.
- *Waren, die einer besonderen Ausfuhrkontrolle unterliegen:* Commodities, Waffen, militärische Ausrüstung, Dual-Use-Materialien (das heißt Materialien, die sowohl für zivile als auch für militärische Zwecke genutzt werden können) und Technologien.

Spanien

- *Ausfuhrkontrollen:* Die meisten Waren können frei exportiert werden, für einige Waren sind jedoch Ausfuhrgenehmigungen erforderlich. Einige Waren werden statistisch erfaßt; für diese Waren müssen die Exportaufträge eingereicht werden.
- *Waren, die einer besonderen Ausfuhrkontrolle unterliegen:* Arzneimittel, verbotene Drogen, Sprengstoff, Schußwaffen, Waffen, Verteidigungsausrüstung und -materialien und Tabak.

Südafrika

- *Ausfuhrkontrollen:* Exporteuren werden Steuervergünstigungen und andere Privilegien gewährt.

Südkorea

- *Ausfuhrkontrollen:* Exporteure müssen sich im Ministerium für Handel und Industrie registrieren lassen und eine Lizenz beantragen. Exporte werden meistens durch allgemeine Handelsgesellschaften (»*chaebol*«) abgewickelt. Für die Ausfuhr einiger Waren ist eine Genehmigung durch verschiedene Ministerien oder Industrieverbände erforderlich. Es kann eine Prüfung der Waren erforderlich sein.

Taiwan

- *Ausfuhrkontrollen:* Der Export wurde liberalisiert und ist in den Sonderwirtschaftszonen besonders effizient. Für ungefähr 70 Prozent der Exporte ist keine Ausfuhrgenehmigung erforderlich. Exporteure müssen sich registrieren lassen.

USA

- *Ausfuhrkontrollen:* Die meisten Waren werden auf Grund einer allgemeinen Ausfuhrerlaubnis exportiert, für die keine förmliche Genehmigung erforderlich ist. Für einige Waren müssen Ausfuhrlizenzen beantragt werden – besonders für jene, die eine Bedrohung der nationalen Sicherheit darstellen können oder die im Land knapp sind.
- *Waren, die einer besonderen Ausfuhrkontrolle unterliegen:* Waffen, High-Tech-Produkte.

■ Importanforderungen

Alle Länder haben Einfuhrvorschriften, und diese unterscheiden sich von Land zu Land. Akteure im Auslandsgeschäft müssen die Importabfertigung als Teil ihrer Transaktionen betrachten. Bevor Waren den Zoll passieren können, müssen in der Regel der Ursprung und der Bestimmungsort der Waren nachgewiesen, Zollformulare ausgefüllt und dem Zoll nachgewiesen werden, daß die Waren den gesetzlichen Vorschriften des Importlandes entsprechen. Es müssen auch Zölle, Gebühren und Steuern gezahlt werden. Wenn ausländische Anbieter die Importvorschriften nicht kennen und beachten, werden sie feststellen, daß die Erfüllung des Kaufvertrags unmöglich oder zumindest nachteilig ist. Die Importvorschriften sollten in internationalen Kaufverträgen berücksichtigt werden.

Importvorschriften

Die meisten Länder regeln ihre Importe stärker als ihre Exporte. Die Förderung von Importen verbessert die Wirtschaft eines Landes indirekt, weil dadurch die Wirtschaft anderer Länder belebt wird, was wiederum zu einer stärkeren Nachfrage nach Exporten zwischen allen Ländern führen kann. In der Regel sind die Länder über die direkte Wirkung von Importen auf ihre heimische Wirtschaft besorgt. Einfuhrvorschriften werden als wichtiges Instrument betrachtet, um die heimische Industrie zu schützen und um sicherzustellen, daß im Export höhere Deviseneinnahmen erzielt werden als durch Importe abfließen.

Wenn ein internationaler Kaufvertrag eine vage Klausel enthält, daß eine Vertragspartei alle Importvorschriften zu beachten hat, werden Sie vielleicht später feststellen, daß die Last, die einer Partei mit einer derartigen Vertragsklausel auferlegt wird, die Vorteile der vertraglichen Regelung bei weitem übertrifft. Daher sollten in internationalen Kaufverträgen die konkreten Importvorschriften berücksichtigt werden. Bei einfachen Importvorschriften kann eine vage Vertragsklausel ausreichen, aber bei starken Importrestriktionen sollten die Vertragsparteien vereinbaren, die Lasten der Importabfertigung zu teilen.

Sowohl der Käufer als auch der Verkäufer sollten prüfen, ob der Kaufvertrag ihren Vorstellungen entspricht. Im Kaufvertrag sollte festgelegt werden, welche Partei die Einfuhrvorschriften erfüllen muß und welche den Zoll, die Steuern, die Gebühren und sonstige anfallende Kosten trägt. In internationalen Kaufverträgen sollten die folgenden Aspekte berücksichtigt werden.

- **Beschaffung der Einfuhrgenehmigung:**
  Welche Partei ist verpflichtet, die erforderlichen Einfuhrgenehmigungen zu beschaffen?
  In der Regel ist der Käufer für die Beschaffung der Einfuhrgenehmigung zuständig, weil er die Einfuhrvorschriften seines Landes wahrscheinlich am besten kennt. Wenn mehrere Einfuhrlizenzen erforderlich sind wie zum Beispiel eine Rahmengenehmigung und eine Einfuhrlizenz für jede Transaktion, dann sollte das im Kaufvertrag zum Ausdruck gebracht werden.

- **Bezahlung der Einfuhrgenehmigung:**
  Welche Partei trägt die Kosten für die Einfuhrgenehmigung?
  Wenn die Einfuhrgenehmigung für jede Importlieferung beantragt werden muß, verhandeln die Vertragsparteien in der Regel, wer die Kosten übernimmt. Vielleicht ist der Verkäufer bereit, die Kosten zu übernehmen, um dem Käufer einen Anreiz zum Abschluß des Geschäftes zu geben. Oder die Parteien vereinbaren, die Kosten zu teilen. Wenn die Einfuhrgenehmigung dem Importeur erlaubt, in einem bestimmten Zeitraum Waren zu importieren, und alle Lieferungen in diesem Zeitraum abdeckt, dann werden die Kosten in der Regel vom Käufer getragen, der am stärksten davon profitiert.

- **Beachtung der Importrestriktionen:**
  Wenn die Einfuhr der Waren besonderen Restriktionen (wie zum Beispiel Vorschriften zur Verpackung, Etikettierung, Kennzeichnung, Quarantäne, Schädlingsbekämpfungsmaßnahmen oder Prüfung) unterliegt, welche Vertragspartei ist dafür verantwortlich, diese Restriktionen zu beachten?

Es gibt keine feste Regel, aber häufig ist der Käufer dafür verantwortlich, daß die Importrestriktionen beachtet oder die Warenprüfung durchgeführt wird, weil er die Vorschriften am besten kennt. Im allgemeinen müssen die Waren jedoch bereits beim Versand durch den Verkäufer auf die Importabfertigung vorbereitet werden. Der Verkäufer kann im Kaufvertrag verlangen, daß der Käufer verpflichtet ist, den Verkäufer über alle notwendigen Voraussetzungen zur Erfüllung der Importvorschriften zu informieren.

- **Kosten der Beachtung der Importrestriktionen:**
  Welche Partei trägt die Kosten für die im Zusammenhang mit der Beachtung der Importrestriktionen erforderlichen Maßnahmen und für die Prüfung der Waren?
  Es gibt keine feste Regel, welche Vertragspartei diese Kosten übernimmt, sondern es ist Verhandlungssache. Wenn die Ausfuhr- und Einfuhrkosten vergleichbar sind, kann der Verkäufer die Kosten für die Ausfuhrabfertigung und der Käufer die Kosten für die Einfuhrabfertigung übernehmen. Wenn diese Kosten unterschiedlich sind, könnten die Vertragsparteien daran denken, die Kosten zu addieren und dann aufzuteilen. Oder der Verkäufer übernimmt die Gesamtkosten, um dem Käufer einen Anreiz zum Abschluß des Geschäftes zu bieten.

- **Importgebühren und -steuern:**
  Welche Partei zahlt eventuell anfallende Importzölle, -gebühren oder -steuern?
  Die Importzölle und Importgebühren können beträchtlich sein. Die meisten Länder erheben nach dem Wert der importierten Waren Einfuhrzölle, Mehrwertsteuer, Zollabfertigungsgebühren und eventuell weitere Steuern. Es gibt keine feste Regel, welche Vertragspartei die Kosten trägt. Hier gelten im Prinzip die gleichen Überlegungen wie für die Regelung über die Kosten zur Beachtung der Einfuhrbeschränkungen oder Warenprüfungen.

- **Einfuhrerklärung:**
  Welche Partei gibt die Einfuhrerklärung ab und reicht die erforderlichen Dokumente ein und macht die Angaben für die amtliche Statistik?
  Im Kaufvertrag sollte festgelegt werden, welche Vertragspartei für die Abgabe der Einfuhrerklärung zuständig ist.

Risiko von Leistungsstörungen

Ein äußerst wichtiger Aspekt, der in internationalen Kaufverträgen häufig nicht berücksichtigt wird, ist das Risiko von Leistungsstörungen, das heißt verspätete Annahme, Leistungsverzug oder Unmöglichkeit. Wenn der Import nicht vertragsgemäß durchgeführt werden kann, entsteht für beide Vertragsparteien ein Schaden. Der Verkäufer trägt die Kosten für die Ausfuhrabfertigung und die Transportkosten, der Käufer trägt die Kosten der Einfuhrabfertigung, der Ankündigungswerbung und eventuell der Produktanpassung, wenn der Käufer nicht rechtzeitig Ersatzprodukte beschaffen kann. Die Ersatzbeschaffung ist in der Regel mit höheren Kosten verbunden. Eine Verzögerung der Einfuhrabfertigung verursacht wahrscheinlich für beide Parteien Mehrkosten für Personal, Lager, Transport usw.

Das Problem der Unmöglichkeit oder des Verzugs wird durch die Frage des Verschuldens noch komplexer. Hat der Verkäufer falsche Etiketten verwendet? Hat der Käufer seinen Auftrag kurz vor dem Versand der Waren geändert? Wurde die Unmöglichkeit oder der Verzug durch Faktoren verursacht, die keine der Vertragsparteien zu vertreten hat? Im Auslandsgeschäft besteht mitunter ein beträchtliches politisches Risiko. Regierungen und Wirtschaften sind miteinander verflochten, beziehungsweise es bestehen Wechselwirkungen zwischen den Ländern. Ihr Auslandsgeschäft kann daher von den Beziehungen zwischen dem exportierenden und dem importierenden Land abhängig sein. In einem internationalen Kaufvertrag sollten daher die folgenden Aspekte berücksichtigt werden.

- **Termingerechte Lieferung:**
  Was ist eine termingerechte Lieferung?
  In einem internationalen Kaufvertrag sollte ein Liefertermin oder eine Möglichkeit festgelegt sein, um diesen Termin zu bestimmen. Wenn kein Liefertermin festgelegt wird, könnte von einem Gericht im Wege der Auslegung ein »angemessener« oder »branchenüblicher« Liefertermin ermittelt werden. Aber dies sind Begriffe, die zu Streitigkeiten zwischen den Vertragsparteien führen können.

- **Leistungsstörungen:**
  Wenn eine Vertragspartei die Unmöglichkeit oder den Verzug bei der Einfuhr zu vertreten hat, welche Pflichten hat diese Partei, und welche Rechte hat die andere Partei?
  In internationalen Kaufverträgen wird meistens ein harter Standpunkt vertreten. In der Regel berechtigt eine Leistungsstörung zur Kündigung des Vertrags und die Partei, die diese Leistungsstörung zu vertreten hat, ist der anderen Partei zu Schadensersatz (das heißt Ersatz des tatsächlichen Schadens oder Zahlung einer Vertragsstrafe) verpflichtet. Dieser harte Standpunkt kann dadurch gemildert werden, daß die berechtigte Partei vertraglich verpflichtet ist, angemessene Maßnahmen zu ergreifen (wie zum Beispiel Ersatzverkauf oder Ersatzbeschaffung), um einen Schaden abzuwenden oder zu mindern. Weil davon auszugehen ist, daß die Vertragsparteien es vorziehen, den Kaufvertrag zu erfüllen, als das Zustandekommen eines Vertrags zu bestreiten, wird in internationalen Kaufverträgen der Partei, die in Verzug ist, meistens eine Fristverlängerung zur Behebung des Problems und zur Erfüllung des Ver-

trags gewährt – vielleicht unter Erstattung der Kosten, die durch den Verzug verursacht wurden.

- **Staatliche Eingriffe:**
  Welche Rechte und Pflichten haben die Parteien, wenn die Einfuhrvorschriften vor der Zollabfertigung der Waren plötzlich geändert werden, so daß die Erfüllung des Vertrags für eine Partei äußerst schwierig oder unmöglich wird?
  Die Auswirkungen unkontrollierbarer Faktoren wird in internationalen Kaufverträgen im allgemeinen in einer Vertragsklausel über höhere Gewalt berücksichtigt. Eine derartige Klausel berechtigt in der Regel zur Kündigung des Vertrags, wenn die Leistung zum Beispiel infolge einer Naturkatastrophe unmöglich wird. Aber wenn die Erfüllung des Vertrags infolge von Ereignissen, die von Menschen verursacht wurden, wie zum Beispiel die Erhebung von Einfuhrzöllen, nur vorübergehend (weil zum Beispiel durch die Regierung des Exportlandes Handelssanktionen verhängt werden) schwieriger wird, wollen die Vertragsparteien den Vertrag vielleicht später erfüllen. In diesem Fall sollten Sie im Kaufvertrag vorsehen, daß eine Kündigung oder Neuverhandlung nur erfolgt, wenn der Import auch nach einer gewissen Zeit noch unmöglich ist.

Importrestriktionen ausgewählter Länder

Im allgemeinen sind die Restriktionen für Importe stärker als für Exporte, um den Devisenabfluß zu begrenzen und die heimische Industrie vor »unlauterem« Wettbewerb durch ausländische Hersteller zu schützen, die billigere Arbeitskräfte und/oder eine leistungsfähigere Technologie einsetzen. Im folgenden beschreibe ich die Importrestriktionen ausgewählter Länder. Wenn Sie sich über die Einfuhrvorschriften eines bestimmten Landes informieren wollen, sollten Sie die zuständige Zollbehörde des betreffenden Landes, einen Spediteur, einen Zollagenten oder einen Rechtsanwalt kontaktieren, der auf internationales Recht spezialisiert ist.

Ägypten

- *Einfuhrkontrollen:* Mit Ausnahme bestimmter Commodities können alle Waren frei eingeführt werden. Es werden Einfuhrzölle erhoben, die Zollsätze wurden jedoch gesenkt.
- *Waren, die einer besonderen Einfuhrkontrolle unterliegen:* Bestimmte Textilien und Kleidung.

Argentinien

- *Einfuhrkontrollen:* Für einige Waren werden vorübergehend Einfuhrkontingente festgelegt, für ausgewählte Waren sind Einfuhrgenehmigungen erfor-

derlich. Für die meisten Waren sind keine Einfuhrlizenzen erforderlich. Die Zollabfertigung wurde vereinfacht.
- *Waren, die einer besonderen Einfuhrkontrolle unterliegen:* Autos, Papier, Arzneimittel, Nahrungsmittel und Rüstungsgüter.

Australien

- *Einfuhrkontrollen:* Auf bestimmte Waren werden Zölle erhoben. Nur für wenige Waren sind Einfuhrkontingente festgelegt. Bestimmte Einfuhrgüter müssen staatliche Normen erfüllen.
- *Waren, die einer besonderen Einfuhrkontrolle unterliegen:* Industrieprodukte, Textilien, Autos, Käse und Quark, Arzneimittel, Waffen, Antiquitäten, Handys, CB-Radios, Nahrungsmittel, Pflanzen, Tiere und geschützte wilde Tiere.

Belgien

- *Einfuhrkontrollen:* Für Importe aus Nicht-EU-Ländern gilt der gemeinsame Außenzoll der EU. Auf Einfuhren wird Mehrwertsteuer erhoben. Für bestimmte Waren aus ausgewählten Ländern ist eine Einfuhrlizenz erforderlich. Für einige Waren bestehen Einfuhrkontingente.
- *Waren, die einer besonderen Einfuhrkontrolle unterliegen:* Strategische Güter.

Brasilien

- *Einfuhrkontrollen:* Es werden Importzölle, Steuern und Gebühren erhoben. Für nahezu alle Waren sind Einfuhrgenehmigungen erforderlich.
- *Waren, die einer besonderen Einfuhrkontrolle unterliegen:* Gebrauchte Materialien, Software, Ölprodukte, Waffen und Munition, alkoholfreie Getränke, Flugzeuge, gefährliche Substanzen, Pestizide, Insektizide, Dünger, Tierfutter.

Bulgarien

- *Einfuhrkontrollen:* Auf Einfuhren werden Zölle und Mehrwertsteuer erhoben. Für eine begrenzte Zahl von Waren sind Einfuhrgenehmigungen erforderlich. Ausgewählte Waren müssen staatliche Normen erfüllen.
- *Waren, die einer besonderen Einfuhrkontrolle unterliegen:* Landwirtschaftliche Erzeugnisse, Arzneimittel, Nuklearmaterial, Waffen, Edelmetalle und Elektrogeräte.

China

- *Einfuhrkontrollen:* Für zahlreiche Waren sind noch Einfuhrlizenzen erforderlich, obwohl Einfuhrlizenzen generell abgebaut werden. Für ausgewählte Waren ist die Genehmigung zentraler und örtlicher Behörden erforderlich. Es werden Zölle und Steuern erhoben.
- *Waren, die einer besonderen Einfuhrkontrolle unterliegen:* Konsumgüter, Rohstoffe, Produktionsanlagen.

Deutschland

- *Einfuhrkontrollen:* Für zahlreiche Waren gelten technische Normen, und es ist eine Warenprüfung und Zertifizierung erforderlich. Einfuhrgenehmigungen sind in der Regel nicht erforderlich. Auf zahlreiche Waren werden Einfuhrzölle erhoben.

Finnland

- *Einfuhrkontrollen:* Auf zahlreiche Waren werden Einfuhrzölle und Steuern erhoben. Nur für wenige Waren und für Einfuhren aus Taiwan und Nordkorea sind Einfuhrgenehmigungen erforderlich.
- *Waren, die einer besonderen Einfuhrkontrolle unterliegen:* Autos, Motorräder, Tabak, Süßigkeiten, Bier, alkoholische Getränke, Zucker, Kunstdünger, lebende Tiere und tierische Erzeugnisse.
- *Einfuhrverbot:* PCB und PCT-Chemikalien, alkoholische Getränke mit einem Alkoholgehalt über 60 Prozent, Destillationsanlagen, Walfleisch und Halogen-Derivate.

Griechenland

- *Einfuhrkontrollen:* Importe aus EU-Ländern sind zollfrei. Einfuhren aus Nicht-EU-Ländern unterliegen dem Gemeinsamen Außentarif der EU. Für einige Waren aus Niedriglohnländern gelten Einfuhrkontingente, und für ausgewählte Waren sind Einfuhrgenehmigungen erforderlich.
- *Waren, die einer besonderen Einfuhrkontrolle unterliegen:* Rohstoffe, Textilien, landwirtschaftliche Erzeugnisse und Arzneimittel.
- *Einfuhrverbot:* Schußwaffen, Waffen und Drogen.

Großbritannien

- *Einfuhrkontrollen:* Es gilt der gemeinsame Außenzolltarif der EU. Auf die meisten Waren wird Mehrwertsteuer erhoben. Für eine begrenzte Zahl von Waren sind Einfuhrlizenzen erforderlich. Technische Standards und Auszeichnungsvorschriften müssen beachtet werden.
- *Waren, die einer besonderen Einfuhrkontrolle unterliegen:* Textilien, elektronische Produkte, Schußwaffen, Sprengstoff und Rauschgifte
- *Einfuhrverbot:* Radios (Kurz-, Mittel-, Langwelle), Vorrichtungen zur Verarbeitung giftiger, schädlicher oder gesundheitsschädlicher Substanzen, Falschgeld und pornographische Erzeugnisse.

Indien

- *Einfuhrkontrollen:* Auf Einfuhren werden Zölle und eine Verbrauchsabgabe (Akzise) erhoben. Für zahlreiche Waren sind Einfuhrlizenzen erforderlich. Die Zollabfertigung ist kompliziert und unterscheidet sich von Hafen zu

Hafen. Einige Commodities müssen über staatliche Gesellschaften eingeführt werden.
- *Waren, die einer besonderen Einfuhrkontrolle unterliegen:* Konsumgüter, Saatgut, Pflanzen, Tiere, Insektizide, Pestizide, Elektronik, Chemikalien, Arzneimittel, Ölprodukte und landwirtschaftliche Erzeugnisse.
- *Einfuhrverbot:* Suchtmittel, Waffen, Sprengstoff, Elfenbein, tierische Fette, Kleidung, Fasern.

Israel

- *Einfuhrkontrollen:* Auf verschiedene Waren werden Zölle, Mehrwertsteuer und eine Luxussteuer erhoben. Es werden Einfuhrlizenzen und -kontingente eingesetzt – insbesondere für Nahrungsmittel und landwirtschaftliche Erzeugnisse.
- *Waren, die einer besonderen Einfuhrkontrolle unterliegen:* Autos, Unterhaltungselektronik, Wein, alkoholische Getränke, Nahrungsmittel, landwirtschaftliche Erzeugnisse, Frischobst und Gemüse.
- *Einfuhrverbot:* Bestimmte landwirtschaftliche Erzeugnisse und Waren, die die nationale Sicherheit, die öffentliche Moral oder die Gesundheit von Menschen, Tieren oder Pflanzen bedrohen.

Italien

- *Einfuhrkontrollen:* Es wird der gemeinsame Außenzolltarif der EU angewendet, und es werden Stempelgebühren und Steuern erhoben. Für eine begrenzte Zahl von Waren sind Einfuhrlizenzen erforderlich oder Einfuhrkontingente festgelegt.
- *Waren, die einer besonderen Einfuhrkontrolle unterliegen:* Bekleidung, Textilien, Waffen und Munition, landwirtschaftliche Erzeugnisse, Gas, High-Tech-Produkte.
- *Einfuhrverbot:* Nahrungsmittel, Arzneimittel, Rauschgifte, tierische Erzeugnisse, Pflanzen, Saatgut, Alkohol, Kosmetika und Körperpflegemittel.

Japan

- *Einfuhrkontrollen:* Die Einfuhr wird von großen Handelsgesellschaften abgewickelt. Die meisten Waren können ohne Beschränkungen eingeführt werden. Nur für wenige Waren sind Einfuhrlizenzen erforderlich. Auf einige Waren werden Einfuhrzölle erhoben. Die Einfuhr einer begrenzten Zahl von Waren (dabei handelt es sich insbesondere um landwirtschaftliche Erzeugnisse) wird durch Einfuhrkontingente beschränkt.
- *Waren, die einer besonderen Einfuhrkontrolle unterliegen:* Landwirtschaftliche Erzeugnisse.

Kanada

- *Einfuhrkontrollen:* Für die meisten Waren wird Mehrwertsteuer erhoben. Nur für wenige Waren sind Einfuhrgenehmigungen erforderlich.
- *Waren, die einer besonderen Einfuhrkontrolle unterliegen:* Alkohol, Nahrungsmittel, Bekleidung, Arzneimittel, medizinische Geräte, gefährliche Produkte, bestimmte Waffen und Schußwaffen, bedrohte Arten, Fahrzeuge.
- *Einfuhrverbot:* Margarine, Nachdrucke von Werken, die in Kanada urheberrechtlich geschützt sind, und bestimmte Vogelarten.

Malaysia

- *Einfuhrkontrollen:* Für eine begrenzte Zahl von Waren sind Einfuhrgenehmigungen erforderlich, und auf zahlreiche Waren werden Einfuhrzölle erhoben. Für bestimmte Waren werden Einfuhrkontingente festgelegt. Für ausgewählte Waren sind technische Genehmigungen erforderlich.
- *Waren, die einer besonderen Einfuhrkontrolle unterliegen:* Waffen, Sprengstoff, Fahrzeuge, gefährliche Drogen, Chemikalien, Pflanzen, Erde, Zinnerz, gewisse Nahrungsmittel, Kunstharze, Tabak, Reis.

Mexiko

- *Einfuhrkontrollen:* Auf die meisten Waren werden Zölle erhoben, und für eine begrenzte Zahl von Waren sind Einfuhrlizenzen erforderlich. Für sensible Waren werden Einfuhrkontingente und -genehmigungen vorgeschrieben. Es müssen Qualitäts- und Sicherheitsnormen erfüllt werden.
- *Waren, die einer besonderen Einfuhrkontrolle unterliegen:* Landwirtschaftliche Erzeugnisse, Chemikalien, Schuhe, Fahrzeuge, elektronische Produkte, Elektrohaushaltsgeräte und medizinische Instrumente.

Pakistan

- *Einfuhrkontrollen:* Auf Einfuhren werden Zölle und Steuern erhoben.

Philippinen

- *Einfuhrkontrollen:* Die Einfuhr einiger Waren wird durch Einfuhrkontingente und Einfuhrlizenzen geregelt. Auf zahlreiche Waren werden Einfuhrzölle und Mehrwertsteuer erhoben.
- *Waren, die einer besonderen Einfuhrkontrolle unterliegen:* Getreide, Schweine, Erzeugnisse aus Schweinefleisch, Fleisch, Fleischprodukte, Reis, Kokosnußöl, Zucker, Früchte, Spirituosen, Wein, Obst- und Gemüsekonserven, Tabak, Süßigkeiten und Lederwaren.
- *Einfuhrverbot:* Dynamit, Schießpulver, Munition, Sprengstoff, Schußwaffen, Waffen, Druckerzeugnisse, die zu Landesverrat, Aufstand, Revolten, Täuschung oder Subversion auffordern, oder obszön beziehungsweise unmora-

lisch sind, Negative oder Filme, Produkte für gesetzwidrige Abtreibung, Produkte für das Glücksspiel, Gold, Silber, Edelmetalle, Nahrungsmittel unter falschen Markennamen, Rauschgift, Marihuana und Opium.

Rußland

- *Einfuhrkontrollen:* Für die Einfuhr gefährlicher Waren sind Einfuhrlizenzen erforderlich. Auf die meisten Waren werden Einfuhrzölle und Mehrwertsteuer erhoben.
- *Waren, die einer besonderen Einfuhrkontrolle unterliegen:* Kampf- und Sportwaffen, Produkte zur Selbstverteidigung, Sprengstoff, militärische und Verschlüsselungsausrüstung, radioaktives Material und Abfall, Gifte, Rauschgift, Edelmetall-Legierungen, Edelsteine, Alkohol, Zigarren, Autos.

Spanien

- *Einfuhrkontrollen:* Es sind Einfuhrlizenzen erforderlich. Sie gelten für sechs Monate. Außerdem wird der Import durch Einfuhrkontingente und Zölle kontrolliert.

Südafrika

- *Einfuhrkontrollen:* Zahlreiche Waren sind zollfrei, aber auf fast alle Waren wird Mehrwertsteuer erhoben. Für einige Waren sind Einfuhrgenehmigungen erforderlich.
- *Waren, die einer besonderen Einfuhrkontrolle unterliegen:* Getränke, Tabak, Mineralwasser, Ölprodukte, Fahrzeuge, Büromaschinen, Filme, Kosmetika, Produkte der Heimunterhaltung, Motorräder, Autos, Konsumgüter, Holz, Papier, Motoren- und Flugzeugbenzin.

Südkorea

- *Einfuhrkontrollen:* Importeure müssen sich im Ministerium für Handel und Industrie registrieren lassen und eine Einfuhrlizenz beantragen. Für jede Transaktion wird eine Einfuhrlizenz benötigt. Wenn die Einfuhr nicht eingeschränkt ist, wird die Einfuhrlizenz automatisch gewährt. Auf zahlreiche Waren werden Einfuhrzölle erhoben.

Taiwan

- *Einfuhrkontrollen:* Importeure müssen sich registrieren lassen. Auf Einfuhren werden Zölle und verschiedene Steuern erhoben. Für einige Waren sind Einfuhrgenehmigungen erforderlich.
- *Waren, die einer besonderen Einfuhrkontrolle unterliegen:* Landwirtschaftliche Erzeugnisse, Kosmetika, medizinische Einrichtungen, Spirituosen, Tabak und giftige Chemikalien.

USA

- *Einfuhrkontrollen:* Die Einfuhr von Waren ist beschränkt, wenn die Waren die US-Wirtschaft, die Sicherheit, die Gesundheit und das Wohlergehen der Verbraucher oder einheimische Pflanzen und das Leben von Tieren schädigen könnten. Es werden Einfuhrzölle erhoben und Einfuhrkontingente festgelegt. Für eine begrenzte Zahl von Waren sind Einfuhrlizenzen erforderlich.
- *Waren, die einer besonderen Einfuhrkontrolle unterliegen:* Waffen, Munition, alkoholische Getränke, Nahrungsmittel, Molkereiprodukte, Fahrzeuge, Textilien und Spielzeug.

■ Internationaler Zahlungsverkehr und Devisenkontrollen

Akteure im Auslandsgeschäft müssen über Grundkenntnisse des internationalen Zahlungsverkehrs verfügen. Im Inlandsgeschäft verwenden Käufer und Verkäufer die gleiche Währung, unterliegen den gleichen Vorschriften über Rechnungslegung und Besteuerung, und wenn der Schuldner nicht zahlt, können Sie Ihre Forderung durch bekannte Rechtsmittel eintreiben. Diese Vorteile gibt es im Auslandsgeschäft nicht.

Wer im Auslandsgeschäft erfolgreich sein will, muß die Auswirkungen von Wechselkursänderungen auf sein Betriebsergebnis schätzen können, und er muß die Devisenbestimmungen verschiedener Länder kennen. Er muß die Sicherheit der Zahlungsweise beurteilen können und eine Einschätzung haben, ob mit Zahlungsverzögerungen zu rechnen ist. Wenn Sie sich über den ausländischen Zahlungsverkehr informieren wollen, dann sollten Sie die Auslandsabteilung Ihrer Bank kontaktieren. (Siehe auch *A Short Course in International Payments* von World Trade Press, deutsche Übersetzung in Vorbereitung beim Fachverlag Deutscher Wirtschaftsdienst, Köln.)

Die Zahlungsbedingungen in Ihrem internationalen Kaufvertrag hängen vom jeweiligen Land und Ihren Erfahrungen mit Ihrem ausländischen Geschäftspartner ab. Wenn Sie glauben, sich stärker absichern zu müssen, werden die Zahlungsbedingungen etwas komplexer sein. Eine einfachere Vertragsklausel reicht aus, wenn die betreffende Auslandswährung stabil ist und Ihr Geschäftspartner als verläßlicher Zahler gilt. Beim Entwurf des Kaufvertrags sollten der Verkäufer und der Käufer die folgenden Aspekte berücksichtigen.

Zahlungsweise

Welche Zahlungsweise wurde vereinbart?

Es sollte eine Zahlungsweise vereinbart werden, die von beiden Vertragsparteien als sicher betrachtet wird. Wenn der Käufer bei früheren Geschäften vertragsgemäß gezahlt hat, kann die Ware gegen offene Rechnung geliefert werden. Falls nicht, dann sollte der Verkäufer auf einer sichereren Zahlungsweise bestehen. Die vier grundlegenden Zahlungsweisen im Auslandsgeschäft sind:

- Vorauszahlung oder Zahlung gegen Nachnahme,
- Zahlung auf Akkreditivbasis,
- Dokumenten-Inkasso,
- Zahlung gegen offene Rechnung.

Wenn Sie Zahlung gegen offene Rechnung vereinbaren, dann müssen Sie im Auslandszahlungsverkehr trotz der schnellen Veränderungen im Bankwesen mit längeren Laufzeiten rechnen. Während die Zahlung im Inlandsgeschäft in der Regel innerhalb von 15 oder 30 Tagen erfolgt, sind im Auslandsgeschäft 45, 60 oder sogar 90 Tage nicht unüblich. Wenn Sie im Kaufvertrag die Zahlungsweise festlegen, sollten Sie berücksichtigen, ob der Käufer eine Devisengenehmigung beantragen muß oder ob er von seiner Bank einen Kredit zu vernünftigen Konditionen erhalten kann.

Währung

In welcher Währung soll gezahlt werden?

Das Auslandsgeschäft ist komplexer als inländische Transaktionen, weil unterschiedliche Währungen verwendet werden. Der Wechselkurs einer Währung verändert sich ständig. Der Exporteur trägt das Risiko, daß eine Währung abgewertet wird, bevor die Transaktion abgewickelt ist. In diesem Fall erhält der Verkäufer weniger Geld. Es besteht auch die Möglichkeit, daß der Wert der Währung steigt, und der Verkäufer eine zusätzlichen Gewinn erzielt. Obwohl Exporteure häufig Bezahlung in der Währung ihres eigenen Landes verlangen, sollten Verkäufer auch überlegen, welche Währung stabiler und relativ stärker ist.

Die Entscheidung, welche Währung verwendet werden soll, wird darüber hinaus unter Umständen durch Devisenkontrollen erschwert. Devisenkontrollen dienen dazu, den Devisenabfluß eines Landes zu begrenzen oder sogar zu verbieten. Falls möglich, sollten Sie im Kaufvertrag eine Währung festlegen, die keinen Devisenkontrollen unterliegt und leicht in Ihre Währung konvertiert werden kann. In internationalen Kaufverträgen vereinbaren die Vertragsparteien häufig die Währung des exportierenden Landes oder eine der großen Leitwährungen wie zum Beispiel US-Dollar, englisches Pfund oder Schweizer Franken, die frei konvertibel und relativ stabil sind.

Es lassen sich auch kompliziertere Zahlungsbedingungen vereinbaren wie zum Beispiel Bezahlung in Verrechnungseinheiten (Sonderziehungsrechte, die aus verschiedenen Währungen bestehen, so daß Kurssteigerungen bei einigen Währungen die Kurssenkungen bei anderen Währungen ausgleichen), oder Sie können Ihre Forderungen gegen einen Zinsabschlag an eine Factoring-Bank abtreten. Eine Kurssicherung durch Terminabschlüsse im Terminhandel (Hedging) ist mit einem höheren Risiko verbunden. Sie sollten gegebenenfalls einen Finanzberater konsultieren.

Unmöglichkeit der Vertragserfüllung

Welche Rechtsmittel hat der Verkäufer, wenn der Käufer nicht zahlen kann oder die Entrichtung des Kaufpreises für den Käufer eine zu große Belastung darstellt?

Im Auslandsgeschäft besteht grundsätzlich das Risiko, daß der Käufer nicht zahlen kann, weil staatliche Vorschriften geändert werden, die Währung abgewertet wird, ein Börsenkrach stattfindet oder ähnliche gravierende Umstände eintreten, die keine der Vertragsparteien zu vertreten hat. In internationalen Kaufverträgen sollten solche außergewöhnlichen Ereignisse berücksichtigt werden, unabhängig davon, wie wahrscheinlich sie sind. Im Falle der Unmöglichkeit sehen internationale Kaufverträge im allgemeinen Wandlung (das heißt Rückgängigmachung des Kaufvertrags) oder Neuverhandlung des Vertrags vor.

Gewährleistung

Welche Gewährleistung übernimmt der Verkäufer? Wird dem Käufer bei Qualitätsmängeln der Kaufpreis erstattet, oder kann er die Ware umtauschen? Übernimmt der Verkäufer eine Gewährleistung für die Qualität der Ware und, falls ja, zu welchen Bedingungen?

Im Rahmen internationaler Kaufverträge sollte die Frage der Gewährleistung im Zusammenhang mit der Bezahlung des Kaufpreises betrachtet werden. Die Gewährleistung des Verkäufers kann vielleicht ein Anreiz sein, mit dem der Verkäufer die sicherste Zahlungsweise – Vorauszahlung oder Zahlung gegen Nachnahme – durchsetzen kann. Wenn Sie von der Qualität Ihrer Waren oder Dienstleistungen überzeugt sind, wiegt eine sichere Zahlungsweise zweifellos die Kosten des Kundendienstes und der Gewährleistung auf. Darüber hinaus verbessert die Gewährleistung das Image Ihres Unternehmens.

Internationaler Zahlungsverkehr nach Ländern

- **Stabile Währungen:**
  Die Länder mit der stabilsten Währung sind Brunei, Deutschland, Frankreich, Großbritannien, Hongkong, Japan, Schweiz, Singapur, USA.
- **Länder ohne Devisenvorschriften:**
  Länder ohne Devisenvorschriften für Im- und Exporte sind gegenwärtig Ägypten, Argentinien, Australien, Bahrain, Belgien, die Bermudas, Brasilien, Brunei, Bulgarien, Dänemark, Deutschland, Ekuador, Estland, Finnland, Frankreich, Georgien, Griechenland, Großbritannien, Guatemala, Honduras, Hongkong, Indonesien, Irland, Island, Italien, Jamaika, Japan, Kanada, Kenia, Kuwait, Lettland, Libanon, Liechtenstein, Litauen, Luxemburg, Macau, Malaysia, Malta,

Marokko, Mauritius, Mexiko, Nepal, Neuseeland, die Niederlande, Norwegen, Oman, Österreich, Panama, Paraguay, Peru, die Philippinen, Portugal, Saudi-Arabien, Schweden, die Schweiz, Singapur, Südafrika, Südkorea, Spanien, Taiwan, Trinidad und Tobago, Tunesien, die Türkei, Ukraine, Ungarn, Uruguay, Venezuela, die Vereinigten Arabischen Emirate.

- **Länder mit Devisenkontrollen:**
  - **Algerien:** Zahlungen für Importe erfolgen durch eine algerische Bank, daher sollten Sie mit Verzögerungen für die bürokratische Genehmigung rechnen.
  - **Bahamas:** Zahlungen für Importe über B$ 100.000 müssen genehmigt werden.
  - **China:** Die chinesische Währung darf nicht ausgeführt werden, und Importeure erhalten von inländischen Banken Devisen nur bei Vorlage gültiger Dokumente wie zum Beispiel Einfuhrlizenz, Kaufvertrag oder Angebot. Es sollte sichergestellt werden, daß die erforderlichen Dokumente und Genehmigungen vor dem Versand der Waren vorliegen.
  - **El Salvador:** Bei autorisierten Banken können In- und Ausländer Konten in ausländischer Währung halten.
  - **Gabun:** Zahlungen können unbeschränkt nach Frankreich, Monaco, frühere französische Kolonien und Länder in Zentralafrika geleistet werden. Für Zahlungen an andere Länder gelten Devisenkontrollen.
  - **Indien:** Für Importe von Waren oder Dienstleistungen sind Devisen frei verfügbar, aber Zahlungen für andere Zwecke bedürfen der Genehmigung der Reserve Bank. Für Exporte müssen die Zahlungen innerhalb eines Zeitraums und auf eine Weise geleistet werden, die die Reserve Bank vorschreibt. Indischen Kunden sollten Sie ein langes Zahlungsziel gewähren; Wenn Sie auf einer Anzahlung bestehen, besteht die Gefahr, daß Sie den Auftrag verlieren.
  - **Israel:** Israelische Staatsbürger müssen eine Genehmigung beantragen, um Geld ins Ausland überweisen zu können.
  - **Kolumbien:** Obgleich eine Devisenkontrolle besteht, können Zahlungsverzögerungen vermieden werden, weil kolumbianische Staatsbürger Konten im Ausland halten dürfen.
  - **Nicaragua:** Exporte werden vom Zoll nur genehmigt, wenn eine Garantie zur Sicherung der Zahlung in Devisen gegeben wird.
  - **Rußland (GUS):** Der Rubel ist instabil und nicht frei konvertibel. Devisen sind in Rußland nur schwer erhältlich.
  - **Syrien:** Devisen müssen von der Commercial Bank of Syria freigegeben werden. Diese darf keine Devisen bereitstellen, wenn ein Vertrag ein Zahlungsziel oder Dokumenten-Inkasso vorsieht. Wenn Sie keine bewährte Geschäftsbeziehung zu dem syrischen Geschäftspartner haben, sollten

Sie Ihre Produkte gegen Vorauszahlung oder gegen bestätigtes unwiderrufliches Akkreditiv verkaufen. Wenn Sie ein Zahlungsziel anbieten, kann der syrische Geschäftspartner den Kaufvertrag anfechten, weil die Commercial Bank of Syria diese Zahlungsweise nicht anerkennt, selbst wenn Sie die Waren bereits geliefert haben.
- **Thailand:** Die Zahlung von Einfuhren muß durch die Bank of Thailand oder den thailändischen Zoll genehmigt werden.
- **Vietnam:** Devisen werden auf dem Devisenmarkt beschafft. Unternehmen, die für die Bezahlung von Importen Devisen benötigen, müssen ihren Devisenbedarf sieben Tage vorher anmelden. Ausländer können bei vietnamesischen Banken ein Devisenkonto oder ein Konto für konvertible vietnamesische Dongs einrichten.
- **Zypern:** Zyprische Staatsbürger unterliegen Devisenkontrollen. Anzahlungen für Importe müssen durch die Central Bank genehmigt werden. Andere Zahlungen müssen innerhalb von 200 Tagen nach Lieferung geleistet werden. Der Zoll wird als Dokumenten-Inkasso gezahlt.

■ Gewerbliche Schutzrechte

Der Geschäftserfolg beruht auf Vertrauen. Die Kunden suchen Lieferanten, denen sie vertrauen können, und ein Lieferant profitiert davon, wenn er seine Zuverlässigkeit und Vertrauenswürdigkeit beweist. Vertrauenswürdigkeit fördert Ihr Ansehen und ist einer der wertvollsten Aktivposten Ihres Unternehmens.

Der Wert Ihres Firmennamens und Ihrer Marken

Vertrauen und Goodwill sind untrennbar mit der Qualität und Unverwechselbarkeit Ihrer Produkte oder Dienstleistungen verbunden. Sie können sich vom Angebot der Wettbewerber abheben, indem Sie Ihrem Produkt einen griffigen Namen sowie ein unverwechselbares Etikett und andere Merkmale geben. Kunden kaufen bekanntlich Marken von Unternehmen, denen sie vertrauen. Ihr Firmenname und Ihre Marken dienen daher nicht nur dazu, daß sich Ihre Produkte oder Dienstleistungen vom Konkurrenzangebot unterscheiden, sondern auch dazu, das Vertrauen der Kunden auf Ihr ganzes Angebot auszuweiten.

Ihre Corporate Identity, unverwechselbare Markennamen, Symbole, Gestaltung und Form Ihrer Produkte oder Dienstleistungen sowie Ihr Produktionsverfahren stellen Ihr geistiges Eigentum dar. Die Rechte zur ausschließlichen Verwendung dieser Namen und Zeichen stellen immaterielle Vermögenswerte dar. Kunden, die mit der Qualität und dem Preis-Leistungs-Verhältnis Ihrer Produkte oder Dienstleistungen zufrieden sind, werden Sie Freunden und Geschäftspartnern empfehlen.

Vertraglicher Schutz Ihrer gewerblichen Schutzrechte

Im Rahmen internationaler Kaufverträge ist der Schutz Ihrer gewerblichen Schutzrechte von größter Bedeutung, weil im Auslandsgeschäft ein großes Risiko besteht, daß Ihre gewerblichen Schutzrechte verletzt werden. In zahlreichen Ländern sind die Chancen, durch Verletzung der gewerblichen Schutzrechte eines angesehenen Unternehmens stattliche Gewinne zu erzielen, größer als die Gefahr der straf- und/oder zivilrechtlichen Verfolgung. Abgesehen davon, daß es schwierig und kostenaufwendig ist, die Verletzung der gewerblichen Schutzrechte im Ausland zu erkennen, werden Sie wahrscheinlich häufig feststellen, daß keine Rechtsmittel zur Verfolgung der Schutzrechtverletzungen zur Verfügung stehen oder nicht durchgesetzt werden können. Vielleicht müssen Sie sogar enttäuscht feststellen, daß die unberechtigte Verwendung Ihres geistigen Eigentums durch Dritte nach dem Landesrecht gar nicht als Verletzung Ihrer gewerblichen Schutzrechte gilt.

Auswirkungen infolge fehlender Anmeldung gewerblicher Schutzrechte

Wenn ein ausländisches Unternehmen ohne Ihre Zustimmung Ihre Markennamen verwendet oder Ihr Geschmacksmuster kopiert, dann profitiert es von dem Ruf, den Sie mühevoll aufgebaut haben. Sie verlieren nicht nur Umsätze, sondern Ihr Ansehen leidet auch, weil Sie die Qualität der Produkte oder Dienstleistungen des anderen Unternehmens nicht kontrollieren können. Sie verlieren vielleicht sogar das Recht, Ihren Firmennamen, Ihre Marken und Geschmacksmuster ausschließlich verwenden zu können.

Umfang des vertraglichen Schutzes

Unabhängig davon, ob Ihr internationaler Kaufvertrag ein einmaliges Geschäft regelt oder eine Rahmenvereinbarung für eine längere Zusammenarbeit darstellt, sollten beide Vertragsparteien klare Vereinbarungen über die gewerblichen Schutzrechte des Verkäufers treffen. Der Verkäufer sollte seine Rechte zur ausschließlichen Verwendung seiner Schutzrechte absichern, und der Käufer hat ein Interesse, sich vertraglich gegen eine Verletzungsklage des Verkäufers zu sichern. Im Ihrem internationalen Kaufvertrag sollten Sie die folgenden Aspekte berücksichtigen.

- **Klärung der Rechte**
  Welche Rechte am geistigen Eigentum des Verkäufers werden dem Käufer gewährt, und welche sind dem Verkäufer vorbehalten?
  Bei einem einmaligen Kauf werden dem Käufer in der Regel überhaupt keine Rechte am geistigen Eigentum des Verkäufers gewährt. Dies sollte im Kaufvertrag ausdrücklich festgestellt werden. Falls dem Käufer Rechte gewährt werden, muß der Umfang festgestellt werden: Handelt es sich um eine Lizenz

(das heißt, der Verkäufer behält das Eigentum) oder eine Abtretung (das heißt, der Verkäufer überträgt das Eigentum an den Käufer)?

- **Produktänderungen**
Erwartet oder erlaubt der Verkäufer, daß der Käufer die Produkte oder den Markennamen, die Verpackung oder das Etikett ändert?
Der Verkäufer sollte als Eigentümer der gewerblichen Schutzrechte äußerst vorsichtig sein, anderen das Recht einzuräumen, seine Produkte, Markennamen, Verpackungen oder Etiketten zu ändern. Derartige Änderungen wirken sich auf das Ansehen und den Goodwill des Verkäufers auf dem ausländischen Markt aus. Der Verkäufer sollte grundsätzlich die Kontrolle behalten, damit Veränderungen seiner Produkte wirklich Verbesserungen und keine Verschlechterung darstellen. Der Verkäufer sollte zumindest verlangen, daß der Käufer ihm beabsichtigte Änderungen mitteilt. Im Kaufvertrag sollte klar geregelt sein, welche Veränderungen der Käufer durchführen darf.

- **Werbung**
Wie schützt der Verkäufer sein geistiges Eigentum, wenn der Käufer Werbung für die Produkte durchführt?
Es wäre unrealistisch, dem Käufer die Werbung für die importierten Produkte verbieten zu wollen. Im Kaufvertrag sollten daher die Rechte des Verkäufers insoweit geschützt werden, daß in der Werbung die Herkunft der Waren angegeben werden muß. Der Verkäufer sollte auch verlangen, daß in der Werbung angegeben werden muß, daß der Verkäufer der alleinige Eigentümer der Markennamen usw. ist.

- **Schutz des Käufers gegen Klagen wegen Verletzung gewerblicher Schutzrechte**
Was schützt den Käufer davor, wegen Verletzung der gewerblichen Schutzrechte des Verkäufers haftbar gemacht zu werden?
Der Käufer trägt das Risiko, von zwei Seiten wegen einer Verletzung der gewerblichen Schutzrechte des Verkäufers belangt zu werden: vom Verkäufer und von dritter Seite, die behauptet, bessere Rechte an diesem geistigen Eigentum zu haben. Es ist daher zweckmäßig, eine Vertragsklausel vorzusehen, in der der Verkäufer erklärt, den Käufer bei Einhaltung der Vertragsbedingungen nicht wegen Verletzung seiner gewerblichen Schutzrechte zu verklagen. Um den Käufer gegen Klagen von dritter Seite zu schützen, sollte der Kaufvertrag vorsehen, daß der Verkäufer den Käufer von jeder Haftung gegenüber Dritten freistellt.

- **Schutz des Verkäufers gegen Verletzung gewerblicher Schutzrechte**
Wie werden die Rechte des Verkäufers an seinem geistigen Eigentum gegen Verletzungen durch Dritte im Land des Käufers geschützt?

Sie sollten nie erlauben, daß Ihre Produkte oder Dienstleistungen in einem Land verkauft werden, in dem Sie Ihr geistiges Eigentum nicht bei der zuständigen Behörde haben registrieren lassen. In den wenigen Ländern, in denen Sie Ihr geistiges Eigentum nicht schützen lassen können, sollte stets ein Warnhinweis veröffentlicht werden. Zuerst sollten Sie Ihr geistiges Eigentum anmelden, um gewerbliche Schutzrechte zu erlangen. Dies kann allerdings mitunter Jahre dauern. In vielen Ländern sehen die Gesetze vor, daß der Anmelder die exklusiven Rechte erhält, der die Anmeldung als erster vornimmt – ohne Rücksicht darauf, ob der Verkäufer international bekannt ist und die Marke bereits seit Jahrzehnten in anderen Ländern verwendet.
Im Kaufvertrag sollte vereinbart werden, daß Sie die Eigentumsrechte im Land des Käufers angemeldet haben oder das Registrierungsverfahren anhängig ist, daß der Käufer nichts unternimmt, um sich in dieses erfolgte oder laufende Registrierungsverfahren einzumischen, und daß der Käufer die ausschließlichen Rechte des Verkäufers im Land des Käufers anerkennt. Obgleich eine derartige Vertragsklausel nicht verhindern kann, daß der Käufer von dritter Seite wegen Verletzung der gewerblichen Schutzrechte verklagt wird, wirkt sie als Vorsichtsmaßnahme.
Eventuell sollte dem Käufer ein Anreiz gegeben werden, die gewerblichen Schutzrechte des Verkäufers zu beachten. Für den Fall, daß der Käufer die Verletzung der gewerblichen Schutzrechte des Verkäufers verursacht oder sich in das laufende Registrierungsverfahren des Verkäufers einmischt, sollte eine Vertragsstrafe vorgesehen werden. Der Verkäufer sollte den geschäftlichen Hintergrund des Käufers kennen, bevor er den Kaufvertrag abschließt. Es könnte zweckmäßig sein, den Käufer zu besuchen, um eine persönliche Beziehung aufzubauen.
Der Verkäufer sollte darauf bestehen, daß ihn der Käufer über seine Umsätze informiert. Dann könnte auch vereinbart werden, daß der Verkäufer das Recht hat, die Waren zurückzukaufen, die der Käufer nicht verkaufen konnte. Wenn der Käufer die Produkte erfolgreich vermarktet, sollte der Verkäufer eine langfristige Zusammenarbeit mit dem Käufer vereinbaren. Wenn der Kaufvertrag sich dagegen auf eine einmalige Transaktion beschränkt, dann sollte dies im Kaufvertrag klar festgestellt werden. In manchen Ländern erteilt der Kunde nie einen neuen Auftrag, und die Waren werden auch nicht zurückgegeben, wenn Sie die Umsatzentwicklung nicht kontrollieren. Diese Situation kann vom Käufer dahingehend ausgenutzt werden, daß er Ihr Produkt unerlaubt kopiert und vermarktet.

■ Gerichtsstand, Rechtswahl und Rechtsmittel

Diese Fragen stellen sich im Auslandsgeschäft häufig erst, wenn die Vertragsparteien über die Auslegung des Kaufvertrags streiten. Selbstverständlich ist es besser, diese Aspekte in einem internationalen Kaufvertrag zu regeln. Selbst wenn Sie das größte Vertrauen zu Ihrem ausländischen Geschäftspartner haben, sollten Gerichtsstand, Rechtswahl und Rechtsmittel im Kaufvertrag festgelegt werden. Im Rahmen eines internationalen Kaufvertrags sollten Sie die folgenden Aspekte berücksichtigen.

Rechtswahl

Welches Recht soll angewendet werden, um den Kaufvertrag auszulegen?

Wenn ein Gericht oder Schiedsgericht einen Streit der Vertragsparteien lösen soll, muß es zunächst entscheiden, welches Recht anzuwenden ist. Ihre vertragliche Rechtswahl kann unter Umständen durch das Recht des anderen Landes eingeschränkt werden. Einige Länder verlangen nämlich, daß alle Verträge ihrer Staatsbürger ihrem Landesrecht unterliegen müssen. So müssen Sie vielleicht feststellen, daß Ihre Vertragsklausel nicht greift. Wenn Sie keine ausdrückliche Rechtswahlklausel vereinbart haben, kann Ihr Kaufvertrag unter Umständen sogar nichtig sein.

Gerichtsstand

Welches Gericht können die Vertragsparteien anrufen?

Das anzuwendende Recht und der Gerichtsstand müssen sich nicht unbedingt auf das gleiche Land beziehen.

Zuständigkeit des Gerichts

Ist das gewählte Gericht zuständig?

Ob ein Fall von einem vertraglich vereinbarten Gericht angenommen wird, hängt davon ab, ob das Gericht das vertraglich vereinbarte Recht anwenden darf und will.

Die Zuständigkeit der Gerichte wird durch Landesrecht geregelt. Einige Länder bestehen auf der Anwendung des Landesrechts, andere lassen eine erweiterte Zuständigkeit zu. Sie sollten einen Anwalt konsultieren, um zu klären, ob Ihr internationaler Kaufvertrag in die Zuständigkeit des vertraglich vorgesehenen Gerichts fällt.

Die Tatsache, daß ein Gericht rechtlich zuständig ist, bedeutet nicht, daß es einen Fall auch annimmt. Meistens liegt es im Ermessen der Gerichte, sich für Streitigkeiten aus internationalen Kaufverträgen zuständig zu erklären. Wenn beide Vertragsparteien den Gerichtsstand vereinbart haben, wird das Gericht dies wahrscheinlich berücksichtigen – hoffentlich zu Ihren Gunsten.

Anerkennung und Vollstreckung von Titeln

Wie können Sie ein Gerichtsurteil oder einen Schiedsspruch vollstrecken lassen?

Bei der Festlegung des Gerichtsstandes oder des Schiedsgerichts sollten Sie berücksichtigen, ob und wie Sie einen Titel vollstrecken lassen können. Die Vollstreckung ist ein gesetzlich geregeltes Verfahren zur Pfändung von Vermögen oder zur Durchsetzung einer bestimmten Leistung, das von Beamten – Gerichtsvollziehern, Polizei usw. –, die gesetzlich befugt sind, die Urteile von Gerichten zu vollstrecken, ausgeführt wird. Die Gültigkeit Ihres Urteils oder Schiedsspruchs muß daher von den Vollstreckungsbeamten in dem Ort, in dem Sie es vollstrekken lassen wollen, anerkannt werden. Wenn Sie den Vollstreckungstitel von einem Gericht in Land A erhalten und die Vollstreckung in Land B suchen, wird er vielleicht nicht anerkannt, weil es sich um eine Ermessensfrage handelt. Konsultieren Sie einen Anwalt.

Rechtsmittel

Welche Rechtsmittel können die Vertragsparteien einlegen?

Um Ihre Kosten im Fall eines Streits mit der anderen Partei zu begrenzen, sollten Sie in einem internationalen Kaufvertrag eine Vereinbarung über die anzuwendenden Rechtsmittel treffen. Verhandlungen sind selbstverständlich die günstigste Lösung. Wenn der Streit jedoch nicht ohne Inanspruchnahme einer objektiven dritten Partei gelöst werden kann, können die Vertragsparteien ein Gericht oder ein Schiedsgericht anrufen. In internationalen Kaufverträgen sind Schiedsgerichtsklauseln üblich. Schiedsgerichte werden zur Lösung von Streitigkeiten bevorzugt, weil die Vertragsparteien einen stärkeren Einfluß auf das Verfahren haben und die Kosten geringer sind als bei einem Gerichtsverfahren.

7 Vertragsparteien (II) – Absicherung gegen mögliche Risiken

Beim Entwurf eines internationalen Kaufvertrags sollte Sie alle Eventualitäten berücksichtigen. Wenn Sie in den Vertragsbedingungen berücksichtigen, was schiefgehen könnte, sind Sie gewappnet und können hoffentlich Katastrophen vermeiden. Die Schwierigkeit besteht darin, zu wissen, was schiefgehen könnte. Sie sollten Ihre Haftung und Ihre Rechtsmittel kennen, sonst können Sie international nicht wettbewerbsfähig bleiben, weil die Kosten zur Abwicklung Ihrer Geschäfte die Vorteile des Auslandsgeschäfts übersteigen. Wenn Sie sich im Auslandsgeschäft gegen mögliche Risiken absichern wollen, dann sollten Sie die folgenden Aspekte prüfen.

■ Absicherung des Käufers

Verlangen Sie Schriftform

Nehmen wir beispielsweise an, Sie vereinbaren die Bedingungen eines internationalen Kaufvertrags mündlich. Anschließend übersendet Ihnen der Verkäufer einen schriftlichen Vertrag. Sie müssen jedoch überrascht feststellen, daß einige Vertragsbedingungen von Ihrer mündlichen Vereinbarung abweichen, daß einige Bedingungen gar nicht berücksichtigt wurden und einige neue Vertragsklauseln hinzugefügt wurden. Wenn Sie diesen Vertrag unterzeichnen, dann ist er bindend – ohne Rücksicht auf Ihre mündlich getroffenen Vereinbarungen. Obwohl mündliche Vereinbarungen manchmal herangezogen werden, um den Willen der Vertragspartei zu beweisen, hat ein schriftlicher Vertrag eine größere Beweiskraft. Daher sollten Sie sorgfältig prüfen, ob der Vertragsentwurf des Verkäufers Ihren Vorstellungen entspricht. Wenn keine Einigung zustande gekommen ist (Dissens), kann der Vertrag nichtig sein.

Schlußfolgerung:

Prüfen Sie sorgfältig, ob ein Vertragsentwurf Ihren Vorstellungen entspricht und ob die Absichten beider Parteien übereinstimmen.

Handeln Sie erst nach Vertragsabschluß

Der Verkäufer schickt Ihnen zum Beispiel einen Vertragsentwurf zu, Sie ändern einige Vertragsbedingungen, unterzeichnen den Vertragsentwurf und schicken ihn zurück. Im Vertrauen auf den Vertrag schalten Sie Werbung, reservieren Lagerplatz und stellen Mitarbeiter ein. Die bestellten Waren werden aber nicht geliefert, und daraufhin klagen Sie wegen Vertragsverletzung. Der Verkäufer wendet ein, daß Ihre Vertragsänderungen wesentlich waren und daher kein Vertrag zustande gekommen sei. Sie argumentieren, daß es sich nur um kleinere Änderungen gehandelt habe und Sie mit Unterzeichnung das Vertragsangebot des Verkäufers angenommen hätten. Wenn Sie sich mit dem Verkäufer nicht gütlich einigen können, muß ein Gericht entscheiden, ob die von Ihnen vorgenommenen Vertragsänderungen »wesentlich« waren.

Schlußfolgerung:

Sie sollten Vertragsangebote im Prinzip ohne Änderungen annehmen. Wenn Sie einige Vertragsbedingungen ändern, sollten Sie das Zustandekommen des Vertrags davon abhängig machen, daß die andere Partei den geänderten Vertragsbedingungen ausdrücklich zustimmt.

Überprüfen Sie die Vollmacht des Verkäufers zum Vertragsabschluß

Nehmen wir an, Sie trafen einen Verkäufer auf einer Messe. Der Verkäufer behauptete, die Firma XYZ zu vertreten, obwohl auf seiner Visitenkarte Firma ABC angegeben war. Sie erteilen dem Verkäufer einen Auftrag und schließen einen Kaufvertrag ab. Später müssen Sie feststellen, daß die Firma XYZ nicht liefert und sich weigert, den Kaufvertrag anzuerkennen, weil der Verkäufer keine Vollmacht der Firma XYZ zum Abschluß eines Kaufvertrags hatte. Ihr Kaufvertrag mit der Firma XYZ ist nichtig, weil der Verkäufer keine Vollmacht hatte, den Kaufvertrag abzuschließen und Sie genügend Anhaltspunkte dafür hatten, daß der Verkäufer keine Vollmacht hatte. Daher können Sie sich nicht auf den Vertrag berufen. Darüber hinaus haben Sie vielleicht eine Vertragsverletzung zu vertreten, wenn Sie die Waren nicht an Ihre Kunden liefern können.

Schlußfolgerung:

Wenn Sie Grund zu der Annahme haben, daß der Verkäufer keine Vollmacht hat, einen Kaufvertrag abzuschließen – weil er kein Vertreter des Vertragspartners ist, nicht geschäftsfähig oder nicht im Vollbesitz seiner geistigen Kräfte ist –, sollten Sie den Vertrag nicht unterzeichnen, bevor Sie die Vollmacht des Verkäufers überprüft haben.

Beschreibung der Waren

Sie wollen ein bestimmtes Produkt in roter Farbe kaufen. Der Kaufvertrag sieht vor, daß der Verkäufer Ihnen rote Waren liefert, sich aber vorbehält, ähnliche

Produkte zu liefern, wenn rote Produkte ausgegangen sind. Wenn Sie dieser Vertragsklausel zustimmen, können Sie nicht widersprechen, wenn Ihnen der Verkäufer blaue Produkte liefert. Wenn Sie bestimmte Waren benötigen, dann sollten Sie diese im Kaufvertrag exakt beschreiben und ausdrücklich ausschließen, daß der Verkäufer Substitutionsprodukte liefert.

Schlußfolgerung:

Wenn die Art, Qualität, Merkmale usw. der Ware für Sie wichtig sind, sollte der Kaufvertrag eine genaue Warenbeschreibung und den Hinweis enthalten, daß die zu liefernden Waren nicht ohne Ihre vorherige Zustimmung geändert werden dürfen.

Begrenzen Sie Ihr Risiko durch Ausschluß von Faktoren, die Sie nicht beeinflussen können

Ein Käufer in einem Land, dessen politische und wirtschaftliche Situation instabil ist, verpflichtet sich, in einer harten Währung zu bezahlen. Wenn die Lieferung erfolgt und die Zahlung des Kaufpreises fällig ist, ist die Währung seines Landes jedoch abgewertet, und er kann den Kaufpreis nicht entrichten. Da der Kaufvertrag keine Ausweichklausel zur Neuverhandlung oder für höhere Gewalt enthielt, haftet der Käufer für Vertragsverletzung.

Schlußfolgerung:

Die Vertragspartei in einem politisch und/oder wirtschaftlich instabilen Land sollte vertraglich vereinbaren, daß die andere Partei ihre Schwierigkeiten anerkennt und gegebenenfalls bereit ist, bei ungünstiger Entwicklung den Kaufvertrag später zu ändern.

Bestehen Sie auf genauen Vertragsbedingungen

Der Verkäufer legt Ihnen eine Notiz oder einen kurzen Vertragsentwurf vor. Es gefällt Ihnen, daß der Verkäufer sich nur auf das Wesentliche konzentriert. Da der Kaufvertrag die Anwendung des UN-Kaufrechts vorsieht, vertritt der Verkäufer die Auffassung, daß es nicht notwendig sei, alle Pflichten der Vertragsparteien ausdrücklich zu regeln. Später entsteht ein Streit, und es wird ein Gericht angerufen. Das Urteil fällt zugunsten des Verkäufers aus, weil der im Wege der Auslegung nach dem UN-Kaufrecht ermittelte Inhalt der fehlenden Vertragsbedingungen von Ihrem Landesrecht abweicht.

Schlußfolgerung:

In einem internationalen Kaufvertrag können Sie Ihre Rechte nur dadurch schützen, daß die Vertragsbedingungen vollständig und eindeutig sind. Sie sollten daher bereit sein, durchaus einen längeren Kaufvertrag in Kauf zu nehmen.

Verhalten Sie sich vertragsgemäß

Sie arbeiten bereits mehrere Jahre mit einem Verkäufer zusammen. Es liegt kein schriftlicher Vertrag vor, sondern Sie haben eine relativ einfache mündliche Vereinbarung getroffen. Nach Auftragserteilung liefert der Verkäufer sofort, und Sie zahlen innerhalb von 30 Tagen. Bei der nächsten Lieferung können Sie nicht innerhalb des üblichen Zahlungsziels zahlen. Der Verkäufer klagt wegen Vertragsverletzung, und Sie wenden dagegen ein, daß 90 Tage ein angemessenes Zahlungsziel und nach dem Kaufvertrag zulässig seien. Auf Grund Ihres früheren Verhaltens ermittelt das Gericht im Wege der Auslegung ein vertragliches Zahlungsziel von 30 Tagen, und Sie werden zur Zahlung des Kaufpreises und der Verzugszinsen verurteilt.

Schlußfolgerung:

Im Auslandsgeschäft sollten Sie Kaufverträge grundsätzlich schriftlich abschließen. Wenn Sie Vertragsbedingungen ändern wollen, dann sollten diese Änderungen auch schriftlich festgehalten und von beiden Parteien unterzeichnet werden.

Vor Unterzeichnung sollten Sie alle Vertragsbedingungen verstehen

Der vom Verkäufer entworfene Kaufvertrag sah folgende Vertragsbedingung vor: »CPT Hamburg (Incoterms 1990), die Lieferung erfolgt bis spätestens 30 Tage nach Vertragsunterzeichnung«. Der Verkäufer hat lange Erfahrungen im Auslandsgeschäft. Die Vertragsbedingungen erscheinen Ihnen nicht ungünstig, und daher unterzeichnen Sie den Vertragsentwurf. Drei Tage nach der Vertragsunterzeichnung versendet der Verkäufer die Waren, aber diese treffen nie in Hamburg ein. Sie erleiden einen Verlust, und der Verkäufer fordert Sie zur Zahlung auf. Der Streit eskaliert, und schließlich verklagen Sie den Verkäufer auf Lieferung, dieser stellt den Antrag, Ihre Klage abzuweisen.

Das Gericht entscheidet, daß nach der CPT-Klausel der Gefahrenübergang auf den Käufer erfolgte, als der Verkäufer dem Frachtführer die Ware übergab, und daß Sie den Kaufpreis zahlen müssen. Leider hatten Sie keine Versicherung abgeschlossen, weil Sie dachten, daß der Verkäufer alle Gefahren des Verlusts oder

der Beschädigung der Waren trägt. Sie müssen den Kaufpreis daher aus eigener Tasche zahlen.

Schlußfolgerung:

Bevor Sie einen internationalen Kaufvertrag unterzeichnen, müssen Sie alle Vertragsbedingungen verstehen. Falls Sie Fragen oder Zweifel über die Auslegung der Vertragsbedingungen haben, sollten Sie die Gegenpartei fragen und Ihren Anwalt konsultieren.

Können Sie die vereinbarten Rechtsmittel einsetzen?

Ihr internationaler Kaufvertrag sieht vor, daß das Landesrecht des Verkäufers angewendet wird und der Gerichtsstand im Land des Verkäufers ist. Sie halten den Verkäufer für vertrauenswürdig und nehmen an, daß er den Vertrag einhalten wird. Außerdem würden Sie nie einen Geschäftspartner verklagen. Sie leisten eine Vorauszahlung, aber die Waren werden nicht geliefert. Auf Ihre Nachfragen und Mahnungen reagiert der Verkäufer nicht. Schließlich sehen Sie sich veranlaßt, im Land des Verkäufers Klage zu erheben.

Schlußfolgerung:

Vor Unterzeichnung eines internationalen Kaufvertrags sollten Sie durch Ihren Anwalt prüfen lassen, ob Sie die im Vertrag vorgesehenen Rechtsmittel tatsächlich einlegen können.

■ Absicherung des Verkäufers

Bestehen Sie bei internationalen Kaufverträgen auf Schriftform

Ein ausländischer Käufer erteilt Ihnen mündlich einen Auftrag. Die Lieferung soll gegen Nachnahme erfolgen. Der Käufer verlangt, daß die Produkte ein bestimmtes Etikett haben müssen, um die Vorschriften des Verbraucherschutzes in seinem Land zu erfüllen. Sie stellen die Etiketten her und verarbeiten sie, verpacken die Ware und bereiten die Zollabfertigung und den Versand vor. Sie liefern die Waren innerhalb von 12 Tagen nach Auftragserteilung an den Frachtführer. Einen Tag später und bevor der Käufer die Lieferung erhält, ruft der Käufer an und storniert den Auftrag. Sie klagen wegen Vertragsverletzung, und der Käufer wendet dagegen ein, daß Sie den Vertrag verletzt hätten, weil Sie nicht innerhalb der handelsüblichen zehn Tage geliefert hätten – dies gäbe dem Käufer das Recht, den Vertrag zu kündigen. In Anlehnung an die übliche Handelspraxis fällt das Urteil des Gerichts zugunsten des Käufers aus, weil Sie keinen eindeutigen Beweis wie zum Beispiel einen schriftlichen Kaufvertrag vorlegen können, in dem eine von der üblichen Handelspraxis abweichende Lieferzeit vereinbart wurde. Außerdem hatten Sie als Verkäufer die Möglichkeit, Ihre Rechte und Pflichten im Kaufvertrag eindeutig zu regeln.

> **Schlußfolgerung:**
>
> Internationale Kaufverträge sollten Sie grundsätzlich schriftlich abschließen. Für einen einmaligen Auftrag kann eine Auftragsbestätigung ausreichend sein – vorausgesetzt, Sie haben alle wesentlichen Vertragsbedingungen berücksichtigt.

Handeln Sie erst nach Vertragsabschluß

Sie schicken einem Käufer einen Vertragsentwurf, den dieser mit einigen Änderungen und der Erklärung zurückschickt, daß ein Vertrag nur zustande kommt, wenn Sie diesen Bedingungen zustimmen. Sie prüfen die Änderungen, verändern zwei kleinere Punkte und schicken den Vertrag zurück. Die Verhandlungen verlaufen gut, und Sie erwarten, daß der Vertrag bald abgeschlossen wird. Um den im Vertrag vorgesehenen knappen Liefertermin halten zu können, entschließen Sie sich, bereits mit den Vorbereitungsarbeiten (einschließlich des Drucks besonderer Etiketten und Einrichtung Ihrer Produktionslinie) zu beginnen. Der Kunde storniert schließlich den Auftrag. Wenn Sie wegen Vertragsverletzung klagen, werden Sie den Prozeß wahrscheinlich verlieren, weil kein Vertrag zustande gekommen war. Ihre zwei Änderungen stellen ein Gegenangebot dar, das die Zustimmung des Käufers verlangte.

> **Schlußfolgerung:**
>
> Bis Sie einen Kaufvertrag haben, dem beide Parteien uneingeschränkt zugestimmt haben, haben Sie kein Recht, sich auf die Zusagen der anderen Partei zu verlassen. Wenn Sie im Vertrauen auf den Vertragsabschluß im voraus handeln, tragen Sie das Risiko, daß die andere Partei den Kaufvertrag nicht akzeptiert.

Überprüfen Sie die Vollmacht des Käufers zum Vertragsabschluß

Der Käufer ruft Sie an und behauptet, die Firma LMN zu vertreten. Sie hatten bisher noch keine Geschäftsbeziehungen zu diesem Käufer oder zu der Firma LMN, daher verlangen Sie Hintergrundinformationen über den Käufer und das Unternehmen. Der Käufer schickt Ihnen eine Broschüre der Firma PQR mit der Erklärung, daß sie die Muttergesellschaft der Firma LMN sei. Sie vereinbaren, bei einem Zahlungsziel von 30 Tagen zu liefern. Sie liefern die Ware, aber es erfolgt weder eine Zahlung des Kaufpreises, noch werden die Produkte zurückgeschickt.

Sie hören nie wieder etwas von dem Käufer. Die Firma PQR schenkt Ihrer Aufforderung zur Zahlung des Kaufpreises oder Rückgabe der Ware auch keine Beachtung. Sie behauptet, daß der Käufer nicht in ihrem Namen handelte. Ihr Kaufvertrag ist nichtig, weil der Käufer offensichtlich ohne Vollmacht handelte. Sie haben keine Ansprüche gegen die Firmen LMN oder PQR.

Schlußfolgerung:

Wenn Sie einen Anlaß zu der Vermutung haben, daß der Käufer keine Vollmacht zum Vertragsabschluß hat – entweder weil der Käufer kein Vertreter des betreffenden Unternehmens ist, nicht geschäftsfähig oder nicht im Vollbesitz seiner geistigen Kräfte ist –, sollten Sie die Vollmacht des Käufers überprüfen.

Begrenzen Sie Ihr Risiko durch Ausschluß von Faktoren, die Sie nicht beeinflussen können

Sie vereinbaren, Waren in ein Land zu liefern, das politisch und wirtschaftlich relativ instabil ist. Der Käufer leistet eine Vorauszahlung. Einen Tag vor der Lieferung verhängt Ihr Land Handelssanktionen gegen das andere Land. Damit sind zwischen diesen beiden Ländern keine Geschäfte mehr möglich. Ihr Kaufvertrag enthält keine Ausweichklausel zum Beispiel für Neuverhandlungen oder höhere Gewalt. Wenn Sie die Waren nicht an den Käufer liefern, machen Sie sich einer Vertragsverletzung schuldig. Andererseits machen Sie sich in Ihrem Land strafbar, wenn Sie liefern.

Schlußfolgerung:

Im Auslandsgeschäft können Sie von Ereignissen betroffen sein, die weder Sie noch der Vertragspartner beeinflussen können. Die Vertragsparteien sollten daher für den Fall, daß die Erfüllung des Vertrags infolge von Ereignissen, die sie nicht beeinflussen können, unzumutbar oder unmöglich wird, eine Ausweichklausel vereinbaren.

Achten Sie auf einen vollständigen und genauen Vertrag

Weil Sie kurze Verträge bevorzugen, hat Ihr Standardkaufvertrag nur einen Umfang von einer Seite. Sie berücksichtigen nur die wesentlichen Bedingungen wie Beschreibung der Ware, Preis, Zahlungsweise und Lieferbedingungen. Sie lassen alle Vertragsbedingungen weg, die Sie für überflüssig halten, wie zum Beispiel Vertragsklauseln über Abtretung, gewerbliche Schutzrechte, Gerichtsstand, höhere Gewalt und Schriftform für Vertragsänderungen. Sie vereinbaren mit dem ausländischen Käufer, daß das UN-Kaufrecht angewendet werden soll, so daß fehlende Vertragsbedingungen nach dem UN-Kaufrecht im Wege der Auslegung ermittelt werden. Der Käufer nimmt die Waren an, erteilt aber keine weiteren Aufträge. Zwei Jahre später versuchen Sie, Ihr Warenzeichen im Land des Käufers anzumelden. Sie müssen jedoch feststellen, daß der Käufer Ihr Warenzeichen bereits in seinem Namen registrieren ließ und Kopien Ihrer Produkte verkauft. Das UN-Kaufrecht deckt diese Situation nicht ab, Ihr Kaufvertrag enthält keine Klausel für den Schutz Ihres geistigen Eigentums, und Sie haben Ihr Warenzeichen nicht angemeldet. Daher haben Sie weder einen Anspruch wegen Vertragsverletzung noch wegen Verletzung eines geschützten Warenzeichens. Ihre Möglichkeiten beschränken sich darauf, den früheren Käufer zu überreden, die Verletzung Ihres Warenzeichens einzustellen und die Verwendung Ihres Warenzeichens rechtlich zu legitimieren (wie zum Beispiel durch Erwerb einer Lizenz oder Gründung eines Joint Venture) oder den Verletzer wegen Rechtsmißbrauchs beziehungsweise unredlichen Erwerbs der eigenen Rechtsstellung zu verklagen.

Schlußfolgerung:

Die Vereinbarung vollständiger und eindeutiger Vertragsbedingungen, die durchaus einfach formuliert sein können, kann den Zeitaufwand und die Kosten gerichtlicher Auseinandersetzungen vermeiden helfen und dazu beitragen, daß Sie Ihren Vertrag besser durchsetzen können.

Handeln Sie vertragsgemäß

Seit mehreren Jahren beliefern Sie einen Kunden auf der Grundlage eines Kaufvertrags, der vorsieht, daß die Waren nach der Spezifikation des Käufers hergestellt werden. Der Käufer muß die Spezifikation 45 Tage vor der Lieferung mitteilen. Jahrelang haben Sie die Waren innerhalb von 15 Tagen nach Eingang der Produktbeschreibung des Käufers geliefert, und der Käufer hat sich mittlerweile auf diese schnelle Reaktion eingestellt. Nun können Sie bei einem Auftrag erst nach 42 Tagen liefern. Der Käufer verweigert die Annahme der Lieferung und verklagt Sie wegen Vertragsverletzung infolge verspäteter Lieferung. Das Gericht gewährt dem Käufer Schadensersatz, weil Sie von Ihrem üblichen Verhalten abgewichen sind.

Schlußfolgerung:

Sie sollten sich vertragsgemäß verhalten. Wenn Sie Ihr Verhalten ändern, muß das durch den schriftlichen Vertrag abgedeckt sein. Wenn Sie die Vertragsbedingungen trotz Ihres abweichenden Verhaltens nicht ändern wollen, muß Ihr Kaufvertrag eine Klausel über den Verzicht auf ein Rücktrittsrecht enthalten.

Können Sie die vereinbarten Rechtsmittel einsetzen?

Ihr internationaler Kaufvertrag sieht vor, daß das Recht Ihres Landes angewendet wird und daß Rechtsmittel vor einem Gericht in Ihrem Land eingelegt werden müssen. Der Käufer nimmt eine Lieferung von Ihnen an, zahlt aber nicht. Sie verklagen den Käufer vor einem Gericht in Ihrem Land und gewinnen den Prozeß. Die Gerichte im Land des Käufers weigern sich jedoch, das Urteil anzuerkennen. Daher können Sie Ihr Urteil nicht vollstrecken lassen, wenn Sie nicht im Land des Käufers klagen.

> **Schlußfolgerung:**
>
> Lassen Sie durch Ihren Anwalt überprüfen, ob die in Ihrem internationalen Kaufvertrag vorgesehenen Rechtsmittel tatsächlich geeignet sind, einen Titel anerkennen und vollstrecken zu lassen.

Konsultation eines Anwalts durch den Käufer

Als Käufer denken Sie vielleicht, alle Aspekte Ihres Auslandsgeschäftes berücksichtigt und verstanden zu haben. Sie wissen, was schiefgehen könnte, und Sie haben sich vertraglich so gut wie möglich geschützt. Dann kommt die entscheidende Frage: Haben Sie auch Ihren Anwalt konsultiert? Falls nicht, dann sollten Sie die folgenden Fragen prüfen. Wenn Sie sich auf diesem Gebiet nicht auskennen, dann sollten Sie einen Anwalt konsultieren, der auf internationales Recht spezialisiert ist und Ihnen Auskunft zu den folgenden Fragen geben kann.

- **Erkundigungen über den Verkäufer**
  - Holen Sie Informationen über die Geschäftstätigkeit, die Entwicklung und die finanzielle Lage des Verkäufers ein. Gibt es Widersprüche zwischen verschiedenen Informationsquellen?
- **Überprüfung der vertraglichen Zahlungsbedingungen**
  - Überprüfen Sie, ob die vertragliche Zahlungsweise in Ihrem Land möglich ist, ermitteln Sie die Kosten und holen Sie Informationen über die Zahlungsabwicklung ein, damit die Zahlung termingerecht erfolgen kann.
  - Wenn Sie eine Vorauszahlung leisten, müssen Sie sicherstellen, daß Sie geschützt sind, wenn der Verkäufer die Waren nicht liefert.
- **Ist eine Versicherung notwendig?**
  - Wann erfolgt der Gefahrenübergang an den Käufer? Besteht ein ausreichender Versicherungsschutz?
- **Informationen über Importanforderungen**
  - Überprüfen Sie, daß die Einfuhr nicht durch Gesetze, Antidumping-Vorschriften oder durch Einfuhrkontingente behindert ist.

- Überprüfen Sie, ob die Einfuhr einem Vergeltungszoll oder einer Ausgleichsabgabe im Sinne einer Einfuhrausgleichssteuer unterliegt.
- Überprüfen Sie, ob Sie für die Einfuhrerklärung verantwortlich sind und ob Sie alle notwendigen Unterlagen zusammengestellt haben.
- Welche Maßnahmen sind erforderlich, damit die Ware nicht verdirbt oder beschädigt wird, wenn sich die Zollabfertigung an der Grenze verzögert?
- Beschleunigen Sie die Freigabe von Lieferungen, die an der Grenze aufgehalten oder beschlagnahmt wurden.
- Information über elektronische Abwicklung der Zollabfertigung, Einfuhr unter Zollverschluß, Abwicklung für vorübergehende Einfuhr, Einlagerung unter Zollverschluß als Mittel, um den Stau an der Grenze zu vermeiden.
- Information über das Klassifizierungs- und Bewertungssystem zur Feststellung des Zolltarifs, Wertsteuer und Strafen.
- Feststellung, ob der Zoll die Waren nach dem exakten Preis bewertet oder nicht.
- Überprüfen Sie die Klassifizierung beziehungsweise die Festlegung des Zolltarifs und legen Sie, falls erforderlich, Widerspruch ein.
- Informationen über Zollrückerstattung, Feststellung, ob Sie darunter fallen, und gegebenenfalls Beantragung.
- Information über die Vorteile von Freihandelsabkommen und Präferenzzöllen. Können Sie diese Vorteile nutzen?
- Stellen Sie fest, ob für die Einfuhr, den Transport und den Verkauf der Waren Lizenzen beziehungsweise Genehmigungen erforderlich sind, Steuern erhoben werden oder sonstige Verpflichtungen bestehen.

- **Vorschriften für die Vermarktung**
  - Information über gesetzliche Vorschriften für die Vermarktung der importierten Waren wie zum Beispiel Verbraucherschutz, Umweltschutz, Gesundheitsvorschriften und andere Vorschriften, die die Etikettierung, Auszeichnung, den Transport, die Lagerung, den Verkauf und die Verwendung der Waren betreffen.

- **Steuerpflicht**
  - Kann eine Freihandelszone oder ein Freihafen benutzt werden?
  - Werden die richtigen Aufzeichnungen für die Steuer- und Zollbehörden geführt?

- **Überprüfung der Risiken**
  - Inwieweit haften Sie für Schadensersatzansprüche Dritter wegen fehlerhafter Ware oder Verletzung gewerblicher Schutzrechte? Wie können Sie sich durch eine Versicherung, die Abwicklung Ihres Geschäfts über eine andere Firma oder eine Vertragsklausel über eine Haftungsfreistellung durch den Verkäufer schützen?

– Wirksame Maßnahmen zum Schutz der gewerblichen Schutzrechte des Verkäufers.

Konsultation eines Anwalts durch den Verkäufer

Als Verkäufer glauben Sie vielleicht, daß Ihr internationaler Kaufvertrag hieb- und stichfest ist, weil Sie diesen Vertrag schon in mehreren Ländern verwendet haben und nie ein Problem hatten, Meinungsverschiedenheiten durch Verhandlungen oder Einlegung von Rechtsmitteln zu lösen. Warum sollten Sie jetzt einen Anwalt konsultieren? Falls Sie die folgenden Aspekte bereits berücksichtigt haben, dann erübrigt sich die Einschaltung eines Anwalts.

- **Überprüfung der politischen und wirtschaftlichen Risiken**
  - Ist die politische und/oder wirtschaftliche Situation im Land des Käufers instabil?
  - Gibt es Exportrestriktionen in Ihrem eigenen Land?
- **Erkundigungen über den Käufer**
  - Holen Sie Informationen über die Geschäftstätigkeit, die Geschäftspraktiken, die Entwicklung, die finanzielle Lage und Kreditwürdigkeit des Käufers ein. Gibt es Widersprüche zwischen verschiedenen Informationsquellen?
- **Überprüfung der vertraglichen Zahlungsbedingungen**
  - Überprüfen Sie, ob die vertragliche Zahlungsweise im Land des Käufers möglich ist.
  - Überprüfen Sie, daß die geplante Ausfuhr nicht verboten oder eingeschränkt ist.
- **Informationen über Export-/Importanforderungen**
  - Überprüfen Sie, daß die Einfuhr nicht durch Gesetze, Antidumping-Vorschriften oder durch Einfuhrkontingente behindert ist.
  - Überprüfen Sie, ob Sie verpflichtet sind, die Zollabfertigung zu beantragen, und ob Sie alle notwendigen Unterlagen zusammengestellt haben.
  - Wann sollte der Gefahrenübergang an den Käufer erfolgen? Reicht Ihr Versicherungsschutz aus?
    Beschleunigen Sie die Freigabe von Lieferungen, die an der Grenze aufgehalten oder beschlagnahmt wurden.
  - Information über elektronische Abwicklung der Zollabfertigung, Einfuhr unter Zollverschluß, Abwicklung für vorübergehende Einfuhr, Einlagerung unter Zollverschluß als Mittel, um den Stau an der Grenze zu vermeiden.
  - Information über das Klassifizierungs- und Bewertungssystem zur Feststellung des Zolltarifs, Wertsteuer und Strafen.
  - Feststellung, ob der Zoll die Waren nach dem exakten Preis bewertet oder nicht.

- Überprüfen Sie, ob Ihre Fakturierung den Anforderungen des Zolls und der Steuerbehörden genügt.
- Überprüfen Sie die Klassifizierung beziehungsweise die Festlegung des Zolltarifs und legen Sie gegebenenfalls Widerspruch ein, falls erforderlich.
- Informationen über Zollrückerstattung, Feststellung, ob Sie darunter fallen, und gegebenenfalls Beantragung.
- Information über die Vorteile von Freihandelsabkommen und Präferenzzöllen. Können Sie diese Vorteile nutzen?
- Stellen Sie fest, ob für die Einfuhr, den Transport und den Verkauf der Waren Lizenzen beziehungsweise Genehmigungen erforderlich sind, Steuern erhoben werden oder sonstige Verpflichtungen bestehen.

• **Überprüfung der Risiken**
  - Inwieweit haften Sie für Schadensersatzansprüche Dritter wegen fehlerhafter Ware oder Verletzung gewerblicher Schutzrechte? Wie können Sie sich durch eine Versicherung oder die Abwicklung Ihres Geschäfts über eine andere Firma schützen?
  - Wirksame Maßnahmen zum Schutz der gewerblichen Schutzrechte des Verkäufers.

8 Gestaltung genauer Vertragsbedingungen

Sie können nicht alle Lücken in Ihren internationalen Kaufverträgen erkennen. Die Lücken, die Sie übersehen, sind später der Ausgangspunkt für Streitigkeiten mit Ihrem Vertragspartner.

Obgleich Sie keine perfekten Kaufverträge entwerfen können, sollten Sie Ihre Vertragsbedingungen dennoch so klar wie möglich formulieren. Suchen Sie die Schwachstellen in einem Vertragsentwurf. Sie sollten fragen: Wo könnte etwas schiefgehen? Und wenn tatsächlich etwas schiefgeht, sollten Sie daraus lernen und diesen Fehler im nächsten Kaufvertrag vermeiden.

Mit der folgenden Darstellung von Vertragsbedingungen und Tips wollen wir Ihnen die Möglichkeit geben, unklare Regelungen zu erkennen und Ihre Formulierungen zu präzisieren. Sie sollten einen Vertragsentwurf zunächst aus der Sicht Ihrer Gegenpartei überprüfen, indem Sie fragen: Welche Schwächen in Ihrer Position könnte die andere Partei ausnutzen? Und dann sollten Sie den Vertrag aus Ihrer Sicht überprüfen und die Frage stellen: Sind die Vertragsbedingungen für die Erfüllung und Durchsetzung des Vertrags durchführbar, ausreichend und wirksam?

■ Ausgewählte Vertragsbedingungen

Inkrafttreten des Vertrags mit Unterzeichnung

- Schlechte Vertragsbedingung:
  Dieser Vertrag tritt mit Unterzeichnung in Kraft.
  Mit dieser Vertragsklausel soll festgelegt werden, wann und wie der Vertrag zustande kommt, aber diese Klausel ist zu ungenau. Unterzeichnen beide Parteien? Welches Datum ist entscheidend, wenn die Vertragsparteien zu verschiedenen Zeitpunkten unterzeichnen? Ist ein Vertrag zustande gekommen, wenn die Partei, die den Vertrag zuletzt unterzeichnet, eine Vertragsbedingung ändert?

- Bessere Vertragsbedingung:
  Dieser Vertrag tritt mit Unterzeichnung durch den [*Verkäufer/Käufer*] in Kraft, vorausgesetzt der [*Verkäufer/Käufer*] ändert, streicht oder ergänzt keine Vertragsbedingung.

■ Checkliste für Standardverträge

Wenn Sie internationale Kaufverträge schnell und möglichst einheitlich abschließen und die Kosten einer anwaltlichen Beratung sparen wollen, stellt sich die Frage, ob Sie einen vorgedruckten Standardvertrag oder eine Standardversion verwenden sollten, die Sie bei Bedarf ausdrucken können. Obgleich die Verwendung eines Standardvertrags durchaus zweckmäßig sein kann, sollten Sie die Nachteile kennen und sich dagegen absichern, daß die Vertragsbedingungen bei einem Streit nicht durchsetzbar sind.

Nachteile eines Standardvertrags

- Ein vorgedruckter Standardvertrag kann die Bedingungen des Einzelfalles nicht berücksichtigen.
- Ein Standardvertrag enthält vielleicht komplexe Begriffe, die ein ausländischer Geschäftspartner nicht versteht.
- Ein Standardvertrag ist vielleicht zu einfach, um die Bedingungen zu enthalten, die in Ländern mit einem hoch entwickelten Vertragsrecht notwendig sind.
- Er enthält vielleicht nicht die Bedingungen, die nach dem Landesrecht der Gegenpartei obligatorisch sind.
- Er enthält vielleicht Bedingungen, die nach dem Landesrecht der anderen Partei unzulässig sind. Dann ist der ganze Vertrag nichtig.
- Der vorgedruckte Standardvertrag oder einige seiner Bedingungen verletzen vielleicht das Staatsinteresse des Landes der Gegenpartei, dann ist der Kaufvertrag nichtig.
- Er kann im Widerspruch zu einem vorgedruckten Standardvertrag der anderen Partei stehen. Wenn vereinbart wird, beide Standardverträge zu verwenden, kann ein Streit darüber entstehen, welche Vertragsklauseln gültig sind.

Vermeidung möglicher Vollstreckungsprobleme

- Lassen Sie Änderungen und Streichungen Ihres vorgedruckten Standardvertrags zu, um sicherzustellen, daß die Vertragsbedingungen den gesetzlichen Vorschriften entsprechen.
- Wenn Sie unter mehreren Standardverträgen auswählen können, können Sie kulturelle Unterschiede besser berücksichtigen.
- Konsultieren Sie einen Anwalt, der das Recht und die Geschäftspraxis in dem betreffenden Land kennt, um prüfen zu lassen, ob Ihr Standardvertrag dort gültig beziehungsweise vollstreckbar ist.
- Ergänzen Sie den Standardvertrag durch Anlagen wie zum Beispiel einen Terminplan oder eine Beschreibung der zu liefernden Waren.

- Haben beide Vertragsparteien jede Vertragsklausel oder zumindest jede Seite des Vertrags paraphiert?
- Zumindest für die Vertragsklauseln, die für die Erfüllung des Vertrags wesentlich sind, sollten Sie die Formulierung anpassen.

Inkrafttreten des Vertrags bei Annahme des Auftrags

- Schlechte Vertragsbedingung:
  Dieser Vertrag tritt in Kraft, wenn der Verkäufer den Auftrag annimmt, der im beigefügten Anhang beschrieben ist.
  Diese Vertragsklausel verlangt keine Annahme des Vertragsangebots zu einem bestimmten Termin. Wenn kein Termin festgelegt wird, muß die Annahme nach herrschender Meinung in »angemessener« Zeit erfolgen – aber das ist ein auslegungsfähiger Begriff. Wenn der Käufer einen Auftrag erteilt, aber dieser nicht in einer aus der Sicht des Käufers angemessenen Zeit angenommen wird, erteilt der Käufer den Auftrag vielleicht einem anderen Lieferanten. Stellen Sie sich die Überraschung des Käufers vor, wenn plötzlich zwei Lieferungen von zwei unterschiedlichen Lieferanten eintreffen.
- Bessere Vertragsbedingung:
  Dieser Vertrag tritt mit Unterzeichnung durch den Verkäufer in Kraft, vorausgesetzt der Verkäufer ändert, streicht oder fügt keine Bedingungen hinzu, unterzeichnet den Vertrag bis zum [*Datum*], übermittelt bis zum [*Datum*] per Fax eine Kopie des unterzeichneten Vertrags an den Käufer und sendet das unterzeichnete Original mit der Post an den Käufer zurück.

Beschreibung der Waren

- Schlechte Vertragsbedingung:
  Die Waren werden wie folgt beschrieben: [*Beschreibung und Angabe der Menge*].
  Obwohl diese Vertragsklausel für den Abschluß eines Kaufvertrags durchaus geeignet ist, berücksichtigt sie die Fragen der praktischen Durchführung im Außenhandel nicht. Im Außenhandel ist es zum Beispiel schwierig, die Waren vor dem Kauf zu prüfen, und mit hohen Kosten verbunden, die Waren für den Export vorzubereiten und zu versenden. Häufig erfolgt die Lieferung mit Verspätung. Eine Vertragsklausel, die Ihre Abwicklung widerspiegelt und Ihre Rechte schützt, kann Streit und Nachteile für beide Vertragsparteien vermeiden. Diese Vertragsklausel sollte zulassen, daß die Anforderungen des Käufers und die Leistung des Verkäufers angemessen geändert werden können. Nachfolgend werden verschiedene Alternativen beschrieben, um Ihnen Anregun-

gen zu geben, damit Sie eine Formulierung finden können, die für Ihre spezifische Situation optimal ist.

- Bessere Vertragsbedingung:
  ART/MENGE/FARBE DER WARE: Wenn der Verkäufer mehr oder weniger als die vertraglich vereinbarte Menge an den Käufer liefert, ist die gelieferte Menge annehmbar, wenn sie nicht mehr als [*Zahl*] Prozent von der in diesem Vertrag angegebenen Menge abweicht. Wenn die gelieferte Ware in Art, Farbe oder anderen Eigenschaften von der Beschreibung in diesem Vertrag abweicht, wird sie angenommen, wenn [*Geben Sie zum Beispiel an:* der einzige Unterschied in der Farbe *oder* der Unterschied auf eine Produktänderung zurückzuführen ist], die Ware für die gleiche Verwendung geliefert wird, der Verkäufer den Käufer im voraus vor der Lieferung über die Änderung benachrichtigt und der Käufer die Änderung schriftlich genehmigt.

- Bessere Vertragsbedingung:
  ANNEHMBARE FARBE/ZUSAMMENSETZUNG DER WARE: Der Verkäufer verpflichtet sich, die Waren, die wie folgt beschrieben sind [*Produktbeschreibung*] (nachfolgend »Waren« genannt) zu verkaufen, und der Käufer verpflichtet sich, diese Waren zu kaufen. Die Parteien wissen, daß die Farbe oder Zusammensetzung der Waren schwankt [in Abhängigkeit von den verfügbaren Rohstoffen *oder* weil die Waren manuell hergestellt werden]. Die Farbe und Zusammensetzung der Waren liegt im Ermessen des Verkäufers, vorausgesetzt, daß die Qualität der Waren nicht berührt wird und die Farbe [*Angabe zum Beispiel:* purpurrot] ist und der Verkäufer den Käufer innerhalb von [*Anzahl*] Tagen vor dem Versand schriftlich benachrichtigt. Der Käufer hat die Möglichkeit, innerhalb von zwei Tagen nach Eingang der Mitteilung über die Änderung den Vertrag zu kündigen oder sein Einverständnis mit der Änderung zu bestätigen. Dies muß durch schriftliche Mitteilung an den Verkäufer erfolgen. Wenn der Verkäufer keine schriftliche Mitteilung über die Kündigung des Vertrags oder die Bestätigung der Änderung erhält, liefert der Verkäufer die verfügbare Ware der bevorzugten Farbe oder Zusammensetzung und füllt den Rest mit Ware auf, die zumindest die gleiche Qualität hat.

- Bessere Vertragsbedingung:
  MENGENFESTLEGUNG: Der Verkäufer verpflichtet sich, [*Beschreibung der Waren*] (nachfolgend »Waren« genannt) zu verkaufen, und der Käufer verpflichtet sich, diese Waren zu kaufen. Der Käufer

teilt dem Verkäufer spätestens [bis zum *Datum oder Angabe eines Zeitraums* wie zum Beispiel 30 Tage nach Vertragsbeginn] schriftlich die Menge mit, die nicht unter [*Zahl*] und nicht über [*Zahl*] betragen soll. Wenn der Verkäufer vom Käufer nicht rechtzeitig über die gewünschte Menge informiert wird, beträgt die Menge [*Anzahl und Angabe der Einheiten wie zum Beispiel:* 2.000 Stück *oder* 250 Kartons].

- Bessere Vertragsbedingung:
  ÄNDERUNG DER MENGE / SPEZIFIKATION: Der Verkäufer verpflichtet sich, [*Anzahl und Angabe der Einheiten wie zum Beispiel:* 2.000 Stück *oder* 250 Kartons] von [*Beschreibung der Ware*] (nachfolgend »Ware« genannt) zu verkaufen, und der Käufer verpflichtet sich, diese Ware zu kaufen. Jede Partei kann die andere Partei über eine Änderung der Anzahl oder Spezifikation der Ware spätestens [*Zahl*] Tage vor dem Liefertermin schriftlich benachrichtigen, wenn die Mengenänderung nicht größer als [*Zahl*] und nicht kleiner als [*Zahl*] ist. Die Gründe für die Änderung der Spezifikation müssen schriftlich mitgeteilt werden. Die benachrichtigte Partei hat die Möglichkeit, innerhalb von zwei Tagen nach Eingang der Änderungsmitteilung den Vertrag zu kündigen oder der Änderung zuzustimmen. Dies muß durch schriftliche Mitteilung an die andere Partei erfolgen.

- Bessere Vertragsbedingung:
  ABNAHMEVERPFLICHTUNG: Der Verkäufer verpflichtet sich, alle [*Beschreibung der Ware*], die er in seiner Fabrik in [*Anschrift*] in der Zeit vom [*Datum*] bis zum [*Datum*] herstellt, (nachfolgend »Waren« genannt), zu verkaufen, und der Käufer verpflichtet sich, diese Waren vom Verkäufer zu kaufen. Die Parteien vereinbaren, daß die Menge der hergestellten Waren ungefähr [*Zahl*] betragen wird. Der Verkaufspreis der Waren beträgt [*Währung und Betrag*] pro [*Menge*] und beinhaltet die [*Kosten*].

- Bessere Vertragsbedingung:
  BEDARFSDECKUNG: Der Verkäufer verpflichtet sich, die Menge von [*Beschreibung der Waren*] (nachfolgend »Waren« genannt) an den Käufer zu verkaufen, die der Käufer in der Zeit vom [*Datum*] bis zum [*Datum*] benötigt, und der Käufer verpflichtet sich, die Waren zum Preis von [*Währung und Betrag pro Mengeneinheit*] zu kaufen. Der Preis beinhaltet die [*Kosten*]. Die Parteien vereinbaren, daß der Verkäufer mindestens [*Zahl*] der Ware verkaufen und der Käufer kaufen wird, aber der Verkäufer ist nicht verpflichtet, mehr als [*Zahl*] der Ware zu liefern.

Zehn Tips zur Präzisierung Ihrer Vertragsbedingungen

1. Durchsuchen Sie den Vertragsentwurf auf unklare Begriffe wie zum Beispiel »angemessen«, »wesentlich« oder »substantiell«. Versuchen Sie, diese Begriffe genauer beziehungsweise konkreter zu definieren. Geben Sie zum Beispiel die Zeit an, die Sie als angemessen betrachten; geben Sie konkret an, welche Vertragsklauseln, Rechte oder Pflichten Sie als wesentlich betrachten; geben Sie den Betrag an, den Sie als substantiell betrachten.
2. Stellen Sie sicher, daß die Vertragsbedingungen wörtlich genau das besagen, was Sie zum Ausdruck bringen wollen.
3. Vereinfachen Sie komplexe Vertragsbedingungen, indem Sie lange Sätze vermeiden, unnötige Wortketten streichen und vermeiden, Substantive und Verben aneinanderzureihen.
4. Verwenden Sie eine einfache Sprache. Wenn Sie den Vertrag selbst nicht richtig verstehen können, sollten Sie weniger juristische Fachbegriffe verwenden.
5. Geben Sie genaue Termine an. Wenn keine Terminvorgaben für die Vertragserfüllung gemacht werden, dann werden bei Streitigkeiten von Gerichten Termine im Wege der Auslegung ermittelt.
6. Ihre Formulierungen müssen grammatikalisch richtig sein.
7. Durchsuchen Sie den Vertragsentwurf nach Ungenauigkeiten, indem Sie Szenarien entwickeln. Betrachten Sie den Vertrag aus der Sicht der Gegenpartei. Wie könnten Sie den Vertrag zu Ihren Gunsten auslegen?
8. Vermeiden Sie Ausdrücke der Umgangssprache, die ein ausländischer Geschäftspartner nicht verstehen kann. Verwenden Sie eine direkte Sprache.
9. Versuchen Sie nicht, alles zu berücksichtigen. Flexible Begriffe umfassen mehr als eine Aufzählung von Begriffen, die alles berücksichtigen will, aber dieses Ziel doch nicht erreicht.
10. Durchsuchen Sie den Vertragsentwurf nach mehrdeutigen Begriffen. Ersetzen Sie diese oder definieren Sie diese zumindest. Heißt »versendet« »verließ das Lager des Verkäufers auf dem Lkw des Verkäufers« oder »dem Frachtführer am Kai übergeben«?

Qualität der Waren

- Schlechte Vertragsbedingung:
  TAUGLICHKEIT DER WARE: Die Ware muß für den bestimmungsgemäßen Gebrauch geeignet sein.
  Dieser Qualitätsbegriff ist unbestimmt und hat sowohl für den Käufer als auch für den Verkäufer wenig Aussagekraft. Ein Stuhl ist zum Beispiel eine Sitzgelegenheit, aber wenn kein Stuhl zur Verfügung steht, ist ein Sessel ein bequemer Ersatz. Wenn ein Hersteller einen Stuhl verkauft, der für den bestimmungsgemäßen Gebrauch geeignet ist, sollte er daran denken, daß vielleicht jemand auf dem Stuhl steht. Ein Käufer, der den Stuhl kauft, kann nicht sicher sein, ob der Stuhl für andere Zwecke als dem bestimmungsgemäßen Gebrauch benutzt werden kann. Selbst wenn der Stuhl nur zum Sitzen benutzt wird, legt die Formulierung »zum bestimmungsgemäßen Gebrauch geeignet« nicht fest, mit welchem Gewicht der Stuhl maximal belastet werden kann, ohne daß er zusammenbricht. Die Vereinbarung einer besonderen Qualitätsnorm schützt beide Vertragsparteien vor Schäden, die entstehen, wenn die Waren für einen nicht beabsichtigten, aber angemessenen Zweck verwendet werden.

- Bessere Vertragsbedingung:
  TAUGLICHKEIT DER WARE OHNE SPEZIFIKATION DURCH DEN KÄUFER: Die Ware [*Geben Sie die Qualitätsnorm an wie zum Beispiel:* entspricht der (*Angabe der Norm*) von (*Land*) *oder* erfüllt die Industrienorm für den Haushaltsgebrauch]. Der bestimmungsgemäße Gebrauch der Ware ist [*Beschreibung*] und schließt keine anderen Verwendungen ein. Der Käufer hat den Verkäufer nicht über einen besonderen Verwendungszweck informiert, für den die Ware benötigt wird, und der Verkäufer hat dem Käufer gegenüber keine Erklärung abgegeben, daß die Ware für andere Zwecke als dem in diesem Vertrag angegebenen Verwendungszweck verwendet werden kann.

- Bessere Vertragsbedingung:
  TAUGLICHKEIT DER WARE MIT SPEZIFIKATION DURCH DEN KÄUFER: Die Ware [*Geben Sie die Qualitätsnorm an wie zum Beispiel:* entspricht der (*Norm*) in (*Land*) oder entspricht der Industrienorm für den Haushaltsgebrauch]. Die Ware wurde geändert, um die Spezifikation des Kunden zu erfüllen, ohne die hier angegebene Qualitätsnorm zu ändern. Der bestimmungsgemäße Gebrauch der Ware liegt in [*Beschreibung des Verwendungszwecks*] und keinem anderen Zweck. Der Verkäufer sichert nicht zu, daß die geänderte Ware für die vom Käufer beabsichtigte Verwendung geeignet ist.

Kaufpreis

- Schlechte Vertragsbedingung:
  Der Käufer verpflichtet sich, die Ware zum Preis von [*Währung und Betrag*] pro [*Einheit wie zum Beispiel:* Karton von 250 Stück] zu kaufen.
  Der Markt im Land des Käufers kann sich ändern, bevor die Waren überhaupt geliefert werden. Dies gilt insbesondere in Ländern mit hoher Inflation. Um diese Schwierigkeiten zu berücksichtigen, erlauben internationale Kaufverträge häufig eine Anpassung des Verkaufspreises.

- Bessere Vertragsbedingung:
  Der Käufer verpflichtet sich, die Ware zum Preis von [*Währung und Betrag*] pro [*Einheit wie zum Beispiel:* Karton mit 250 Einheiten] (nachfolgend »Verkaufspreis« genannt) zu kaufen. Der Verkaufspreis der Ware kann unter folgenden Bedingungen angepaßt werden:

  1. **Die Parteien vereinbaren, daß sie sich bemühen, über einen gerechten und angemessenen Preis neu zu verhandeln, wenn die Herstellkosten des Verkäufers aus irgendwelchen Gründen so stark steigen, daß es für den Verkäufer eine unzumutbare Härte darstellt, die Ware zu dem vertraglich vereinbarten Verkaufspreis zu verkaufen. Um Neuverhandlungen zu verlangen, muß der Verkäufer dem Käufer mindestens [*Zahl*] Tage vor dem Liefertermin die Notwendigkeit, über den Verkaufspreis neu zu verhandeln, schriftlich mitteilen. Wenn sich die Parteien nicht auf einen neuen Verkaufspreis einigen können, endet dieser Vertrag ohne Haftung einer Partei.**

  2. **Wenn der Marktpreis der Ware in [*Land*] aus irgendeinem Grund so stark fällt, daß es für den Käufer eine unzumutbare Härte darstellt, sie zu dem vertraglichen vereinbarten Kaufpreis zu kaufen, hat der Käufer das gleiche Recht wie der Verkäufer, über den Kaufpreis neu zu verhandeln. Um Neuverhandlungen zu verlangen, muß der Käufer dem Verkäufer mindestens [*Zahl*] Tage vor dem Liefertermin die Notwendigkeit, über den Verkaufspreis neu zu verhandeln, schriftlich mitteilen. Wenn sich die Parteien nicht auf einen neuen Verkaufspreis einigen können, endet dieser Vertrag ohne Haftung einer Partei.**

Kaufpreis einschließlich Kosten

- Schlechte Vertragsbedingung:
  Die Kosten für Verpackung, Transport und Zollabfertigung sind im Kaufpreis enthalten.
  Möglicherweise kann der Verkäufer die Kosten für die Lieferung der Ware an den Käufer nicht genau ermitteln. Wenn die Schätzung zu niedrig ist, mindert sich der Gewinn des Verkäufers. Wenn die Schätzung zu hoch ist, dann ist die Ware auf den ersten Blick, der häufig ausschlaggebend ist, nicht wettbewerbsfähig. Der Käufer wird möglicherweise einwenden, daß die angesetzten Kosten zu hoch sind oder auf diese Lieferung nicht zutreffen. Es könnte daher zweckmäßig sein, die Kosten zu spezifizieren und festzulegen, welche Kosten von den einzelnen Parteien getragen werden. Es sollten keine festen Kosten angegeben werden, um Änderungen der Gebühren berücksichtigen zu können.

- Bessere Vertragsbedingung:
  Der Kaufpreis enthält die folgenden Kosten: [*Angabe der Kosten wie zum Beispiel:* Verpackungskosten und Handling vor dem Versand]. Im Kaufpreis sind die folgenden Kosten nicht enthalten: [*Angabe der Kosten wie zum Beispiel*: Steuern oder andere Gebühren, die auf die Herstellung, den Verkauf, den Transport oder den Im- oder Export der Waren erhoben werden], die der Verkäufer dem Käufer gesondert in Rechnung stellen wird. Die Zahlung der separaten Gebühren erfolgt per Nachnahme.

Liefertermin und Versandbedingungen

- Schlechte Vertragsbedingung:
  Die Ware wird spätestens am [*Datum*] FOB Hamburg geliefert.
  Abgekürzte Lieferklauseln einschließlich der hier verwendeten sollten nie allein verwendet werden – es sei denn, die Parteien sind bereit, im Streitfall die Bedingungen durch ein Gericht im Wege der Auslegung aus ihrem typischen Verhalten oder der üblichen Branchenpraxis ermitteln zu lassen. Die abgekürzten Lieferklauseln definieren die Lieferbedingungen nicht vollständig. Außerdem werden diese Klauseln von Land zu Land häufig unterschiedlich ausgelegt. Dies führt in einem internationalen Kaufvertrag zu einer Ungenauigkeit. Es ist zweckmäßig, die Lieferklauseln zu ergänzen. Wenn die Ware zum Beispiel mit einem Kran geladen wurde und die Reling des Schiffes überquert hat, aber noch nicht verstaut wurde, bedeutet FOB dann, daß die Lieferung erfolgt ist? Die Lieferklausel FOB kann nach der Verkehrssitte des jeweiligen Hafens eine unterschiedliche Bedeutung haben. Wenn der Käufer einen bestimmten Frachtführer bevorzugt, dann sollte die Auswahl des Frachtführers nicht dem Ermessen der Verkäufers überlassen bleiben. Außerdem ist es im-

mer zweckmäßig, in den Vertragsbedingungen zu berücksichtigen, daß sich die Lieferung verzögern könnte.

- Bessere Vertragsbedingung:
  Die Ware wird spätestens am [*Datum*] (nachfolgend »Liefertermin« genannt) FOB Hamburg, auf dem Schiff verstaut, geliefert. Die Wahl der Transportart zum Lieferort ist dem Verkäufer überlassen. Bei Lieferverzögerung benachrichtigt der Verkäufer den Käufer unverzüglich über den voraussichtlichen Liefertermin und die Gründe der Verzögerung. Wenn die Verzögerung nicht größer als [*Zahl*] Tage nach dem Liefertermin ist, stellt die Verzögerung keine Vertragsverletzung dar. Wenn die Verzögerung größer ist, hat der Käufer die Möglichkeit, diesen Vertrag zu kündigen.

Lieferort und Lieferklauseln

- Schlechte Vertragsbedingung:
  Die Ware wird FOB Hamburg an das Frachtterminal am Kai des Frachtschiffes geliefert.
  Die Parteien haben eine falsche Lieferklausel verwendet. Die Lieferklausel sieht nicht vor, daß die Ware erst an den Kai und dann an Bord des Schiffes geliefert wird. Nach den Lieferklauseln FOB, CFR und CIF ist die Ware an den Kai geliefert, wenn die Ware die Schiffsreling überschritten hat. Die falsche Verwendung einer Lieferklausel kann zu einem unvorhergesehenen Risiko und einer unerwünschten Überraschung führen. In diesem Fall trägt der Verkäufer weiterhin alle Gefahren des Verlusts oder der Beschädigung der Ware, bis die Ware die Schiffsreling überschritten hat. Es ist wichtig, daß Sie jede Phase des Transports unter dem Gesichtspunkt betrachten, welche Partei in den verschiedenen Phasen die Gefahren des Verlusts oder der Beschädigung der Ware trägt.

- Bessere Vertragsbedingung:
  Die Ware wird FCA Hamburg geliefert.

Versicherung

- Schlechte Vertragsbedingung:
  Der [*Käufer/Verkäufer*] muß die Ware während des Transports für [*Währung und Betrag*] versichern. Eine Kopie der Police oder einer anderen vom Versicherer gelieferten Erklärung muß dem [*Verkäufer/Käufer*] übermittelt werden, bevor die Waren versendet werden. Wenn es unterlassen wird, eine Versicherung für die Ware abzuschließen, berechtigt dies zur Kündigung dieses Vertrags. Für weitergehenden Versicherungsschutz kann jede Partei auf eigene Rechnung die Versicherung abschließen, die sie wünscht.

Diese Klausel kann für das Inlandsgeschäft angemessen sein, wo die Parteien den möglichen Versicherungsschutz kennen, aber sie ist für internationale Transaktionen zu streng. Wenn die Parteien nicht sicher sind, daß ein Versicherungsschutz in der angegebenen Höhe möglich ist, sollte es kein Grund zur Kündigung des Vertrags sein, wenn eine Partei diesen Versicherungsschutz nicht erhält.

- Bessere Vertragsbedingung:
  Der [*Käufer/Verkäufer*] ist verpflichtet, die Ware während des Transports zu versichern. Die Versicherungsdeckung muß dem Rechnungswert der Ware entsprechen, und der [*Verkäufer/Käufer*] muß als Begünstigter angegeben werden. Eine Kopie der Police oder einer anderen Erklärung der Versicherung muß dem [*Verkäufer/Käufer*] zur Verfügung gestellt werden, bevor die Ware versendet wird. Wenn der [*Käufer/Verkäufer*] es unterläßt, die Versicherung abzuschließen, hat der [*Verkäufer/Käufer*] das Recht, zu Lasten des [*Käufers/Verkäufers*] eine Versicherung abzuschließen. Für darüber hinausgehenden Versicherungsschutz kann jede Partei auf eigene Rechnung die gewünschte Versicherung abschließen.

Zeitpunkt des Eigentumsübergangs

- Schlechte Vertragsbedingung:
  Das Eigentum an der Ware geht an den Käufer über, wenn die Ware versendet wird.
  Mit dem Eigentum gehen auch alle Gefahren des Verlusts oder der Beschädigung der Ware über. Daher sollte diese entscheidende Klausel klar und eindeutig sein. Der Begriff »versendet« hat jedoch verschiedene Bedeutungen. Er kann einfach bedeuten, daß die Ware das Lager des Verkäufers verlassen hat, aber noch im Besitz des Verkäufers ist. Eine andere Alternative besteht darin, daß der Verkäufer die Ware an einen Frachtführer zu Land wie zum Beispiel die Eisenbahn oder ein Lkw-Transportunternehmen übergeben hat. Oder er kann bedeuten, daß die Ware versendet ist, wenn sie an Bord eines Schiffes geladen wurde, selbst wenn sie vorher auf Land von einem anderen Frachtführer transportiert wurde.

- Bessere Vertragsbedingung:
  Das Eigentum an der Ware geht zu dem Zeitpunkt an den Käufer über, wenn der Verkäufer die Ware an den Käufer liefert. Die Ware gilt als geliefert, wenn sie an Bord des Schiffes verstaut ist.

Eigentumsübergang gleichzeitig mit Gefahrenübergang

- Schlechte Vertragsbedingung:
  Das Eigentum bleibt bei dem Verkäufer, bis die Ware am Geschäftssitz des Käufers vom Käufer angenommen wird. Alle Gefahren des Verlusts oder der Beschädigung der Ware gehen zu dem Zeitpunkt auf den Käufer über, wenn der Käufer dieses Angebot annimmt.
  Dies ist eine extreme Version, die das Problem veranschaulicht, das entstehen kann, wenn Eigentums- und Gefahrenübergang zu verschiedenen Zeitpunkten erfolgen. Wenn der Käufer das Angebot annimmt, liegt die Ware im Lager des Verkäufers. Das Lager brennt ab. Der Käufer erleidet einen Verlust, obwohl er nicht Eigentümer ist. Ohne Eigentümer zu sein, ist es auch schwieriger, eine Versicherung abzuschließen.

- Bessere Vertragsbedingung:
  Das Eigentum an der Ware und alle Gefahren des Verlusts oder der Beschädigung der Ware gehen zu dem Zeitpunkt an den Käufer über, wenn die Ware an Bord des Frachtschiffes verstaut ist.

Retouren

- Schlechte Vertragsbedingung:
  Nach der ersten Lieferung ist der Käufer berechtigt, die Waren an den Verkäufer zurückzugeben, die er nach [*Zahl*] Tagen trotz angemessener und sorgfältiger Marketinganstrengungen nicht verkaufen konnte.
  Die Absicht dieser Klausel ist wegen der Zeitangabe »nach« nicht eindeutig. Nach wörtlicher Auslegung dieser Klausel ist der Käufer berechtigt, die Ware zurückzugeben, ohne Rücksicht darauf, ob sie Teil der ersten oder einer späteren Lieferung war. Die Formulierung »nach der ersten Lieferung« ist realitätsfremd. Höchstwahrscheinlich beabsichtigten die Parteien, die Ware der ersten Lieferung von der Rückgabe auszunehmen.

- Bessere Vertragsbedingung:
  Mit Ausnahme der Ware der ersten Lieferung ist der Käufer berechtigt, Ware an den Verkäufer zurückzugeben, die er trotz angemessener und gewissenhafter Marketinganstrengungen nach [*Zahl*] Tagen nicht verkaufen konnte. Das Rückgaberecht des Käufers erstreckt sich nicht auf Ware, die mit der ersten Lieferung an den Käufer geliefert wurde.

Zollabfertigung

- Schlechte Vertragsbedingung:
  Der Verkäufer ist verpflichtet, die Zollabfertigung durchzuführen. Wenn die Zollabfertigung erfolgt ist, benachrichtigt der Verkäufer umgehend den Käufer, daß die Ware versendet werden kann.
  Diese Klausel erklärt nicht, ob der Verkäufer die Zollabfertigung im Ausfuhr-, im Einfuhrland oder in beiden Ländern durchführen muß. Außerdem kann der Verkäufer auf Grund dieser Klausel für Vertragsverletzung haften, wenn die Ware ohne Verschulden des Verkäufers vom Zoll nicht abgefertigt wird. Angenommen die Zollabfertigung ist erfolgt, so muß der Verkäufer die Ware lagern, bis der Käufer benachrichtigt ist und Vorkehrungen zur Annahme der Lieferung treffen kann.

- Bessere Vertragsbedingung:
  Der Verkäufer ist verpflichtet, alle Dokumente zu beschaffen, auszufüllen und vorzulegen sowie Gebühren zu bezahlen, die zur Zollabfertigung sowohl im Ausfuhr- als auch im Einfuhrland erforderlich sind. Dies muß rechtzeitig geschehen, um die Ware spätestens bis zum [*Datum*] an den Geschäftssitz des Käufers liefern zu können. Der Käufer kooperiert voll, indem er die Dokumente und Informationen liefert, die der Verkäufer zur Zollabfertigung benötigt. Wenn sich die Zollabfertigung verzögert, weil der Käufer Dokumente oder Informationen nicht liefert, wird es nicht als Vertragsverletzung betrachtet, wenn der Verkäufer die Ware nicht zum vereinbarten Termin liefert. Der Verkäufer ist berechtigt, dem Käufer alle Kosten der Lagerung oder Aufbewahrung der Ware in Rechnung zu stellen, die entstehen, weil der Käufer nicht bereit ist, die Ware zum Liefertermin anzunehmen, vorausgesetzt, die Lieferung erfolgt nicht vor dem [*Datum*].

Rechte zur Prüfung der Waren

- Schlechte Vertragsbedingung:
  Vor Annahme der Ware hat der Käufer das Recht, die Ware an dem Ort und zu dem Zeitpunkt zu prüfen, wo sie geliefert wird
  Wenn Zeit und Ort der Lieferung für den Käufer bequem sind, reicht diese Klausel aus. Die Prüfungsrechte des Käufers sind jedoch wertlos, wenn er sie nicht wahrnehmen kann. Wenn die Lieferung daher Ex Works (das heißt vom Lager des Verkäufers aus) erfolgt, kann ein ausländischer Käufer die Prüfungsrechte wahrscheinlich nicht wahrnehmen. Dem Käufer oder einem bevollmächtigten Vertreter sollten zumindest Prüfungsrechte gewährt werden, und er sollte genügend Zeit haben, um die Ware zu prüfen.

- Bessere Vertragsbedingung:
  Vor Annahme der Ware hat der Käufer das Recht, die Ware zu prüfen, nachdem sie am Geschäftssitz des Käufers in [*Ort*] eingetroffen ist. Die Annahme oder Rückweisung muß innerhalb von [*Zahl*] Arbeitstagen seit Eintreffen der Ware am Bestimmungsort erfolgen. Wenn der Käufer es unterläßt, die Ware zu prüfen, wird dies als Verzicht auf das Prüfrecht betrachtet.

9 Vertragsparteien (III) – Prüfung des Vertragsentwurfs

Mitten auf Ihrem Schreibtisch – neben Vertragsentwürfen, Verhandlungsaufzeichnungen und der Korrespondenz mit Ihrem ausländischen Geschäftspartner – liegt jetzt der internationale Kaufvertrag, den Sie noch nicht unterzeichnet haben. Sie haben ihn noch nicht einmal vollständig durchgelesen. Vielleicht haben Sie ihn gerade durchgeblättert und einen kurzen Blick auf einige Vertragsbedingungen geworfen. Entspricht der Vertrag Ihren Intentionen? Berücksichtigt er alle wesentlichen Punkte? Berücksichtigt er alle Sonderpunkte? Sollten Sie ihn unterzeichnen?

Um sicher zu sein, daß der Vertrag vollständig ist, sollten Sie ihn mehrere Male lesen und dabei jedes Mal an einen bestimmten Aspekt denken. Zunächst sollten Sie den Vertrag durchlesen, um seinen Aufbau kennenzulernen. Im nächsten Durchgang sollten Sie prüfen, ob die Vertragsbedingungen berücksichtigt wurden, über die Sie bereits verhandelt haben und denen Sie mündlich zugestimmt hatten. Im dritten Durchgang sollten Sie prüfen, ob alle Aspekte der Geschäftsbeziehung entsprechend der Praxis Ihrer Branche geregelt sind. Schließlich sollten Sie prüfen, ob der Vertrag alle rechtlichen und geschäftlichen Punkte berücksichtigt, die in internationalen Kaufverträgen üblich sind. Der internationale Kaufvertrag sollte die folgenden Aspekte enthalten.

■ Prüfung des Vertrags durch den Käufer

Ein internationaler Kaufvertrag wird in der Regel vom Verkäufer oder dem Rechtsanwalt des Verkäufers entworfen. Sie sollten daher jede Vertragsbedingung prüfen, bevor sie den Kaufvertrag unterzeichnen. Es könnte zweckmäßig sein, daß Sie Ihren Anwalt konsultieren. Inhaltlich sind die folgenden Punkte zu überprüfen.

Dauer der Beziehung

Regelt der internationale Kaufvertrag ein einmaliges Geschäft oder eine dauerhafte Geschäftsbeziehung?

Die Vertragsbedingungen unterscheiden sich nach der Dauer der Geschäftsbeziehung. Der Hauptunterschied besteht darin, daß im Rahmen langfristiger Geschäftsbeziehungen in der Regel vertraglich vereinbart wird, bei Bedarf Einzelheiten neu zu verhandeln, um beiden Parteien die Erfüllung des Vertrags zu erleichtern. Sie sollten prüfen, ob der Vertrag die folgenden Bedingungen enthält.

- Drückt der Vertrag Ihre Absicht aus, eine langfristige Geschäftsbeziehung einzugehen oder ein einmaliges Geschäft abzuschließen?
- Erlaubt der Vertrag, über die wesentlichen Lieferbedingungen, die Spezifikation der Ware und die Kostenverrechnung neu zu verhandeln, wenn die Vertragserfüllung eine unzumutbare Härte darstellt oder unmöglich ist?
- Falls es sich um einen Rahmenvertrag handelt, sollten Sie prüfen, ob hinreichend berücksichtigt wurde, die Vertragsbedingungen anpassen zu können.
- Lassen sich Vertragsänderungen unkompliziert durchführen, oder sieht der Vertrag vor, daß Änderungen schriftlich vereinbart werden müssen?

Vollmacht des Verkäufers zum Vertragsabschluß

Hat der Verkäufer oder der Vertreter des Verkäufers die Vollmacht zum Vertragsabschluß?

Die Vollmacht einer Partei zum Vertragsabschluß wird nur wichtig, wenn Sie über den Vertrag streiten oder wenn Sie den Vertrag vollstrecken lassen müssen. Wenn eine Partei den Vertrag ohne Vertretungsvollmacht abgeschlossen hat, kann der Vertrag trotzdem erfüllt werden. Darauf sollten Sie sich aber nicht verlassen, sondern Sie sollten von der Gegenpartei einen schriftlichen Nachweis über ihre Vollmacht zum Vertragsabschluß verlangen. Ihr Kaufvertrag sollte eine Klausel über die Vollmacht zum Vertragsabschluß beinhalten. Bei der Überprüfung dieser Vertragsklausel sollten Sie auf folgende Punkte achten:

- Ist der Verkäufer eine natürliche oder eine juristische Person?
- Wenn der Verkäufer eine juristische Person ist, ist zu fragen, ob der Vertreter des Verkäufers ihnen gegenüber den Nachweis geführt hat, daß er die Vollmacht hat, für den Verkäufer zu handeln.
- Hat der Verkäufer oder der Vertreter des Verkäufers Ihnen einen Anlaß gegeben, an seiner Vollmacht zu zweifeln?
- Ist der Verkäufer oder der Vertreter des Verkäufers volljährig und im Vollbesitz seiner geistigen Kräfte?

Berücksichtigung der wesentlichen Vertragsbedingungen

Enthält der Vertrag die wesentlichen Bedingungen?

Wenn ein internationaler Kaufvertrag nicht die Bedingungen enthält, die zur Abwicklung des Geschäfts notwendig sind, ist der Vertrag in manchen Ländern nicht vollstreckbar. In anderen Ländern werden die Gerichte die fehlenden Vertragsbedingungen vielleicht im Wege der Auslegung ermitteln – auf das Risiko hin, daß die Ergebnisse für Sie ungünstig sind. Daher sollten Sie den Kaufvertrag darauf hin überprüfen, ob er die folgenden Fragen beantwortet:

- Enthält der Vertrag eine klare und eindeutige Beschreibung der Art, der Qualität und der Menge der Ware, die Sie kaufen wollen?
- Ist der Kaufpreis angegeben, und ist er als Gesamtpreis oder als Preis pro Stück beziehungsweise pro Mengeneinheit ausgewiesen?
- Ist der Liefertermin angegeben oder beschrieben, wie sich der Liefertermin ermitteln läßt?
- Sind die Zahlungsbedingungen geregelt? Können Sie die Zahlungsbedingungen einhalten?
- Fällt der Kurs der vereinbarten Währung im Vergleich zur Währung im Land des Verkäufers?
- Rechnen Sie mit einer Abwertung?
- Ist im Vertrag ein Wechselkurs angegeben?
- Erlaubt der Vertrag, im Fall einer Abwertung über den Kaufpreis zu verhandeln?
- Um welche Vertragsbedingungen würde Ihr Kaufvertrag vor Gericht im Wege der Auslegung ergänzt?
- Ist die Anwendung des UN-Kaufrechts vertraglich vereinbart?

Prüfung der Ware

Welche Rechte hat der Käufer zur Prüfung der Ware?

Wenn Sie die Ware ohne Gewährleistung kaufen, dann sollten Sie darauf bestehen, daß ihnen vertraglich das Recht zur Prüfung der Ware zugestanden wird – vorausgesetzt, Sie haben die Zeit, die Mitarbeiter und die Einrichtungen, um eine sachgemäße Prüfung durchführen zu können. Selbst wenn Gewährleistung vereinbart ist, sind die Rechte zur Prüfung der Ware wichtig. Gewährleistungsrechte geltend zu machen, ist nicht so einfach, wie die Ware, die bei der Lieferung fehlerhaft ist, einfach zurückzugeben. Überprüfen Sie Ihre vertraglichen Rechte zur Prüfung der Ware unter folgenden Aspekten:

- Können Sie Ihre Rechte zur Prüfung der Ware wahrnehmen, oder ist es innerhalb der Zeit oder auf Grund des Ortes unmöglich?
- Müssen Sie die Ware bezahlen, bevor Sie sie prüfen können?
- Müssen Sie die Prüfung der Ware durch einen Dritten durchführen lassen?

Lieferbedingungen

Welche Lieferbedingungen sieht der Vertrag vor?

Die Lieferklauseln legen fest, wann der Eigentums- und Gefahrenübergang vom Verkäufer auf den Käufer erfolgt. Dies kann zu verschiedenen Zeitpunkten geschehen. Sie sollten den Gefahrenübergang ablehnen, wenn Sie nicht zugleich Eigentümer werden. Außerdem sollten Sie daran denken, daß bei internationalen Transporten Verzögerungen eintreten können und inflexible Lieferklauseln daher zur Unmöglichkeit der Vertragserfüllung führen können. Ihr Kaufvertrag sollte die folgenden Punkte berücksichtigen:

- Sieht der Vertrag einen Versandtermin oder eine Möglichkeit zur Berechnung des Versandtermins vor?
- Ist es klar, wann der Eigentums- und Gefahrenübergang vom Verkäufer auf den Käufer erfolgt?
- Erfolgen Eigentums- und Gefahrenübergang zum gleichen Zeitpunkt?
- Behält der Verkäufer das Eigentum, selbst nachdem Sie den Kaufpreis entrichtet haben und alle Gefahren des Verlusts oder der Beschädigung der Ware während des Transports auf Sie übergegangen sind?
- Erlaubt der Vertrag, über die Lieferklauseln neu zu verhandeln, wenn eine Partei in Verzug ist?
- Wird der Liefertermin angepaßt, wenn infolge der Beachtung von Export- oder Importvorschriften, der Beantragung von Lizenzen, der Prüfung der Ware usw. eine Verzögerung eingetreten ist?

Spezifikation der Ware

Enthält der Vertrag eine genaue Beschreibung der Ware (das heißt Art, Qualität, Eigenschaften)?

Wenn der Vertrag eine Beschreibung der Ware enthält, können Sie erwarten, daß Ware geliefert wird, die Ihrer Spezifikation entspricht. Leider ist das nicht immer der Fall. Sie müssen prüfen, welche Abweichungen zulässig sind. Für den Fall, daß sich der Verkäufer bemüht, die Anforderungen zu erfüllen, aber mehr Zeit als erwartet benötigt, sollten Sie Zugeständnisse machen. Wenn Sie die folgenden Aspekte beim Vertragsabschluß berücksichtigen, dann können Sie später auftretende Probleme regeln. Auf diese Weise können Sie vermeiden, daß später Überraschungen eintreten.

- Kann der Verkäufer eine Terminverschiebung verlangen?
- Gibt es eine Vertragsklausel, die in einer auftretenden Krise, die keine der Parteien zu vertreten hat, eine Verzögerung der Leistung erlaubt?
- Sind Abweichungen in der Art oder Menge der gelieferten Waren zulässig? Sind die Abweichungen begrenzt, und können Sie die Annahme der Waren verweigern? Ist der Verkäufer verpflichtet, Sie über die Abweichungen zu benachrichtigen?
- Verlangt der Kaufvertrag, daß Ihre Spezifikation der Waren unbedingt eingehalten werden muß?
- Sichert der Verkäufer ausdrücklich zu, Ihre Spezifikation der Ware einzuhalten?

- Beinhaltet Ihre Spezifikation der Ware alle Anforderungen auf Grund gesetzlicher Vorschriften Ihres Landes bezüglich Etikettierung, Kennzeichnung, Verpackung usw.?

Zollabfertigung

Welche Verpflichtungen haben Sie bezüglich der Zollabfertigung?

Die Zollabfertigung kann vereinfacht werden, wenn die Verpflichtungen des Verkäufers und des Käufers im Kaufvertrag klar geregelt werden. Sie sollten die Ausfuhr- und Einfuhranforderungen der betreffenden Länder kennen, obwohl Sie selbstverständlich auch allgemeine Begriffe verwenden können, ohne Rücksicht darauf, ob sie im konkreten Einzelfall relevant sind. Prüfen Sie die folgenden Punkte, um festzustellen, ob Sie die Zollanforderungen für das betreffende Land kennen und ob der Kaufvertrag alle Möglichkeiten berücksichtigt.

- Müssen Sie Ausfuhr- oder Einfuhrzölle, Steuern und Gebühren zahlen?
- Tragen Sie die Hafengebühren und/oder die Frachtkosten?
- Müssen Sie die Unterlagen für die Zollabfertigung zusammenstellen?
- Benötigen Sie eine Einfuhrlizenz oder -genehmigung?

Transportbedingungen und Versicherung

Verlangt der Vertrag, daß Sie einen Beförderungs- und einen Versicherungsvertrag abschließen?

Die Liefer- und Transportverpflichtungen hängen von der Art der Ware ab. Für kleinere Konsumgüter kann der Verkäufer die Ware tatsächlich bis zum Geschäftssitz des Käufers liefern. In anderen Fällen kann es erforderlich sein, daß der Käufer an einem bestimmten Punkt die Verantwortung für den Transport der Ware übernimmt. Prüfen Sie, ob der Kaufvertrag in den folgenden Punkten Ihre Absichten zum Ausdruck bringt.

- Wo übernehmen Sie die Verantwortung für den Transport der Ware?
- Regelt der Vertrag eindeutig, ob der Verkäufer die Ware dem vereinbarten Frachtführer übergibt, oder müssen Sie die Ware verladen?
- Müssen Sie die Ware gegen Verlust oder Beschädigung während des Transports versichern?
- Übernimmt der Verkäufer einen Versicherungsschutz?
- Haben Sie eine Kopie der Versicherungspolice des Verkäufers?
- Wie teuer ist die Versicherung, die Sie selbst abschließen?
- Müssen Sie die Ware während des Transports zwischenlagern?

Gewährleistung und Retouren

Welche Gewährleistung und Serviceleistungen übernimmt der Verkäufer?

Wenn der Verkäufer mit anderen Anbietern um Ihren Auftrag konkurriert, wird er Ihnen als Anreiz für den Kauf wahrscheinlich Gewährleistung und Serviceleistungen anbieten. Wenn der Wettbewerb auf der Anbieterseite gering ist, müssen Sie vielleicht Forderungen stellen und über gewünschte Anreize verhandeln. Die Anreize hängen von der Branche und den beteiligten Ländern ab. Wenn Sie zum Beispiel Konsumgüter für den Vertrieb im Einzelhandel in Ihrem eigenen Land kaufen, bietet der Verkäufer vielleicht Gewährleistung und Rückgabe der Ware an. Wenn es sich um teure Produkte wie zum Beispiel High-Tech-Produkte oder Einbaugeräte handelt, wird der Verkäufer wahrscheinlich einen Reparatur- und Wartungsdienst anbieten. Ein anderer wichtiger Anreiz kann darin bestehen, daß der Verkäufer Sie von Ansprüchen Dritter freistellt. Bei der Überprüfung der Anreize in Ihrem Vertrag sollten Sie auf folgende Punkte achten:

- Können Sie die Garantie auf den nächsten Käufer übertragen?
- Muß der Verkäufer fehlerhafte Ware umtauschen?
- Gibt es eine Rückgabeklausel?
- Stellt Sie der Verkäufer von Schadensersatzansprüchen wegen unerlaubter oder fahrlässiger Handlung des Verkäufers wie zum Beispiel Konstruktions- oder Herstellungsfehler frei?
- Ist der Verkäufer verpflichtet, die Ware zu warten, nachdem Sie sie angenommen haben?
- Gelten die Gewährleistungs- und Serviceverpflichtungen auch nach der Lieferung, selbst wenn der Vertrag mit der Lieferung endet?
- Hat der Verkäufer Sie von Ansprüchen Dritter wegen Mängeln der Ware oder Verletzung gewerblicher Schutzrechte freigestellt?
- Können Sie die Ware aus irgendeinem Grund zurückgeben?
- Muß die Rückgabe in angemessener Zeit erfolgen?
- Gilt die Rückgabefrist für alle Lieferungen?
- Trägt der Verkäufer die Kosten des Rücktransports?

Abtretung von Rechten

Sieht der Kaufvertrag vor, daß die Rechte aus dem Vertrag abgetreten werden können?

Wenn der Vertrag kurzfristig erfüllt wird, spielen Abtretungsrechte wahrscheinlich keine Rolle. Dennoch kann auch kurzfristig viel geschehen – einschließlich eines Bankrotts oder eines unlösbaren Konflikts. Beide Vertragsparteien sollten das Recht haben, die Rechte und Pflichten aus dem Vertrag abzutreten. Gerichte gehen häufig von einem gegenseitigen Abtretungsrecht aus, selbst wenn der Kaufvertrag anders lautet. Es ist allgemein üblich, die Abtretung unter der Voraussetzung zu erlauben, daß die andere Partei zustimmt. Ein vollständiges Abtretungsverbot kommt selten vor und ist in vielen Ländern nicht vollstreckbar. Sie sollten Ihren Vertrag daher bezüglich der folgenden Punkte überprüfen:

- Können Sie alle Rechte und Pflichten aus dem Vertrag auf eine andere Person übertragen?
- Können Sie Ihre Rechte und Pflichten teilweise an eine andere Person abtreten?
- Hat der Verkäufer das gleiche Recht? Müssen Sie vorher zustimmen?

Kündigungsrechte

Welche Kündigungsrechte sieht der Vertrag vor?

Ähnlich wie das Abtretungsrecht wird das Recht zur Kündigung oder Beendigung eines Kaufvertrags nicht häufig ausgeübt, ist aber trotzdem wichtig. In jedem Kaufvertrag sollte ein Kündigungsrecht ausdrücklich vorgesehen werden – selbst wenn die Vertragsparteien nicht damit rechnen, daß dieser Fall eintreten wird. In internationalen Kaufverträgen erhält die Kündigungsklausel eine zusätzliche Bedeutung, weil die Parteien stärker als bei inländischen Verträgen mit Faktoren fertig werden müssen, die sie nicht beeinflussen können, wie zum Beispiel Transport über lange Entfernungen, Zollabfertigung sowie unterschiedliche wirtschaftliche und politische Einflüsse. Wenn der Kaufvertrag kein Kündigungsrecht vorsieht, nehmen Gerichte im Wege der Auslegung wahrscheinlich an, daß die Parteien eine Beendigung nur auf Grund einer angemessenen Begründung wollten. Wenn Sie eine Kündigung ohne Grund zulassen wollen, sollte der Vertrag dies ausdrücklich vorsehen. Sie sollten die Kündigungsklausel in bezug auf die folgenden Punkte überprüfen:

- Haben Sie ein Kündigungsrecht? Hat der Verkäufer das gleiche Recht?
- Muß für die Kündigung ein Grund angegeben werden?
- Wie muß das Kündigungsrecht ausgeübt werden?

Rechtsmittel

Welche Rechtsmittel haben Sie bei Vertragsverletzung durch den Verkäufer?

Möglicherweise wird es nicht notwendig sein, die vertraglich vorgesehenen Rechtsmittel einzulegen. Wenn Sie vertraglich keine geeigneten Rechtsmittel vereinbaren, bleiben Ihnen nur die gesetzlich vorgesehenen Rechtsmittel. Überprüfen Sie den Kaufvertrag auf die folgenden Punkte:

- Ermuntert der Vertrag bei Streitigkeiten zu Verhandlungen oder einem Mediationsverfahren?
- Sieht der Vertrag bei Vertragsverletzung eine Vertragsstrafe vor?
- Sieht der Vertrag ein Schiedsgerichtsverfahren vor? Ist die Schlichtung bindend oder nicht? Welches Schiedsgericht wurde ausgewählt?

- Sieht der Vertrag vor, daß der in einem Schiedsgerichtsverfahren oder Prozeß obsiegenden Partei die Gerichts- und Anwaltskosten erstattet werden?
- Ist der gewählte Gerichtsstand günstig für Sie, wenn Sie den Verkäufer verklagen wollen?
- Ist ein Urteil gegen den Verkäufer vollstreckbar?
- Enthält der Vertrag eine Klausel über das anzuwendende Recht?

Unabhängige Beratung

Hatten Sie die Möglichkeit, Ihren Anwalt zu konsultieren?

Um später vor Gericht Fragen zu vermeiden, ob die Parteien die Vertragsbedingungen verstanden haben und eine Einigung zustande kam, sollte in einem internationalen Kaufvertrag vereinbart werden, daß beide Parteien die Möglichkeit haben, sich durch einen unabhängigen Anwalt beraten zu lassen. Eine fehlende Einigung kann ein Grund zur Anfechtung des Vertrags sein. Diese Vertragsklausel kann zweckmäßig sein, um festzustellen, daß die Parteien den Vertrag freiwillig und unter voller Kenntnis der Bedeutung und Wirkung der Vertragsbedingungen abgeschlossen haben. Bei der Überprüfung dieser Vertragsklausel sollten Sie die folgenden Punkte beachten:

- Sieht der Vertrag zusätzlich zur Gewährung des Rechts, einen unabhängigen Berater zu konsultieren, außerdem vor, daß die Parteien diese Möglichkeit hatten, bevor Sie den Vertrag unterzeichneten?
- Sieht der Vertrag vor, daß der Berater jeder Partei unabhängig sein muß?
- Stellt der Vertrag fest, daß die Parteien die Möglichkeit hatten, den Vertrag entsprechend den Empfehlungen ihrer unabhängigen Berater zu ändern?

■ Prüfung des Vertrags durch den Verkäufer

Als Verkäufer haben Sie oder Ihr Anwalt wahrscheinlich den internationalen Kaufvertrag entworfen. Um sicherzustellen, daß Sie Ihre Interessen vollständig berücksichtigt und geschützt haben, sollten Sie alle Vertragsbedingungen noch einmal prüfen, bevor Sie dem Käufer den Kaufvertrag vorlegen. Inhaltlich sind die folgenden Punkte zu überprüfen.

Dauer der Beziehung

Regelt der internationale Kaufvertrag ein einmaliges Geschäft oder eine dauerhafte Geschäftsbeziehung?

Die Vertragsbedingungen unterscheiden sich nach der Dauer der Geschäftsbeziehung. Der Hauptunterschied besteht darin, daß im Rahmen langfristiger Geschäftsbeziehungen in der Regel vertraglich vereinbart wird, bei Bedarf Einzelheiten neu zu verhandeln, um beiden Parteien die Erfüllung des Vertrags zu erleichtern. Sie sollten prüfen, ob der Vertrag die folgenden Bedingungen enthält.

- Drückt der Vertrag Ihre Absicht aus, eine langfristige Geschäftsbeziehung einzugehen oder ein einmaliges Geschäft abzuschließen?
- Erlaubt der Vertrag, über die wesentlichen Lieferbedingungen, die Spezifikation der Ware und die Kostenverrechnung neu zu verhandeln, wenn die Vertragserfüllung eine unzumutbare Härte darstellt oder unmöglich ist?
- Falls es sich um einen Rahmenvertrag handelt, sollten Sie prüfen, ob hinreichend berücksichtigt wurde, die Vertragsbedingungen anpassen zu können.
- Lassen sich Vertragsänderungen unkompliziert durchführen, oder sieht der Vertrag vor, daß Änderungen schriftlich vereinbart werden müssen?

Vollmacht des Käufers zum Vertragsabschluß

Hat der Käufer oder der Vertreter des Käufers die Vollmacht zum Vertragsabschluß?

Die Vollmacht einer Partei zum Vertragsabschluß wird nur wichtig, wenn Sie über den Vertrag streiten oder wenn Sie den Vertrag vollstrecken lassen müssen. Wenn eine Partei den Vertrag ohne Vertretungsvollmacht abgeschlossen hat, kann der Vertrag trotzdem erfüllt werden. Darauf sollten Sie sich aber nicht verlassen, sondern Sie sollten von der Gegenpartei einen schriftlichen Nachweis über ihre Vollmacht zum Vertragsabschluß verlangen. Ihr Kaufvertrag sollte eine Klausel über die Vollmacht zum Vertragsabschluß beinhalten. Bei der Überprüfung dieser Vertragsklausel sollten Sie auf folgende Punkte achten:

- Ist der Käufer eine natürliche oder eine juristische Person?
- Wenn der Käufer eine juristische Person ist, ist zu fragen, ob der Vertreter des Käufers Ihnen gegenüber den Nachweis geführt hat, daß er die Vollmacht hat, für den Käufer zu handeln.
- Hat der Käufer oder der Vertreter des Käufers Ihnen einen Anlaß gegeben, an seiner Vollmacht zu zweifeln?
- Ist der Käufer oder der Vertreter des Käufers volljährig und im Vollbesitz seiner geistigen Kräfte?

Berücksichtigung der wesentlichen Vertragsbedingungen

Enthält der Vertrag die wesentlichen Bedingungen?

Wenn ein internationaler Kaufvertrag nicht die Bedingungen enthält, die zur Abwicklung des Geschäfts notwendig sind, ist der Vertrag in manchen Ländern nicht vollstreckbar. In anderen Ländern werden die Gerichte die fehlenden Vertragsbedingungen vielleicht im Wege der Auslegung ermitteln – auf das Risiko hin, daß die Ergebnisse für Sie ungünstig sind. Daher sollten Sie den Kaufvertrag darauf hin überprüfen, ob er die folgenden Fragen beantwortet:

- Enthält der Vertrag eine klare und eindeutige Beschreibung der Art, der Qualität und der Menge der Ware, die Sie verkaufen wollen?
- Ist der Kaufpreis angegeben, und ist er als Gesamtpreis oder als Preis pro Stück oder pro Mengeneinheit ausgewiesen?
- Ist der Liefertermin angegeben oder beschrieben, wie sich der Liefertermin ermitteln läßt?
- Sind die Zahlungsbedingungen geregelt? Ist die Zahlungsweise so sicher wie möglich? Wird vor Versand der Ware gezahlt? Wenn nicht, wie stellen Sie fest, ob gezahlt wurde, bevor die Ware an den Käufer ausgeliefert wird?
- Fällt der Kurs der vereinbarten Währung im Vergleich zur Währung im Land des Käufers?
- Rechnen Sie mit einer Abwertung?
- Ist im Vertrag ein Wechselkurs angegeben?
- Erlaubt der Vertrag, im Fall einer Abwertung über den Kaufpreis zu verhandeln?
- Um welche Vertragsbedingungen würde Ihr Kaufvertrag vor Gericht im Wege der Auslegung ergänzt?
- Ist die Anwendung des UN-Kaufrechts vertraglich vereinbart?

Lieferbedingungen

Welche Lieferbedingungen sieht der Vertrag vor?

Sie sollten die Lieferbedingungen aufmerksam prüfen. Als Verkäufer sind Sie verpflichtet, die Waren zu liefern und dem Käufer zu übergeben. Bis zur Übergabe der Ware tragen Sie alle Gefahren des Verlusts oder der Beschädigung der Ware. Damit Sie den Liefertermin einhalten können, sollten Sie sicherstellen, daß die Produktion, die Verpackung und der Transport rechtzeitig erfolgt. Berücksichtigen Sie, daß Verzögerungen eintreten können, und planen Sie daher eine entsprechende Reserve ein. Überprüfen Sie die Lieferbedingungen in bezug auf die folgenden Aspekte:

- Sieht der Vertrag einen Versandtermin oder eine Möglichkeit zur Berechnung des Versandtermins vor?
- Reicht der Liefertermin aus, um Verzögerungen aufzufangen, wie sie im internationalen Transport und bei der Zollabfertigung auftreten können?
- Sind die Lieferbedingungen dem gewählten Transportweg angemessen?
- Sind Sie genötigt, für unterschiedliche Transportwege zu sorgen?
- Welcher Lieferort gilt?
- Ist es klar, wann Eigentums- und Gefahrenübergang vom Verkäufer auf den Käufer erfolgen?
- Erfolgen Eigentums- und Gefahrenübergang zum gleichen Zeitpunkt?
- Haben Sie das Eigentumsrecht übertragen, bevor Sie sich von der Zahlung des Preises überzeugt haben?

Zollabfertigung

Welche Verpflichtungen haben Sie bezüglich der Zollabfertigung?

Die Zollabfertigung kann vereinfacht werden, wenn die Verpflichtungen des Verkäufers und des Käufers im Kaufvertrag klar geregelt werden. Sie sollten die Ausfuhr- und Einfuhranforderungen der betreffenden Länder kennen, obwohl Sie selbstverständlich auch allgemeine Begriffe verwenden können, ohne Rücksicht darauf, ob sie im konkreten Einzelfall relevant sind. Prüfen Sie die folgenden Punkte, um festzustellen, ob Sie die Zollanforderungen für das betreffende Land kennen und ob der Kaufvertrag alle Möglichkeiten berücksichtigt.

- Müssen Sie Ausfuhr- oder Einfuhrzölle, Steuern und Gebühren zahlen?
- Tragen Sie die Hafengebühren und/oder die Frachtkosten?
- Müssen Sie die Unterlagen für die Zollabfertigung zusammenstellen?
- Benötigen Sie eine Einfuhrlizenz oder -genehmigung?

Spezifikation der Ware

Enthält der Vertrag eine genaue Beschreibung der Ware (das heißt Art, Qualität, Eigenschaften)?

Wenn der Vertrag eine Beschreibung der Ware enthält, erwartet der Käufer, daß Ware geliefert wird, die seiner Spezifikation entspricht. Sie müssen prüfen, ob Sie diese Anforderungen erfüllen können. Der Kaufvertrag sollte auch angemessene Abweichungen für den Fall erlauben, daß Sie die Anforderungen nicht erfüllen können. Wenn Sie die folgenden Aspekte beim Vertragsabschluß berücksichtigen, dann können Sie später auftretende Probleme regeln. Auf diese Weise können Sie vermeiden, daß später Überraschungen eintreten.

- Verlangt der Kaufvertrag, daß Sie die Einhaltung der Spezifikation zusichern?
- Beinhaltet die Spezifikation der Ware alle Anforderungen auf Grund gesetzlicher Vorschriften Ihres Landes bezüglich Etikettierung, Kennzeichnung, Verpackung usw.?
- Können Sie bei Erfüllung der Anforderungen den Liefertermin einhalten?

Transportbedingungen und Versicherung

Verlangt der Vertrag, daß Sie einen Beförderungs- und einen Versicherungsvertrag abschließen?

Die Liefer- und Transportverpflichtungen hängen von der Art der Ware ab. Für kleinere Konsumgüter kann der Verkäufer die Ware tatsächlich bis zum Geschäftssitz des Käufers liefern. In anderen Fällen kann es erforderlich sein, daß der Käufer an einem bestimmten Punkt die Verantwortung für den Transport der Ware übernimmt. Prüfen Sie, ob der Kaufvertrag in den folgenden Punkten Ihre Absichten zum Ausdruck bringt.

- Müssen Sie die Ware gegen Verlust oder Beschädigung während des Transports versichern, oder übernimmt der Käufer einen Versicherungsschutz?
- Haben Sie eine Kopie der Versicherungspolice des Käufers?
- Wie teuer ist die Versicherung, die Sie selbst abschließen?
- Müssen Sie die Ware während des Transports zwischenlagern?

Gewährleistung und Retouren

Welche Gewährleistung und Serviceleistungen übernehmen Sie?

Um einen Auftrag zu bekommen, sind Sie vielleicht bereit, dem Käufer als Anreiz für den Kauf Gewährleistung und Serviceleistungen anzubieten. Die Anreize hängen von der Branche und den beteiligten Ländern ab. Wenn Sie zum Beispiel Konsumgüter verkaufen, bieten Sie vielleicht Gewährleistung und Rückgabe der Ware an. Wenn es sich um teure Produkte wie zum Beispiel High-Tech-Produkte oder Einbaugeräte handelt, werden Sie wahrscheinlich einen Reparatur- und Wartungsdienst anbieten. Ein anderer wichtiger Anreiz kann darin bestehen, daß Sie den Käufer von Ansprüchen Dritter freistellen. Bei der Überprüfung der Anreize in Ihrem Vertrag sollten Sie auf folgende Punkte achten:

- Verkaufen Sie die Ware »wie gesehen« ohne jede Gewährleistung?
- Haben Sie die Garantie auf den Käufer begrenzt, oder kann er die Garantie auf den nächsten Käufer übertragen?
- Haben Sie die Garantie darauf beschränkt, daß der Käufer die Ware nicht verändern darf?
- Sind Sie verpflichtet, die Ware nach Lieferung zu warten?
- Gewähren Sie dem Käufer das Recht, die Ware aus irgendeinem Grund zurückgeben?
- Ist das Rückgaberecht auf bestimmte Gründe beschränkt?
- Trägt der Käufer die Kosten des Rücktransports?

Gewerbliche Schutzrechte

Haben Sie Ihr geistiges Eigentum beziehungsweise Ihre gewerblichen Schutzrechte geschützt?

Der Wert Ihrer gewerblichen Schutzrechte – das heißt Warenzeichen, Dienstleistungsmarken, Markennamen, Patente, Geschmacksmuster – sollte nie unterschätzt werden. Verletzer Ihrer gewerblichen Schutzrechte kennen den Wert dieser Rechte, da ihre Umsätze darauf beruhen. Wenn Sie es bei Geschäften mit ausländischen Geschäftspartnern unterlassen, Ihre gewerblichen Schutzrechte zu schützen, ist das geradezu eine Einladung zur Verwässerung und Verletzung dieser Rechte. Ihr Vertrag sollte daher die folgenden Punkte berücksichtigen:

- Ist es dem Käufer untersagt, die Etiketten, die Verpackung, Werbebroschüren, Handbücher usw. für die Waren zu verändern?

- Haben Sie Vorschriften zur Kontrolle des Inhalts der Werbung festgelegt?
- Ist der Käufer verpflichtet, in seiner Werbung und Verkaufsförderung darauf hinzuweisen, daß Sie alleiniger Eigentümer der gewerblichen Schutzrechte sind?
- Haben Sie Ihre Firmenbezeichnung und Geschäftsgeheimnisse geschützt?

Abtretung von Rechten

Sieht der Kaufvertrag vor, daß die Rechte aus dem Vertrag abgetreten werden können?

Wenn der Vertrag kurzfristig erfüllt wird, spielen Abtretungsrechte wahrscheinlich keine Rolle. Dennoch kann auch kurzfristig viel geschehen – einschließlich eines Bankrotts oder eines unlösbaren Konflikts. Beide Vertragsparteien sollten das Recht haben, die Rechte und Pflichten aus dem Vertrag abzutreten. Gerichte gehen häufig von einem gegenseitigen Abtretungsrecht aus, selbst wenn der Kaufvertrag anders lautet. Es ist allgemein üblich, die Abtretung unter der Voraussetzung zu erlauben, daß die andere Partei zustimmt. Ein vollständiges Abtretungsverbot kommt selten vor und ist in vielen Ländern nicht vollstreckbar. Sie sollten Ihren Vertrag daher bezüglich der folgenden Punkte überprüfen:

- Können Sie alle Rechte und Pflichten aus dem Vertrag auf eine andere Person übertragen?
- Können Sie Ihre Rechte und Pflichten teilweise an eine andere Person abtreten?
- Hat der Käufer das gleiche Recht? Müssen Sie vorher zustimmen?

Kündigungsrechte

Welche Kündigungsrechte sieht der Vertrag vor?

Ähnlich wie das Abtretungsrecht wird das Recht zur Kündigung oder Beendigung eines Kaufvertrags nicht häufig ausgeübt, ist aber trotzdem wichtig. In jedem Kaufvertrag sollte ein Kündigungsrecht ausdrücklich vorgesehen werden – selbst wenn die Vertragsparteien nicht damit rechnen, daß dieser Fall eintreten wird. In internationalen Kaufverträgen erhält die Kündigungsklausel eine zusätzliche Bedeutung, weil die Parteien stärker als bei inländischen Verträgen mit Faktoren fertig werden müssen, die sie nicht beeinflussen können, wie zum Beispiel Transport über lange Entfernungen, Zollabfertigung sowie unterschiedliche wirtschaftliche und politische Einflüsse. Wenn der Kaufvertrag kein Kündigungsrecht vorsieht, nehmen Gerichte im Wege der Auslegung wahrscheinlich an, daß die Parteien eine Beendigung nur auf Grund einer angemessenen Begründung wollten. Wenn Sie eine Kündigung ohne Grund zulassen wollen, sollte der Vertrag dies ausdrücklich vorsehen. Sie sollten die Kündigungsklausel in bezug auf die folgenden Punkte überprüfen:

- Haben Sie ein Kündigungsrecht? Hat der Käufer das gleiche Recht?
- Muß für die Kündigung ein Grund angegeben werden?
- Wie muß das Kündigungsrecht ausgeübt werden?

Rechtsmittel

Welche Rechtsmittel haben Sie bei Vertragsverletzung durch den Käufer?

Möglicherweise wird es nicht notwendig sein, die vertraglich vorgesehenen Rechtsmittel einzulegen. Wenn Sie vertraglich keine geeigneten Rechtsmittel vereinbaren, bleiben Ihnen nur die gesetzlich vorgesehenen. Überprüfen Sie den Kaufvertrag auf die folgenden Punkte:

- Ermuntert der Vertrag bei Streitigkeiten zu Verhandlungen oder einem Mediationsverfahren?
- Sieht der Vertrag bei Vertragsverletzung eine Vertragsstrafe vor?
- Sieht der Vertrag ein Schiedsgerichtsverfahren vor? Ist die Schlichtung bindend oder nicht? Welches Schiedsgericht wurde ausgewählt?
- Sieht der Vertrag vor, daß der in einem Schiedsgerichtsverfahren oder Prozeß obsiegenden Partei die Gerichts- und Anwaltskosten erstattet werden?
- Ist der gewählte Gerichtsstand günstig für Sie, wenn Sie den Käufer verklagen wollen?
- Ist ein Urteil gegen den Käufer vollstreckbar?
- Enthält der Vertrag eine Klausel über das anzuwendende Recht?

Unabhängige Beratung

Hatten Sie die Möglichkeit, Ihren Anwalt zu konsultieren?

Um später vor Gericht Fragen zu vermeiden, ob die Parteien die Vertragsbedingungen verstanden haben und eine Einigung zustande kam, sollte in einem internationalen Kaufvertrag vereinbart werden, daß beide Parteien die Möglichkeit haben, sich durch einen unabhängigen Anwalt beraten zu lassen. Eine fehlende Einigung kann ein Grund zur Anfechtung des Vertrags sein. Diese Vertragsklausel kann zweckmäßig sein, um festzustellen, daß die Parteien den Vertrag freiwillig und unter voller Kenntnis der Bedeutung und Wirkung der Vertragsbedingungen abgeschlossen haben. Bei der Überprüfung dieser Vertragsklausel sollten Sie die folgenden Punkte beachten:

- Sieht der Vertrag zusätzlich zur Gewährung des Rechts, einen unabhängigen Berater zu konsultieren, außerdem vor, daß die Parteien diese Möglichkeit hatten, bevor Sie den Vertrag unterzeichneten?
- Sieht der Vertrag vor, daß der Berater jeder Partei unabhängig sein muß?
- Stellt der Vertrag fest, daß die Parteien die Möglichkeit hatten, den Vertrag entsprechend den Empfehlungen ihrer unabhängigen Berater zu ändern?

■ Prüfung des Vertrags durch den Anwalt des Käufers

Wenn Sie einen internationalen Kaufvertrag vorliegen haben – unabhängig davon, ob Sie ihn entworfen, der Verkäufer ihn vorbereitet hat oder ob er das Ergebnis gemeinsamer Bemühungen ist –, sollten Sie ihn durch einen Anwalt prüfen lassen, der auf internationales Recht spezialisiert ist. Ihr Anwalt kann auf Stärken und Schwächen des Vertrags hinweisen und Empfehlungen aussprechen, was Sie vor Unterzeichnung des Vertrags neu aushandeln sollten. Ihr Anwalt sollte die folgenden Punkte prüfen:

Nichtige oder anfechtbare Bestimmungen

- Können die Vertragsparteien eine vertragliche Vereinbarung über das anzuwendende Recht und den Gerichtsstand treffen?
- Können die Parteien vereinbaren, Streitigkeiten durch ein Schiedsgericht lösen zu lassen?
- Sind Vertragsstrafen zulässig?
- Ist der ganze Vertrag nichtig, wenn eine Vertragsbedingung ungültig ist?

Formvorschriften

- Welchen Nachweis muß der Vertreter des Verkäufers führen, daß er die Vollmacht hat, den Vertrag im Namen des Verkäufers abzuschließen?
- Gibt es außer der Unterzeichnung und Datierung noch andere Formvorschriften für das Inkrafttreten des Vertrags? Muß er notariell beurkundet werden? Sollten die Unterschriften beglaubigt werden?

Liefer- und Zahlungsbedingungen

- Welche Probleme entstehen, wenn die Zahlungsweise nicht möglich ist?
- Was sieht das UN-Kaufrecht vor? Ist es anwendbar, und, wenn das der Fall ist, wie beeinflußt es die Auslegung des Vertrags? Kann die Anwendung des UN-Kaufrechts vertraglich begrenzt werden?
- Sollten Sie über die Versicherung hinaus, die der Verkäufer abzuschließen hat, noch eine zusätzliche Versicherung abschließen?
- Welche Rechtsmittel haben Sie gegen den Verkäufer, wenn es eine Lieferverzögerung gibt und Ihnen zusätzliche Kosten für Miete eines Lagers und Arbeitslöhne entstehen?
- Paßt die Lieferklausel zur Transportart und zum Bestimmungsort?

Export- und Importbestimmungen

- Welche Lizenzen oder Genehmigungen müssen Sie nach dem Vertrag beantragen?
- Welche Anforderungen stellt die Zollabfertigung?
- Welche Unterlagen sind für die Einfuhr der Waren erforderlich?

- Wird die Ware geprüft, und wie kann die Prüfung durchgeführt werden?
- Welche Vorschriften gibt es in Ihrem eigenen Land für den Verkauf der Waren bezüglich der Etikettierung, Kennzeichnung, Verpackung usw.?

Gewährleistung und Rechtsmittel

- Welche Gewährleistung ist üblich? Sollten Sie eine erweiterte Gewährleistung vom Verkäufer verlangen?
- Wie wirksam sind die vorgesehenen Rechtsmittel bei einer Vertragsverletzung durch den Verkäufer?
- Können Sie die vorgesehenen Rechtsmittel nutzen?
- Was bedeutet jedes Rechtsmittel in bezug auf Verfahren, Kosten und Zeit?
- Welche Vor- und Nachteile haben die verschiedenen Rechtsmittel?
- Gibt es noch andere Rechtsmittel als die, die im Vertrag vorgesehen sind?
- Ist das im Vertrag vorgesehene Recht für Sie günstig?

Prüfung des Vertrags durch den Anwalt des Verkäufers

Bevor Sie einen internationalen Kaufvertrag unterzeichnen, sollten Sie ihn durch einen Anwalt prüfen lassen, der auf internationales Recht spezialisiert ist. Ihr Anwalt kann auf Stärken und Schwächen des Vertrags hinweisen und Empfehlungen aussprechen, was Sie vor Unterzeichnung des Vertrags neu aushandeln sollten. Ihr Anwalt sollte die folgenden Punkte prüfen:

Nichtige oder anfechtbare Bestimmungen

- Können die Vertragsparteien eine vertragliche Vereinbarung über das anzuwendende Recht und den Gerichtsstand treffen?
- Können die Parteien vereinbaren, Streitigkeiten durch ein Schiedsgericht lösen zu lassen?
- Sind Vertragsstrafen zulässig?
- Ist der ganze Vertrag nichtig, wenn eine Vertragsbedingung ungültig ist?

Formvorschriften

- Welchen Nachweis muß der Vertreter des Käufers führen, daß er die Vollmacht hat, den Vertrag im Namen des Käufers abzuschließen?
- Gibt es außer der Unterzeichnung und Datierung noch andere Formvorschriften für das Inkrafttreten des Vertrags? Muß er notariell beurkundet werden? Sollten die Unterschriften beglaubigt werden?

Liefer- und Zahlungsbedingungen

- Welche Probleme entstehen, wenn die Zahlungsweise nicht möglich ist?
- Was sieht das UN-Kaufrecht vor? Ist es anwendbar, und, falls ja, wie beeinflußt es die Auslegung des Vertrags? Kann die Anwendung des UN-Kaufrechts vertraglich begrenzt werden?

- Sollten Sie über die Versicherung hinaus, die der Käufer abzuschließen hat, noch eine zusätzliche Versicherung abschließen?
- Welche Rechtsmittel haben Sie gegen den Käufer, wenn es eine Lieferverzögerung gibt und Ihnen zusätzliche Kosten für Miete eines Lagers und Arbeitslöhne entstehen?
- Paßt die Lieferklausel zur Transportart und zum Bestimmungsort?

Export- und Importbestimmungen

- Welche Lizenzen oder Genehmigungen müssen Sie gemäß dem Vertrag beantragen?
- Welche Anforderungen stellt die Zollabfertigung?
- Welche Unterlagen sind für die Ausfuhr der Waren erforderlich?
- Wird die Ware geprüft, und wie kann die Prüfung durchgeführt werden?

Gewährleistung und Rechtsmittel

- Welche Gewährleistung ist üblich? Müssen Sie eine erweiterte Gewährleistung übernehmen?
- Wie wirksam sind die vorgesehenen Rechtsmittel bei einer Vertragsverletzung durch den Käufer?
- Können Sie die vorgesehenen Rechtsmittel nutzen?
- Was bedeutet jedes Rechtsmittel in bezug auf Verfahren, Kosten und Zeit?
- Welche Vor- und Nachteile haben die verschiedenen Rechtsmittel?
- Gibt es noch andere Rechtsmittel als die, die im Vertrag vorgesehen sind?
- Ist das im Vertrag vorgesehene Recht für Sie günstig?

10 Gültigkeit und Durchsetzung internationaler Verträge

■ Sitten und Gebräuche

Nachdem Sie in einer Fachzeitschrift eine Anzeige gesehen haben, richten Sie eine genaue Anfrage an einen ausländischen Händler. Sie umfaßt fünf Seiten. Zwei Tage später haben Sie immer noch keine Antwort erhalten. Sie hatten gedacht, daß sich der Händler auf diese Gelegenheit stürzen würde, ein Geschäft mit Ihnen zu machen. Aber weil Sie keine Antwort erhalten, gehen Sie wieder zur Tagesordnung über und vergessen den Händler. Sechs Monate später schickt Ihnen der Händler eine kurze Notiz und fragt an, ob Sie immer noch an dem Geschäft interessiert sind. Sie antworten ihm sofort und bestätigen, daß Sie das Geschäft annehmen. Der Händler springt jedoch ab, und Sie wollen wegen Vertragsverletzung klagen. Jetzt haben Sie so oft gegen die Geschäftspraxis des Auslandsgeschäfts verstoßen, daß Sie wirklich Glück haben müssen, um den Prozeß zu gewinnen.

Wenn Sie im Ausland einen Kaufvertrag abschließen wollen, müssen Sie die Kultur und die Geschäftspraxis dieses Landes berücksichtigen. Mit Arroganz gewinnt man keine Kunden. Ob Sie einen Handelspartner in Asien, Europa, Afrika, Süd- oder Nordamerika suchen – Sie müssen wissen, daß der Schlüssel zum Aufbau langfristiger Geschäftsbeziehungen darin besteht, die andere Vertragspartei zu respektieren. Höflichkeit beim ersten Kontakt, die allmähliche Entwicklung der Geschäftsbeziehungen und Freude am Verhandlungsprozeß sind Verhaltensweisen, die in unserer schnellebigen Welt nicht immer beachtet werden. Aber in vielen Regionen müssen Sie sich so verhalten, wenn Sie dort erfolgreich Geschäfte machen wollen. In einigen Ländern sind detaillierte Verträge notwendig, in anderen nicht. Wenn Sie Ihre Hausaufgaben vor dem ersten Kontakt erledigen, machen Sie weniger Fehler.

Funktion von Verträgen

Bevor Sie einem ausländischen Geschäftspartner eine Anfrage oder ein Vertragsangebot schicken, sollten Sie Erkundigungen über ihn einziehen. Außerdem sollte Sie feststellen, wie die allgemeinen Geschäftssitten in dem Land sind und ob Verträge oder persönliche Beziehungen die Grundlage von Geschäftsbeziehungen sind. Wenn Sie unsicher sind, ob Sie gleich einen richtigen Vertrag schikken sollten, sollten Sie statt dessen eine kurze Anfrage schicken, in der Sie den

Hintergrund Ihrer eigenen Firma erklären und Informationen über den anderen Geschäftspartner anfordern. Dies ist eine höfliche Einführung und ermuntert zur Antwort.

In vielen Ländern sind schriftliche Verträge nicht so wichtig wie persönliche Beziehungen. Daher spielt die Übermittlung einer detaillierten Anfrage oder eines Vertragsentwurfs keine Rolle, weil Sie es verabsäumt haben, zuerst eine persönliche Beziehung anzuknüpfen. Was zählt, ist das persönliche Bemühen um den Geschäftspartner. Durch persönliche Beziehungen werden vertragliche Vereinbarungen getroffen.

In Gesellschaften, in denen Beziehungen wichtiger als Verträge sind, neigen die Vertragsparteien dazu, dem Geist eines Vertrags zu folgen. Ein Vertrag stellt eine lose Verpflichtung zwischen den Vertragsparteien dar und besteht häufig nur aus einer kurzen Grundsatzerklärung. Einzelheiten werden festgelegt, wenn sich die Beziehung entwickelt, und Ergänzungen sind üblich. Mit einem einzigen Vertrag lassen sich mehrere Transaktionen abwickeln, weil ein Vertrag eine Geschäftsbeziehung regelt, nicht ein bestimmtes Geschäft. Eine Abtretung der Rechte und Pflichten aus einem Vertrag ist wahrscheinlich nicht möglich, weil die persönliche Beziehung so wichtig ist.

In anderen Ländern, in denen Verträge wichtig sind, neigen die Vertragsparteien dazu, Verträge buchstabengetreu auszulegen. Verträge bilden die Grundlage von Geschäftsbeziehungen; ohne Vertrag gibt es keine Geschäftsbeziehung. In einem Kaufvertrag muß jeder Aspekt des Geschäfts berücksichtigt werden, und gegen lange Verträge ist nichts einzuwenden. Wenn in einer Geschäftsbeziehung etwas geändert werden muß, regeln die Vertragsparteien dies schriftlich, und diese Änderung ergänzt den schriftlichen Vertrag. Meistens wird für jedes Einzelgeschäft ein Vertrag abgeschlossen.

Geduld

Es dauert im allgemeinen lange, um Beziehungen zu entwickeln, und daher sollten Sie Geduld haben, wenn Sie sich um einen ausländischen Geschäftspartner bemühen. Ein Geschäft muß nicht unbedingt heute, morgen oder in den nächsten Wochen abgeschlossen werden. Der ausländische Geschäftspartner betrachtet die Geschäftsbeziehung wahrscheinlich langfristig – vielleicht über einen Zeitraum von zehn oder zwanzig Jahren. Diese traditionelle Betrachtung herrscht in vielen Ländern heute noch vor. Wenn Sie zu aggressiv sind, werden Sie wahrscheinlich nur einmalige Geschäfte machen, aber keine langfristige Beziehung aufbauen können.

Im Gegensatz dazu werden in manchen Ländern Geschäfte zügig abgeschlossen. Zeit ist Geld – auch am Verhandlungstisch. Achten Sie darauf, ob die andere Partei Zeichen macht, die andeuten, daß Sie den Verhandlungsprozeß beschleunigen sollten. Schaut der ausländische Geschäftspartner verstohlen auf die Uhr? Ist er ungeduldig? Dann sollten Sie ohne Umschweife nur über das anstehende Geschäft sprechen.

Verhandlungen

Verhandeln – um nicht zu sagen Feilschen – gehört zum Geschäft. Wenn Sie nicht verhandeln können, müssen Sie es lernen. Internationale Kaufverträge werden selten bereits auf der Grundlage des ersten Angebots abgeschlossen. Man kann nicht davon ausgehen, daß ein Angebot direkt angenommen wird. Wenn Sie erwarten, daß Ihr Angebot von einem ausländischen Geschäftspartner ohne Verhandlungen angenommen wird, obgleich dies in dem betreffenden Land nicht üblich ist, dann gilt Ihr Verhalten als aggressiv.

Geschäftsverhandlungen sind ein komplexer Prozeß, weil zwischen den Kulturen beträchtliche Unterschiede bestehen. In manchen Ländern wird intensiv verhandelt. Die einzelnen Punkte werden ausführlich diskutiert, bis schließlich eine Einigung erzielt wird. In anderen Ländern sitzt Ihr Verhandlungspartner vielleicht ruhig am Verhandlungstisch und beobachtet Sie. Zu seiner Verhandlungstaktik kann es auch gehören, Angebote von Wettbewerbern zu erwähnen, den Verhandlungstisch zu verlassen und die Verhandlungen bis kurz vor ihrer Abreise zu verzögern. Wenn Sie sich über die Kultur des Landes informiert haben, sollten Sie in der Lage sein, die Verhandlungstaktik Ihrer ausländischen Geschäftspartner zu Ihrem Vorteil auszunutzen.

Wenn Sie erfolgreich verhandeln wollen, müssen Sie gut vorbereitet sein und der Gegenpartei zeigen, daß Sie genauso gut oder möglicherweise besser vorbereitet sind als sie. Sie sollten sich an das landesübliche Verhalten anpassen und aufmerksam die Körpersprache Ihres Geschäftspartners beobachten. Darüber hinaus müssen Sie den Verhandlungsgegenstand genau kennen. Welches Ergebnis wollen Sie unbedingt erreichen? Bei welchen Verhandlungsthemen sind Sie kompromißbereit? Zeigen Sie Ihr Entgegenkommen nicht zu früh. Demonstrieren Sie Ihre Überredungskunst und Ihr Charisma. Für die Verhandlungsführung sind Aufrichtigkeit und das richtige Timing wichtig. Humor kann das Eis brechen und schwierige Situationen entspannen. In manchen Kulturen werden Komplimente geschätzt, aber ein oberflächliches Benehmen kann die Wirkung Ihrer Bemühungen aufheben.

Beziehungen

In vielen Kulturen benötigt man Beziehungen, um ein Geschäft abzuschließen. Aber vielleicht werden Sie auch feststellen, daß Beziehungen selbst in Ländern hilfreich sein können, in denen Verträge im allgemeinen wichtiger als Beziehungen sind. Gerade im Auslandsgeschäft kommt es darauf an, Beziehungen aufzubauen und zu nutzen. Wenn Sie in der Anfangsphase einer ausländischen Geschäftsbeziehung einen Fehler machen, können Sie diesen schnell reparieren, wenn Sie über gute Beziehungen verfügen.

Lösung von Vertragsstreitigkeiten

Parteien, die einen Kaufvertrag abschließen, stellen ihre gegensätzlichen Interessen zurück und einigen sich auf ein Geschäft zum beiderseitigen Vorteil. Wenn dieser Vorteil später für eine oder beide Vertragsparteien in Frage gestellt wird, ist ein Streit unvermeidlich. Obwohl die überwiegende Mehrzahl der internationalen Kaufverträge ohne oder zumindest nur mit kleineren Meinungsverschiedenheiten erfüllt wird, ist es notwendig, die Lösung von Streitigkeiten im Kaufvertrag zu regeln, weil es unwahrscheinlich ist, daß sich die Vertragsparteien nach Eintreten eines Streitfalls noch auf ein Verfahren zur Beilegung des Streits einigen können.

Im Rahmen eines internationalen Kaufvertrags hängt die Art der Streitlösung vom Willen der Vertragsparteien ab. Außerdem müssen die Parteien berücksichtigen, welche Kosten und welche Zeit erforderlich ist, um einen Streit zu lösen. Amerikaner sind im allgemeinen schnell bereit, vor Gericht zu klagen, während Chinesen und Japaner nur ungern ein Gericht anrufen. In manchen Ländern haben sich Schiedsgerichtsverfahren zur Lösung von Streitigkeiten im Auslandsgeschäft durchgesetzt, während in anderen Ländern Verhandlungen bevorzugt werden. Sie müssen wissen, welche Möglichkeiten der Streitlösung in dem betreffenden Land bestehen und wie wirksam sie sind.

Kommunikation, Verzicht, Änderung und Verhandlungen

Sie müssen die Beziehung zu Ihrem ausländischen Geschäftspartner pflegen. Ihr Ansehen wird steigen, wenn Sie sich bei Meinungsverschiedenheiten konstruktiv verhalten. Meine Empfehlung lautet: Entwickeln Sie eine konstruktive Arbeitsbeziehung zu Ihrem ausländischen Geschäftspartner, anstatt eine Beziehung, in der die gegensätzlichen Interessen betont werden.

Verhandlungen sind sicherlich die schnellste und kostengünstigste Möglichkeit, um Streitigkeiten der Vertragsparteien zu lösen. Ihr Erfolg hängt vom Willen beider Parteien zur Einigung ab.

Die typischen Merkmale von Verhandlungen – das heißt das Fehlen einer festen Struktur, formaler Vorschriften und einer neutralen Unterstützung – können auch zu ihrem Scheitern beitragen, wenn die Vertragsparteien nicht ohne förmliches Verfahren kommunizieren können. Wenn sich ein Streit in Verhandlungen nicht beilegen läßt, müssen Sie Maßnahmen zum Schutz Ihrer Rechte ergreifen. Ihr Hauptinteresse besteht wahrscheinlich darin, Ihr Eigentum schnell wiederzubekommen oder einen Ersatzlieferanten zu finden, damit Sie Ihre Verpflichtungen gegenüber Ihren Kunden erfüllen können.

Zehn Tips zur Erfüllung internationaler Kaufverträge

1. Vermeiden Sie, der Gegenpartei offenes Mißtrauen zu zeigen. Sie sollten nicht davon ausgehen, daß die andere Partei die Alleinschuld für die Vertragsverletzung trägt.
2. Drohen Sie nicht voreilig unangenehme Konsequenzen oder eine Vertragsstrafe an. Sie sollten die Meinungsunterschiede eher abbauen als steigern.
3. Berücksichtigen Sie die Geschäftskultur Ihres ausländischen Geschäftspartners und respektieren Sie die Sitten der Gegenpartei.
4. Gehen Sie langsam vor und lassen Sie zu, daß Ideen reifen. Füllen Sie nicht jede Gesprächspause aus, sondern geben Sie der anderen Partei eine Chance, über das nachzudenken, was Sie gesagt haben.
5. Gehen Sie schrittweise vor und erwarten Sie nicht, daß das ganze Problem in einer Besprechung gelöst werden kann. Vielleicht sind mehrere Besprechungen erforderlich, und möglicherweise müssen Sie Zwischenlösungen vorsehen, damit die Zeit vorhanden ist, um den Streit zu lösen.
6. Beißen Sie sich nicht an einem Punkt fest, sondern behandeln Sie erst die Punkte, die leichter gelöst werden können.
7. Seien Sie zu Kompromissen bereit, wenn Sie glauben, daß es vorteilhaft ist, an dem Vertrag festzuhalten.
8. Geben Sie der anderen Partei die Möglichkeit, ihr Gesicht zu wahren.
9. Verhalten Sie sich nicht zu emotional oder aufgeregt.
10. Vor jeder Besprechung sollten Sie überlegen, welche Ergebnisse Sie erreichen wollen.

Mediation

Die Mediation ist ein Verhandlungsprozeß, der von einem neutralen Dritten moderiert wird. Die Parteien bleiben in diesem Prozeß die Entscheidungsträger, und der Mediator unterstützt sie, indem er die Kommunikation erleichtert, die Diskussion zur Erkennung und Lösung jeder Streitfrage leitet und eine Schlußvereinbarung vorbereitet. Die Mediation hat sich in den letzten Jahren als Verfahren zur Lösung privater Streitigkeiten durchgesetzt, jetzt wird sie in zunehmendem Maße auch zur Lösung kommerzieller Streitigkeiten eingesetzt.

Vor- und Nachteile

Im Mittelpunkt der Mediation stehen die zukünftigen Beziehungen der Parteien. Das Mediationsverfahren soll es den Parteien ermöglichen, ihre Beziehung zu reparieren und dann eine dauerhaftere Beziehung herzustellen, die hoffentlich zu ihrem gegenseitigen Vorteil anhält. Häufig endet die Mediation mit einem Kompromiß beider Parteien, so daß sie beide Gewinner sind.

Es handelt sich um ein formloses Verfahren, das relativ leicht und schnell durchgeführt werden kann und kostengünstiger als ein Schiedsgerichtsverfahren oder ein Prozeß ist. Die Teilnahme an der Mediation ist freiwillig, und die Ergebnisse haben keinen bindenden Charakter. Daraus ergibt sich, daß sich die Parteien weniger aggressiv und mehr konstruktiv verhalten. Ein weiterer Vorteil der Mediation besteht darin, daß sie vertraulich ist; Informationen, die während des Mediationsverfahrens mitgeteilt werden, und die Ergebnisse werden nicht veröffentlicht.

Verfahren

Die Parteien wählen einen Mediator, oder ein Gericht weist vor Eröffnung eines Prozesses auf die Möglichkeit eines Mediationsverfahrens hin. Der Mediator trifft sich getrennt mit den Parteien, um die Streitpunkte zu klären. Dann moderiert er gemeinsame Sitzungen und unterstützt die Parteien, um zu einer Lösung zu kommen. Die Sitzungen dienen dazu, die Kommunikation zwischen den Parteien zu verbessern und sie zu ihrer eigenen Lösung zu führen. Ein Mediator kann Lösungen entwickeln und sie den Parteien vorschlagen, aber die Entscheidung liegt bei den Parteien. Wenn keine Einigung erreicht wird, entscheidet der Mediator nicht zugunsten einer Partei, sondern die Mediation wird als gescheitert erklärt.

■ Schiedsgerichtsverfahren

Die Parteien eines internationalen Kaufvertrags vereinbaren vielleicht vertraglich, daß jeder Streit über die Auslegung beziehungsweise Erfüllung des Vertrags durch ein Schiedsgerichtsverfahren gelöst werden soll. Ein Schiedsgerichtsverfahren wird von einem oder mehreren neutralen Schlichtern geleitet und endet mit einem Schiedsspruch. Im Außenhandel haben sich Schiedsgerichtsverfahren zur Lösung von Streitigkeiten zwischen den Vertragsparteien weitgehend durchgesetzt.

Vorteile von Schiedsgerichtsverfahren

Die Akzeptanz von Schiedsgerichtsverfahren ergibt sich aus verschiedenen Gründen. Erstens sind sie kostengünstiger und schneller als Gerichtsverfahren. Zweitens haben die Parteien stärkere Mitwirkungsrechte – so können sie zum Beispiel die Schlichter wählen. Drittens ist das Verfahren flexibler, und die Beweisführung ist leichter als in Prozessen.

■ Tips für Schiedsgerichtsverfahren

Schiedsgerichtsverfahren können im Rahmen internationaler Kaufverträge ein wirksames Rechtsmittel sein, wenn Sie die folgenden Tips beachten.

1. Wählen Sie ein bekanntes und anerkanntes Schiedsgericht aus.
2. Wählen Sie einen Schiedsrichter aus, der mit der Streitsache vertraut ist, Branchenkenntnisse hat, das anzuwendende Recht kennt und das Schiedsgerichtsverfahren aktiv leitet.
3. Beauftragen Sie einen örtlichen Rechtsanwalt, der das Schiedsgerichtsverfahren kennt und Erfahrungen im Außenhandel hat.
4. Halten Sie die Zeitbeschränkungen ein, die der Schiedsrichter vor oder während der Anhörung ausspricht.
5. Beschränken Sie Ihre Verfahrens- und Beweisanträge auf die wirklich wichtigen.
6. Kooperieren Sie mit dem Schiedsgericht durch Vorlage schriftlicher Beweise und Beibringung von Zeugen.
7. Argumentieren Sie sachlich.
8. Tragen Sie Ihren Standpunkt überlegt vor oder lassen Sie ihn durch Ihren Anwalt vortragen.
9. Hören Sie der anderen Partei aufmerksam zu und reden Sie nur zur Sache. Hüten Sie sich vor Übertreibungen.

Nachteile von Schiedsgerichtsverfahren

Gehen Sie vorsichtig an ein internationales Schiedsgerichtsverfahren heran. In zahlreichen Ländern gibt es gar keine Schiedsgerichte, oder sie entwickeln sich erst. Häufig werden Schiedsgerichte noch argwöhnisch betrachtet oder zur Lösung kommerzieller Streitigkeiten wie Gerichte ganz abgelehnt. Die Forderung nach einem Schiedsgerichtsverfahren wird von Ihrem ausländischen Geschäftspartner vielleicht als persönliche Beleidigung betrachtet.

Obgleich die Kosten eines Schiedsgerichtsverfahrens im Vergleich zu einem Gerichtsverfahren niedriger sind, bedeutet das nicht, daß ein Schiedsgerichtsverfahren billig ist. Sie müssen die Kosten für die anwaltliche Vertretung, die Zusammenstellung der Beweise, das Schiedsgerichtsverfahren sowie Zeugengeld tragen, wenn der Schiedsspruch nicht zu Ihren Gunsten ausfällt.

Im Mittelpunkt des Schiedsgerichtsverfahrens stehen im allgemeinen die Fakten des Falles und die Rechte der Vertragsparteien, nicht ihre Wünsche und Ziele. Zweifelsohne kann ein Schiedsgerichtsverfahren einen Streit der Vertragsparteien lösen, es trägt aber im allgemeinen nicht dazu bei, eine dauerhafte Geschäftsbeziehung zu begründen, weil es in der Regel einen Gewinner und einen Verlierer gibt.

Ein Schiedsgerichtsverfahren eignet sich vielleicht am besten zur Lösung von Streitigkeiten, die sich nicht durch formlose Verhandlungen lösen lassen. Die Vertragsparteien können die Kosten eines Prozesses vermeiden und erhalten die Entscheidung einer neutralen Instanz.

Schiedsgerichtsverfahren

Schiedsgerichtsverfahren sind durch Gesetze, Regeln und Vereinbarungen geregelt, die für die einzelnen Schiedsgerichte gelten. Daher hängt das Verfahren von der Wahl des Schiedsgerichts ab. In internationalen Kaufverträgen vereinbaren die Parteien häufig, daß Streitigkeiten von einem Schiedsgericht einer anerkannten Schiedsgerichtsorganisation beziehungsweise -abkommens geregelt werden sollen. Dazu gehören zum Beispiel:

- Internationale Handelskammer in Paris,
- AAA (American Arbitration Association) in New York,
- London Court of Arbitration,
- Japan Commercial Arbitration Association,
- Züricher Handelskammer,
- Stockholmer Handelskammer,
- Bundeskammer der gewerblichen Wirtschaft in Wien,
- Social Commission for Asia and the Pacific (ACAPE),
- Inter-American Arbitration Commission,
- UNCITRAL (United Nations Commission on International Trade Law),
- United Nations Economic Commission for Europe.

In der Bundesrepublik Deutschland gibt es zum Beispiel die folgenden Schiedsgerichte:

- Schiedsgericht beim Deutschen Ausschuß für Schiedsgerichtswesen in Bonn,
- Hamburger freundschaftliche Arbitrage,
- Schiedsgericht der Bremer Baumwollbörse.

Das Schiedsgerichtsverfahren ist in gewisser Weise mit einem Gerichtsverfahren vergleichbar. Im allgemeinen wählen die Parteien den beziehungsweise die Schiedsrichter aus. An manchen Schiedsgerichten werden drei Schiedsrichter ernannt. Der Schiedsrichter leitet das Verfahren und kann Zeugen vorladen.

Die Parteien erhalten die Möglichkeit, kurzfristig Anträge auf Beweiserhebung zu stellen und ihre Beweise vorzubringen. In der mündlichen Verhandlung kann jede Partei ihren Standpunkt vortragen. Der Schiedsrichter entscheidet über Verfahrens- und Beweisfragen sowie über materielle Fragen. Er entscheidet über die Anträge der Parteien und trifft einen Schiedsspruch. Der Schiedsspruch kann Schadensersatz, die Kosten des Verfahrens und Rechtsanwaltsgebühren beinhalten. Der Schiedsspruch kann vollstreckt werden.

■ Prozeß

Ein Prozeß ist teuer und zeitraubend. Und selbst wenn er schließlich zu Ihren Gunsten endet, löst er nicht das Hauptproblem: Eintreibung des geschuldeten Geldes beim Schuldner oder Erfüllung des Vertrags durch den Schuldner. Klagen bei ausländischen Gerichten führen häufig zu ungünstigen Ergebnissen, weil die Gerichte in zahlreichen Ländern einseitig zugunsten Ihrer Staatsbürger entscheiden. Deshalb sollte man Prozesse im Ausland grundsätzlich vermeiden. Wenn Sie trotzdem in einen Prozeß vor einem ausländischen Gericht verwickelt werden, sollten Sie sich durch den besten örtlichen Anwalt vertreten lassen.

Vor- und Nachteile

Durch eine Gerichtsentscheidung kann ein Präzedenzfall geschaffen werden. Wenn Sie einen Präzedenzfall schaffen wollen, müssen Sie klagen.

In zahlreichen Ländern ist das Justizsystem gut entwickelt. Insofern können Sie Ihre Ansprüche vielleicht wirksam durchsetzen.

Das erste Problem eines Prozesses ist die Wahl des anzuwendenden Rechts und des Gerichtsstandes. Sie müssen ein Gericht finden, daß nicht nur zuständig ist, sondern Ihren Fall auch annimmt. Selbst wenn Sie ein günstiges Urteil bekommen, müssen Sie vielleicht feststellen, wie schwierig es sein kann, das Urteil – insbesondere in einem anderen Land – vollstrecken zu lassen.

Verfahren

Das Prozeßrecht unterscheidet sich von Land zu Land. Im allgemeinen beginnen Prozesse mit der Einreichung der Klage durch den Kläger und der Zustellung der Klageschrift an die beklagte Partei. Dann folgt eine Phase, in der die Parteien schriftliche Stellungnahmen abgeben. In manchen Ländern gibt es ein Vorverfahren. Daran schließt sich die Hauptverhandlung an. Nach Abschluß eines Prozesses in der ersten Instanz gibt es unter Umständen ein Revisions- oder Berufungsverfahren; somit kann sich ein Prozeß über mehrere Jahre hinziehen.

11 Grundlagen des Vertragsrechts in verschiedenen Rechtssystemen

Bevor Sie mit einem ausländischen Geschäftspartner einen Kaufvertrag abschließen, sollten Sie wissen, welches Rechtssystem in dem Land gilt, und Sie sollten das Vertragsrecht kennen. Die Unterschiede zwischen den Rechtssystemen zu kennen, kann genauso wichtig sein, wie den geschäftlichen Hintergrund Ihres ausländischen Geschäftspartners zu kennen. Einerseits beeinflußt das Landesrecht ihre vertragliche Beziehung, und andererseits sollten Sie wissen, welches Landesrecht für Sie günstiger ist.

Rechtssysteme

Es lassen sich vier grundlegende Rechtssysteme unterscheiden:
- Gewohnheitsrecht,
- Zivilrecht,
- Islamisches Recht (Scheria),
- Kommunistisches Recht.

Das Rechtssystem zahlreicher Länder stellt eine Kombination grundlegender Rechtssysteme unter Bewahrung bestimmter traditioneller Werte dar. Bei der Entwicklung seines modernen Rechts orientierte sich Japan zum Beispiel am deutschen Zivilrecht, während sein Handelsrecht durch amerikanische Einflüsse geprägt ist. Das malaysische Recht stellt eine Kombination von Gewohnheitsrecht, islamischem Recht und malaysischen Prinzipien dar. Das ägyptische Zivilrechtssystem kombiniert islamische Prinzipien mit dem französischen Zivilrecht und einigen Regeln des englischen Gewohnheitsrechts. In Asien, Afrika und Südamerika haben die Länder in der Regel das Rechtssystem ihrer früheren Kolonialmacht übernommen. So wendet Brasilien zum Beispiel ein portugiesisch beeinflußtes Zivilrechtssystem an, während Singapur als ehemalige britische Kolonie ein Gewohnheitsrecht hat.

Gewohnheitsrecht

Das System des Gewohnheitsrechts entwickelte sich in England als Rechtssystem beziehungsweise Gerichtsverfassung, bevor Gesetze verabschiedet wurden. Im Lauf der Zeit wurden Gesetze verabschiedet, die das Gewohnheitsrecht der Gerichte bestätigten, kodifizierten, begrenzten oder ergänzten. Das Gewohnheitsrecht stützt sich auf Präzedenzfälle. Gerichte in Ländern mit Gewohnheitsrecht legen Gesetze aus, indem sie Prinzipien folgen, die in früheren Gerichtsurteilen entwickelt wurden, oder sie leiten aus alten Prinzipien für neue Situationen modifizierte Prinzipien ab.

Zu den Ländern, die Gewohnheitsrecht auf Kaufverträge anwenden, gehören Großbritannien, die USA, Kanada, Australien, Singapur, Hongkong, Israel, Indien, Ägypten, Malaysia und Südafrika. In diesen Ländern finden Gerichtsverhandlungen in der Regel vor einem Richter statt, und die Parteien können Schöffen oder Geschworene verlangen. Es wurde ein kompliziertes Verfahrensrecht entwickelt, und es gibt ein Rechtsmittelverfahren.

Schiedsgerichtsverfahren

In Ländern mit Gewohnheitsrecht ist das Schiedsgerichtswesen im allgemeinen gut entwickelt. Die Anrufung von Schiedsgerichten bei Streitigkeiten im Auslandsgeschäft stellt eine wirksame Alternative dar, um kosten- und zeitaufwendige Gerichtsverfahren zu vermeiden.

Kaufvertragsrecht

In Ländern mit Gewohnheitsrecht ist das Kaufvertragsrecht mit dem UN-Kaufrecht vergleichbar. Die Parteien haben Vertragsfreiheit – vorausgesetzt, die Vertragsbedingungen verletzen weder das öffentliche Interesse noch die Landesgesetze. Wenn in einem Kaufvertrag Bedingungen fehlen, werden sie bei Streitigkeiten vom Gericht im Wege der Auslegung aus den Gesetzen und/oder der Verkehrssitte ermittelt. Bei Schadensersatz wird auch der entgangene Gewinn entschädigt. Als entgangen gilt der Gewinn, welcher nach dem gewöhnlichen Lauf der Dinge oder nach den besonderen Umständen, insbesondere nach den getroffenen Anstalten und Vorkehrungen, mit Wahrscheinlichkeit erwartet werden konnte, wenn die andere Partei den Vertrag nicht verletzt hätte (vergleiche zum Beispiel § 252 BGB). In den meisten Ländern mit Gewohnheitsrecht erhält eine Partei Schadensersatz für Verluste, die von der Vertragsverletzung verursacht wurden (das heißt Folgeschäden, vergleiche auch § 249 BGB).

■ Zivilrecht

Die meisten Länder, die kein Gewohnheitsrecht anwenden, haben Zivilrechtssysteme. Das Zivilrecht ist durch umfassende und systematische Bestimmungen beziehungsweise Paragraphen geregelt, die in Deutschland zum Beispiel als Bürgerliches Gesetzbuch (BGB) bezeichnet werden. Das Zivilrecht regelt die meisten Aspekte menschlichen Verhaltens. In Ländern mit Zivilrecht hat sich das Rechtssystem so entwickelt, daß zuerst das Gesetzbuch geschaffen und dann Gerichte eingesetzt wurden. Gerichtliche Entscheidungen beruhen grundsätzlich auf den Rechtsprinzipien, die im Gesetzbuch enthalten sind.

Der Einfluß des Landesrechts

In den meisten Ländern besteht Vertragsfreiheit und Freiheit der Rechtswahl. Landesrecht wird jedoch angewendet, um Ihre Wahlmöglichkeiten einzuschränken und den Kaufvertrag gerichtlich im Wege der Auslegung zu ergänzen. Das Landesrecht beeinflußt Ihre Wahlmöglichkeiten von der ersten Verhandlung an bis zur Vollstreckung des Vertrags. Daher sollten Sie die folgenden Punkte kennen.

- Welche Vertragsbedingungen können zwischen den Vertragsparteien frei vereinbart werden und für welche gibt es gesetzliche Vorschriften? Es ist Zeitverschwendung und Sie verlieren Ihren Verhandlungsvorteil, wenn Sie über Punkte verhandeln, die gesetzlich geregelt sind, weil Ihre ausgehandelten Vertragsbedingungen nur in dem Umfang anerkannt werden, den das Landesrecht erlaubt.
- Ist der ausgehandelte Vertrag gültig? Wenn der Kaufvertrag nichtig ist, kann er nicht vollstreckt werden.
- Welches Recht ist günstiger für Sie? Die Wahl des anzuwendenden Rechts sollte überlegt erfolgen.
- In welchem Umfang schützt das Landesrecht Ihre Interessen über die Vertragsbedingungen hinaus? Wenn das Landesrecht ungünstig ist oder keine diesbezüglichen Vorschriften enthält, sollten Sie günstige Vertragsbedingungen aushandeln und vertraglich vereinbaren.
- Inwiefern haften Sie straf- und/oder zivilrechtlich für die andere Vertragspartei? Zur Begrenzung Ihrer Haftung für Handlungen der anderen Partei könnten Sie folgende Vertragsbedingungen aushandeln: Haftungsfreistellung, Nachweis der Handlungsvollmacht, Nachweis über Qualitätskontrolle oder Nachweis über die Beachtung gesetzlicher Vorschriften.
- Welche Rechtsmittel sind vorgesehen, um Ansprüche aus dem Vertrag vollstrecken zu lassen oder Schadensersatz wegen Vertragsverletzung zu verlangen? Wie wirksam sind diese Rechtsmittel?
- Wie haften Sie, wenn Sie den Vertrag nicht erfüllen?

Bevor Sie Verhandlungen über einen Kaufvertrag aufnehmen, sollten Sie die Grundzüge des Landesrechts kennen und wissen, wie das Landesrecht Ihre vertraglichen Vereinbarungen beeinflussen kann.

Wenn Sie sich einen Überblick über das Schuld- und Handelsrecht eines Landes verschaffen wollen, können Sie sich in Bibliotheken anhand der folgenden Veröffentlichungen informieren:

- *Digest of Commercial Laws of the World* (Oceana Publications),
- *International Law Digest* (Martindale-Hubbel).

In Ländern mit Zivilrecht sind keine Schöffengerichte üblich, sondern die Gerichte sind in der Regel mit mehreren Berufsrichtern besetzt. Im Vergleich zum Gewohnheitsrecht gibt es klare Verfahrensvorschriften für die Beweisführung. Die Beweisführung in Zivilprozessen erfolgt überwiegend schriftlich, nicht durch Aussagen von Zeugen.

Die Entscheidungen der Gerichte beruhen in der Regel auf der Auslegung des kodifizierten Rechts – ohne Bezugnahme auf Präzedenzfälle, obwohl in manchen Ländern die Rechtsprechung höherer Instanzen berücksichtigt wird. Daher lassen sich die Gerichtsentscheidungen in Zivilprozessen schlechter vorhersagen als in Ländern mit Gewohnheitsrecht.

Schiedsgerichtsverfahren

Zahlreiche Länder mit Zivilrechtssystem erkennen Schiedsgerichte zur Lösung von Streitigkeiten im Außenhandel an. In manchen Ländern gibt es Beschränkungen, welche Streitigkeiten von Schiedsgerichten behandelt werden dürfen.

Kaufvertragsrecht

Zwischen Kaufleuten müssen Kaufverträge nicht unbedingt schriftlich abgeschlossen werden. Obwohl Kaufverträge in Ländern mit Zivilrechtssystem gesetzlich geregelt sind, ist es den Vertragsparteien meistens unbeschränkt erlaubt, abweichende Regelungen zu treffen. Verträge sind so auszulegen, wie Treu und Glauben es mit Rücksicht auf die Verkehrssitte erfordern (vergleiche § 157 BGB). Die Ausübung eines Rechtes ist unzulässig, wenn sie nur den Zweck haben kann, einem anderen Schaden zuzufügen (vergleiche § 226 BGB – Schikaneverbot). Der Gläubiger ist berechtigt, von dem Schuldner eine Leistung zu verlangen (vergleiche § 241 BGB – Leistungspflicht). Die Leistung kann auch in einem Unterlassen bestehen. Der Schuldner ist verpflichtet, die Leistung so zu bewirken, wie Treu und Glauben es mit Rücksicht auf die Verkehrssitte erfordern (vergleiche § 242 BGB). Mündlich geschlossene Verträge lassen sich in der Praxis bei Streitigkeiten häufig nicht durchsetzen, weil Zivilgerichte schriftliche Beweise verlangen.

In zahlreichen Zivilrechtsordnungen gibt es keine Vorschriften zur Berechnung des Schadensersatzes wegen Vertragsverletzung. Allerdings sind die Gerichte in diesen Ländern durchaus bereit, Beklagte zur Erfüllung des Vertrags zu verurteilen. Das Gerichtsurteil kann zum Beispiel von einer Partei bestimmte Handlungen verlangen wie zum Beispiel die Rückgabe des Eigentums oder Zahlung des Kaufpreises. In zahlreichen Zivilrechtsordnungen gibt es ein gut entwickeltes System der Zwangsvollstreckung. In Deutschland ist die Zwangsvollstreckung zum Beispiel in den §§ 704–945 ZPO geregelt.

Islamisches Recht

Einige islamische Länder wenden das Gesetz des Islam, das ursprünglich vom Koran und der Sunna abgeleitet wurde, auf Strafsachen, Körperverletzung und Familienangelegenheiten an. Nach Auffassung seiner Anhänger enthält der Koran die Offenbarungen Allahs an den Propheten Mohammed. Die Sunna ist eine Aufzeichnung der späteren Lehren des Propheten Mohammed. Diese Bücher enthalten allerdings keine detaillierten Vorschriften, sondern eher religiöse Pflichten. Streng islamische Länder verändern das islamische Recht (Scheria) nicht, weil sie glauben, daß die Offenbarungen Gottes nach dem Tod des Propheten aufhörten und die Worte Gottes unveränderlich sind.

Bis auf wenige Ausnahmen wenden die meisten islamischen Länder die strenge Form der Scheria nicht mehr an. Ihre Anwendung beschränkt sich heute im allgemeinen auf das Familien- und Erbrecht. Selbst diese Gesetze wurden kodifiziert, so daß man sich kaum noch auf die überlieferten Originaltexte bezieht, außer wenn die bestehenden Gesetze einen Sonderfall nicht regeln. Um sich an die Veränderungen in modernen Gesellschaften und an die internationale Geschäftspraxis anzupassen, haben die meisten islamischen Länder in Anlehnung an die Rechtsordnung europäischer Länder – insbesondere die französische oder den Code Napoléon – modifizierte Rechtsordnungen angenommen. Eine besondere Kammer der Handelsgerichte behandelt kommerzielle Streitigkeiten nach dem Konzept der Zivilrechtsordnung. Die Gerichtsentscheidungen beruhen auf dem Gesetz, Präzedenzfälle sind für nachfolgende Gerichtsentscheidungen nicht bindend.

Schiedsgerichtsverfahren

Bei Streitigkeiten in Außenhandelsgeschäften können in zahlreichen islamischen Ländern Schiedsgerichte angerufen werden. Der Schiedsspruch eines Schiedsgerichts muß von einem Gericht des Landes anerkannt werden, in dem der Titel vollstreckt werden soll.

Kaufvertragsrecht

In islamischen Ländern besteht Vertragsfreiheit – vorausgesetzt, daß ein Kaufvertrag nicht gegen Gesetze und/oder die Tradition der Scheria verstößt. Für die Anerkennung und Vollstreckung von Titeln ist ein schriftlicher Beweis für das Bestehen des Vertrags erforderlich, obwohl ein mündlicher geschlossener Vertrag an sich durch einen Zeugen bewiesen werden kann. Vertragsklauseln für die Anwendung eines anderen Rechts als die Scheria werden nicht anerkannt. Zinsgeschäfte werden als Wucher betrachtet und sind daher verboten. Die Gerichte sprechen Schadensersatz nur für den tatsächlich entstandenen Schaden, nicht für den entgangenen Gewinn zu. Für zahlreiche Vertragsbedingungen gibt es rechtliche Beschränkungen, oder sie sind nicht vollstreckbar wie zum Beispiel Rückübertragung des Eigentums bei Leistungsstörungen, Eigentumsvorbehalt des Verkäufers, Rechtsmittel, Rechtsverzicht und Haftungsbeschränkung. Die Gewährleistung wird durch die Vorschriften der Scheria geregelt.

Kommunistisches Recht

Das kommunistische Rechtssystem wird noch in der VR China, Kuba, Nordkorea und Vietnam angewendet. Es geht auf das Kommunistische Manifest von Karl Marx und Friedrich Engels zurück. Daraus entwickelte sich schließlich ein kodifiziertes Recht. Das gemeinsame Merkmal kommunistischer Rechtssysteme besteht darin, daß die Rechte der Gesellschaft absoluten Vorrang vor den Rechten des Einzelnen haben.

In kommunistischen Ländern wird der Außenhandel in der Regel von staatlichen Unternehmen betrieben. Handelsbeziehungen zu staatlichen Unternehmen sind von der jeweiligen Politik abhängig. Daraus ergibt sich eine gewisse Unsicherheit im Auslandsgeschäft.

Kommunistische Gerichte werden kaum von ausländischen Unternehmen zur Lösung von Handelsstreitigkeiten angerufen, weil die Gesetze so stark ideologisch geprägt sind, daß sie sich nicht für die Auslegung von Handelsbeziehungen eignen. In Zivilprozessen werden Beweise überwiegend durch Befragung von Zeugen erhoben. Das Zivilprozeßrecht ist nur in Ansätzen vorhanden. Gerichtsentscheidungen in früheren Fällen haben kaum eine Bedeutung.

Kaufvertragsrecht

Im- und Exporte von Commodities müssen in der Regel über staatliche Außenhandelsfirmen abgewickelt werden. Die Vertragsfreiheit ist faktisch eingeschränkt, wenn ausländische Unternehmen mit staatlichen Unternehmen verhandeln müssen. Kommunistische Länder mit starkem Außenhandel haben ein Kaufvertragsrecht entwickelt. In China ist zum Beispiel für den Kaufvertrag keine bestimmte Form vorgeschrieben, aber im Außenhandel werden häufig vorgedruckte Standardverträge verwendet.

In kommunistischen Ländern verändert sich das Recht schnell. Die meisten Länder modernisieren ihre Wirtschaft und haben erkannt, daß sie ihre Geschäftspraxis im Außenhandel an die internationalen Gepflogenheiten anpassen müssen. In kommunistischen Ländern stellt das Kaufvertragsrecht eine Mischung aus Gewohnheits- und Zivilrecht dar. Das Auslandsgeschäft ist durch eine gewisse Unsicherheit geprägt, weil die staatliche Bürokratie jederzeit in Geschäfte eingreifen kann.

12 Angebot

Ein Angebot ist in der Regel kurz und enthält die wesentlichen Bedingungen, die Sie zum Beispiel auf der Rückseite aufführen können. Das Angebot und der Auftrag des Käufers reichen aus, um einen Kaufvertrag zu beweisen.

■ Beispiel eines Angebots (Vorderseite)

[*Briefkopf des Verkäufers*]

[*Firmenbezeichnung des Käufers*]

[*Anschrift des Käufers*]

[*Ort, Datum*]

Ein Kaufvertrag bindet die Parteien, die ihn unterzeichnen. Diese Parteien sollten mit Firmenbezeichnung und vollständiger Anschrift angegeben werden. Mitteilungen an die andere Partei oder die Kündigung des Vertrags sollten an die angegebene Anschrift zugestellt werden.

Betr.: Verkauf von [*Beschreibung der Ware*]

Sehr geehrte(r) [Herr/Frau *Name*],

wir danken Ihnen für Ihre Anfrage vom [*Datum*] über den Kauf von [*Beschreibung der Ware*]. Wir können Ihnen diese Ware zum Preis von [*Währung und Betrag wie zum Beispiel:* DEM 50,00 pro Karton à 24 Stück]. Die Mindestauftragsgröße beträgt [*Anzahl und Einheit wie zum Beispiel:* 20 Kartons].

Diese Vertragsklausel enthält die wesentlichen Bedingungen des Kaufvertrags – mit Ausnahme der Lieferbedingungen. Die Beschreibung der Ware sollte möglichst genau sein und zum Beispiel auch die Artikelnummer enthalten. Die Warenbeschreibung kann auch als Anhang beigefügt werden.

Im Falle der Auftragserteilung werden wir Ihren Auftrag gemäß den Geschäftsbedingungen ausführen, die auf der Rückseite dieses Briefes aufgeführt sind. Ihre Auftragserteilung begründet keinen bindenden Vertrag. Dieser kommt erst zustande, wenn wir nach Eingang Ihres Auftrags die Annahme schriftlich bestätigen.

Um Streitigkeiten darüber zu vermeiden, ob der Auftrag des Käufers eine Annahme des Angebots darstellt und damit ein Kaufvertrag zustande kommt, sollten Sie Ihre Absicht klarstellen. Wenn Sie dagegen auf eine Auftragsbestätigung verzichten wollen, dann können Sie statt dessen im Angebot ausführen, daß durch den Empfang des Auftrags ein Kaufvertrag zustande kommt.

Die Versandbedingungen für diesen Auftrag lauten: [*Beschreibung*].

Die vorgedruckten Standardbedingungen auf der Rückseite des Briefes werden in der Regel nicht geändert. Wenn besondere Versandanforderungen zu berücksichtigen sind, sollten Sie diese im Brief aufführen.

Wir liefern die bestellte Ware an Ihre oben aufgeführte Anschrift, wenn Sie in Ihrem Auftrag keine andere Lieferanschrift angeben. Die Lieferung erfolgt innerhalb von [*Anzahl*] Tagen nach Auftragseingang, wenn Sie keine andere Mitteilung von uns erhalten. Die Lieferbedingungen lauten: [*Beschreibung*].

Vor Auftragserteilung sollten Sie keinen Liefertermin angeben. Ihr Angebot sollte aber trotzdem einen Hinweis zur Ermittlung des Liefertermins enthalten. Eine andere Möglichkeit besteht darin, daß der Verkäufer dem Käufer den Liefertermin in der Auftragsbestätigung mitteilt.

Wir halten dieses Angebot bis zum [*Datum*] aufrecht.

In Erwartung Ihrer Stellungnahme verbleiben wir

mit freundlichen Grüßen

[*Unterschrift des Verkäufers*]

■ Beispiel eines Angebots (Rückseite)

Geschäftsbedingungen

1. Änderung der Geschäftsbedingungen

Änderungen, Streichungen oder Ergänzungen dieser Geschäftsbedingungen sind nur wirksam, wenn der Verkäufer sie schriftlich annimmt.

2. Liefertermin

Jeder vom Verkäufer genannte Liefertermin stellt nur einen Anhaltswert dar. Der Verkäufer benachrichtigt den Käufer über eine Verzögerung und teilt ihm einen neuen voraussichtlichen Liefertermin mit. Bei einer Lieferverzögerung von mehr als 30 Tagen hat der Käufer das Recht, den Kaufvertrag bis spätestens fünf Tage vor dem gültigen

Liefertermin schriftlich zu kündigen. Wenn die Lieferverzögerung jedoch auf die Sonderanforderungen des Käufers zurückzuführen ist, stellt dies keine Vertragsverletzung dar, und dem Käufer steht kein Recht zur Kündigung zu. In diesem Fall benachrichtigt der Verkäufer den Käufer über die Verzögerung, und die Parteien vereinbaren einen neuen Liefertermin.

3. Festpreis

Wenn der Käufer innerhalb der in diesem Angebot genannten Zeit einen Auftrag erteilt, bleibt unser Preis konstant, ungeachtet einer evtl. Änderung der Herstellkosten.

4. Ausschluß der Gewährleistung

Der Verkäufer übernimmt weder ausdrücklich noch stillschweigend eine Gewährleistung für die Nutzungsdauer oder den Verschleiß der Waren. Noch garantiert der Verkäufer, daß die Waren für einen bestimmten Zweck geeignet sind – ohne Rücksicht darauf, ob der Verkäufer den beabsichtigten Einsatzzweck oder die Verwendung der Ware kennt oder darüber informiert wurde.

5. Fehlerhafte Ware

Wenn der Käufer der Auffassung ist, daß fehlerhafte Ware geliefert wurde, dann hat er das Recht, dem Verkäufer die Ware zurückzugeben. Der Käufer hat wegen der Fehlerhaftigkeit der Ware keine Schadensersatzansprüche. Wenn die Ware zurückgegeben und vom Verkäufer als fehlerhaft anerkannt wird, tauscht der Verkäufer die Ware um, vorausgesetzt, daß der Käufer dies wünscht und dieser Umtausch noch möglich ist.

6. Mängelanzeigen

Der Käufer muß Ansprüche wegen Transportschäden, Minderlieferung oder Verlust der Ware dem Verkäufer innerhalb von [*Anzahl*] Tagen nach Eingang der Ware mitteilen. Der Verkäufer erkennt diesbezügliche Ansprüche nur an, wenn der Käufer den Frachtführer schriftlich benachrichtigt.

7. Genehmigungen

Die Annahme eines Auftrags durch den Verkäufer ist davon abhängig, daß der Verkäufer alle erforderlichen Genehmigungen zum Kauf und zur Herstellung erhält und die Rohstoffe beschaffen kann. Wenn der Verkäufer einen Auftag nicht fertigstellen kann, weil Genehmigun-

gen oder Rohstoffe nicht vorliegen, hat der Verkäufer das Recht, den Kaufvertrag zu kündigen.

8. Betriebsunterbrechung

Wenn die Arbeit im Unternehmen des Verkäufers durch Streik, Aussperrung, Tarifstreitigkeiten oder aus einem anderen Grund unterbrochen oder verzögert wird, den der Verkäufer nicht zu vertreten hat, hat der Verkäufer das Recht, die Unterbrechungszeit auf die ursprünglich vereinbarte Lieferzeit aufzuschlagen.

9. Höhere Gewalt

Wenn der Verkäufer die Waren wegen eines Ereignisses, das er nicht zu vertreten hat, nicht liefern kann, dann hat er das Recht, den Käufer zu benachrichtigen, daß nur eine Teillieferung erfolgt oder der Kaufvertrag beendet wird. Zu diesen Ereignissen zählen Krieg, Ausnahmezustand, Naturkatastrophen oder Beschlagnahme des Eigentums oder der Produkte des Verkäufers.

10. Haftungsfreistellung

Wenn der Käufer besondere Anforderungen an die Produkte stellt, befreit der Käufer den Verkäufer von jeder Haftung für Schadensersatz, Strafen oder Kosten, die sich daraus ergeben können, daß die Produktbeschreibung gewerbliche Schutzrechte Dritter verletzt.

11. Gewerbliche Schutzrechte

Alle gewerblichen Schutzrechte im Zusammenhang mit den Waren – einschließlich, aber nicht begrenzt auf Firmenbezeichnung, Markennamen, Warenzeichen, Dienstleistungsmarke, Aufmachung, Patente, Geschmacksmuster und Urheberrechte – bleiben Eigentum des Verkäufers. Der Käufer verpflichtet sich, die Waren, das Design, die Verpackung oder die Etikettierung der Ware nicht zu verändern und in der Werbung anzugeben, daß die gewerblichen Schutzrechte Eigentum des Verkäufers sind.

12. Schiedsgericht

Die Parteien vereinbaren, jeden Streit aus dem Kaufvertrag einem Schiedsgericht vorzulegen. Die Vertragsparteien betrachten die Entscheidung des Schiedsgerichts als bindend. Das Schiedsgericht unterliegt den Regeln der [*Name der Schiedsgerichts-Organisation*].

13. Anzuwendendes Recht

Dieser Kaufvertrag unterliegt dem Recht von [*Land*].

13 Auftragsbestätigung

Häufig empfiehlt es sich, Kaufverträge schriftlich zu bestätigen. Dies kann in Form einer Auftragsbestätigung für einen telefonisch oder per Fax erteilten Auftrag geschehen. Eine Auftragsbestätigung empfiehlt sich insbesondere bei einmaligen Transaktionen. Sie kann aber auch bei Rahmenverträgen zur Bestätigung der einzelnen Transaktionen zweckmäßig sein. Auftragsbestätigungen werden meistens als Brief oder als Rechnung ausgefertigt.

■ Zweckmäßigkeit einer Auftragsbestätigung

Wenn Sie eine Auftragsbestätigung schreiben, sollten sie alle wesentlichen Punkte des Kaufvertrags aufführen, das heißt Warenbeschreibung, Preis, Liefer- und Zahlungsbedingungen. Sie sollten allerdings berücksichtigen, daß eine Auftragsbestätigung die Vertragsbeziehung nicht vollständig definiert. Sie enthält zum Beispiel weder einen Hinweis darauf, wie möglicherweise auftretende Streitigkeiten gelöst werden sollen, noch beschreibt sie die Gewährleistungspflichten, das anzuwendende Recht, die Rechte zur Prüfung der Ware oder die Pflicht zur Schadensabwendung beziehungsweise -minderung. Bevor Sie eine Auftragsbestätigung erstellen, sollten Sie prüfen, ob die folgenden Bedingungen gegeben sind.

- Sie unterhalten bereits gute Geschäftsbeziehungen zu der anderen Partei, und daher sind diese anderen Geschäftsbedingungen schon geregelt.
- Sie können der anderen Partei vertrauen, weil Sie ihren geschäftlichen Hintergrund überprüft haben oder Ihnen diese Firma empfohlen wurde.
- Es handelt sich nur um eine kleine Transaktion mit geringem Risiko.
- Sie sind bereit, das Risiko im Rahmen dieser Transaktion zu übernehmen, weil Sie eine langfristige Geschäftsbeziehung aufbauen wollen.
- Sie sind bereit, bei Meinungsverschiedenheiten über die Abwicklung des Kaufvertrags zu verhandeln, anstatt die Vertragsbedingungen gerichtlich einzuklagen.
- Sie nehmen die Auftragsbestätigung vor, um ein Geschäft schnell und kostengünstig abwickeln zu können.
- Die Fragen der Rechtswahl und der Vollstreckbarkeit sind nicht relevant, weil Sie keine Rechtsmittel einlegen wollen.

Beispiel einer Auftragsbestätigung

[*Briefkopf des Verkäufers*]

[*Ort, Datum*]

Beide Vertragsparteien sollten das Datum einsetzen, wenn Sie die Bestätigung unterzeichnen. Der Kaufvertrag tritt mit dem letzten Datum in Kraft. Der Tag des Inkrafttretens kann wichtig sein, wenn zum Beispiel der Liefertermin nach der vereinbarten Lieferzeit in Tagen berechnet wird (»Die Lieferung erfolgt innerhalb von 30 Tagen nach Inkrafttreten des Kaufvertrags«).

[*Firmenbezeichnung des Käufers*]

[*Anschrift des Käufers*]

Der Kaufvertrag ist für die in der Auftragsbestätigung angegebenen Parteien bindend. Achten Sie darauf, daß die Firmenbezeichnungen und Anschriften korrekt sind. Bei Kündigung des Kaufvertrags sollte die in der Auftragsbestätigung aufgeführte Anschrift der Gegenpartei verwendet werden.

Wir bestätigen, am [*Datum*] Ihren Auftrag für die Lieferung der folgenden Waren erhalten zu haben:

Es ist zweckmäßig, Aufträge schriftlich zu bestätigen. Diese Bestätigung deutet an, daß sich die Vertragsparteien bereits geeinigt haben. Die Auftragsbestätigung stellt eine Annahme dar, und damit kommt ein bindender Kaufvertrag zustande.

[*Beschreibung der Waren, einschließlich Bezeichnung, Artikelnummer, Art, Farbe, Menge und andere kennzeichnende Eigenschaften. Wenn die bestellten Waren unterschiedliche Preise haben, sollten Sie den Preis pro Stück und für die Gesamtmenge angeben.*]

Diese Vertragsklausel ist unverzichtbar. Ohne diese Klausel wird Ihr Kaufvertrag in der Regel nicht vollstreckbar sein, weil die Art und Menge der Waren auch im Wege der Auslegung nicht ermittelt werden kann.

Die Geschäftsbedingungen für diesen Auftrag lauten:

Liefertermin: Am oder spätestens bis zum [*Datum*]

Preis: [*Währung und Betrag wie zum Beispiel*: DEM 12.000,00]

Lieferbedingungen: [*Geben Sie die Lieferklausel an wie zum Beispiel:* FOB]

Besondere Verpackungsvereinbarungen: [*Beschreibung*]

Zahlungsbedingungen:

Anzahlung bei Auftragserteilung [*Währung und Betrag wie zum Beispiel:* DEM 6.000,00]

Netto bei Erhalt der [*Ware/Rechnung*] [*Währung und Betrag wie zum Beispiel:* US$ 6.000,00]

Rückgabe: Wenn die Ware nicht zu Ihrer Zufriedenheit ausfällt, können Sie uns die Ware innerhalb von zehn Arbeitstagen nach Lieferung zurückgeben, und wir erstatten Ihnen Ihre Anzahlung in voller Höhe.

Mit Ihrer Unterschrift kommt ein bindender Kaufvertrag zustande.

Mit freundlichen Grüßen

[*Firmenbezeichnung des Verkäufers*]

[*Unterschrift*]

[*Name und Titel*]

[*Firmenanschrift*]

Angenommen:

[*Firmenbezeichnung des Käufers*]

[*Unterschrift*]

[*Name und Titel*]

[*Firmenanschrift*]

[*Ort, Datum*]

14 Auftrag

Wenn der Käufer die angebotenen Waren, den Preis und die Geschäftsbedingungen des Verkäufers kennt, kann er dem Verkäufer einen Auftrag erteilen. Wenn der Verkäufer vorher kein Angebot gemacht hat, dann stellt eine Bestellung ein Angebot des Käufers dar. Ein Kaufvertrag kommt erst zustande, wenn der Verkäufer die Bestellung annimmt. Für Bestellungen werden häufig Formulare verwendet, auf deren Rückseite Standardklauseln vorgedruckt sind. Die Vertragsparteien müssen darauf achten, daß die Standardklauseln des Auftrags nicht im Widerspruch zu den Geschäftsbedingungen des Verkäufers stehen. Über etwaige Widersprüche sollten die Vertragsparteien verhandeln, bevor sie den Kaufvertrag schließen.

■ Beispiel eines Auftrags (Vorderseite)

[*Briefkopf des Käufers*]

Auftrag: [*Nummer*] **[*Ort, Datum*]**

[*Firmenbezeichnung des Verkäufers*]

[*Anschrift des Verkäufers*]

Hiermit erteilen wir Ihnen entsprechend den auf der Rückseite aufgeführten Bedingungen den Auftrag zur Lieferung von:

Artikel-nummer	Artikel-bezeichnung	Menge	Preis pro Stück DEM	Gesamtbetrag DEM
			Zwischensumme	
			Mehrwertsteuer	
			Versandkosten	
			Gesamt	

Lieferbedingungen: [*Angabe einschließlich*
Ex-/Importkosten und Dokumente,
Bestimmungsort,
Liefertermin,
***Transportversicherung*]**

[Unterschrift des Käufers]

[Name und Titel]

■ Beispiel eines Auftrags (Rückseite)

Auftragsbedingungen

Der Auftrag wird gemäß den folgenden Bedingungen erteilt:

1. Annahme

Der Verkäufer hat das in diesem Auftrag gemachte Angebot angenommen, wenn er dem Käufer diesen Auftrag und den Liefertermin bestätigt.

2. Lieferung

Der Käufer hat seine eigene Produktionsplanung entsprechend der in diesem Auftrag angegebenen Lieferzeit festgelegt. Bei Lieferverzug erleidet der Käufer beträchtliche Verluste. Durch Paraphierung dieser Vertragsklausel erkennt der Verkäufer ausdrücklich an, daß die Lieferzeit eine wesentliche Bedingung für diesen Kaufvertrag ist und jeder Lieferverzug als Vertragsverletzung betrachtet wird. Bei Lieferverzug hat der Käufer das Recht, diesen Auftrag zu stornieren, eine Ersatzbeschaffung bei einem anderen Lieferanten vorzunehmen und den Verkäufer für entstehende Verluste haftbar zu machen.

.... (Namenszug oder Handzeichen des Verkäufers)

Die vorstehende Lieferklausel ist für den Verkäufer ungünstig. In der Regel verlangen Verkäufer eine flexiblere Regelung der Lieferzeit, so daß eine Verzögerung nicht automatisch eine Vertragsverletzung darstellt. Im Gegensatz dazu haben Käufer häufig konkrete Vorstellungen über die Verwendung der Waren und wünschen daher eine möglichst genaue Angabe eines verbindlichen Liefertermins. Da diese Positionen einander widersprechen, müssen die Vertragsparteien einen Kompromiß aushandeln.

3. Kaufpreis und Zahlungsbedingungen

Der Kaufpreis für die bestellten Waren darf den dem Käufer zuletzt angebotenen oder berechneten Preis nicht übersteigen, wenn der Käufer nicht ausdrücklich zustimmt.

Die Zahlung erfolgt innerhalb von 30 Tagen nach Rechnungseingang. Bei Zahlung innerhalb von 30 Tagen nach Rechnungseingang erhält der Käufer [*Zahl*] Prozent Skonto.

Wenn der Verkäufer kein Skonto angeboten hat, kann es der Käufer verlangen. Auch diese Vertragsklausel muß zwischen den Vertragsparteien verhandelt werden. Sie sollte nicht im Widerspruch zu den Zahlungsbedingungen stehen.

4. Menge

Wenn der Verkäufer die bestellte Menge nicht liefern kann, ist der Verkäufer verpflichtet, den Käufer vor dem Versand zu benachrichtigen. Der Käufer hat dann das Recht, den Kaufvertrag zu kündigen, eine Ersatzbeschaffung vorzunehmen oder die reduzierte Liefermenge zu akzeptieren. Der Preis wird entsprechend angepaßt.

5. Transportversicherung

Der Verkäufer schließt für die Waren eine Transportversicherung ab.

Wenn die Versandbedingungen im Auftrag spezifiziert werden, sollte auch angegeben werden, welche Verpflichtungen die Parteien zum Abschluß einer Transportversicherung haben. In jedem Fall sollten sich die Parteien über die Höhe der Versicherung, den Gefahrenübergang an den Käufer und darüber einigen, inwieweit eine Partei Begünstigte der Versicherung der anderen Partei ist.

6. Versandpapiere

Als Nachweis, daß die Waren versendet wurden, übermittelt der Verkäufer dem Käufer die Rechnung für die Waren und die vom Frachtführer unterzeichnete Quittung für die Eilzustellung oder den Frachtbrief. Der Verkäufer bereitet alle erforderlichen Unterlagen für die Ex- und Importzollabfertigung vor.

7. Rechte an Zeichnungen und technischen Beschreibungen

Wenn der Käufer dem Verkäufer Zeichnungen oder technische Beschreibungen zur Verfügung gestellt hat, bleibt der Käufer Eigentümer. Der Verkäufer verpflichtet sich, sie nur im Zusammenhang mit diesem Auftrag zu verwenden und sie vertraulich zu behandeln. Er gibt sie nicht an natürliche oder juristische Personen außer den Mitarbeitern des Verkäufers, Unterauftragnehmer oder Beamte

staatlicher Aufsichtsbehörden weiter. Der Verkäufer verpflichtet sich, dem Käufer alle Zeichnungen und technischen Beschreibungen umgehend zurückzugeben, wenn dieser Auftrag abgeschlossen ist oder jederzeit, wenn es der Käufer verlangt.

Denken Sie immer daran, Ihr geistiges Eigentum zu schützen. Die Weitergabe von Geschmacksmustern, Warenzeichen, Plänen, Betriebsgeheimnissen und ähnlichem Eigentum könnte dazu führen, daß Sie Ihre Rechte auf ausschließliche Verwendung verlieren. Sie sollten daher eine Nichtweitergabe-Klausel und eine ausdrückliche Erklärung vorsehen, daß Sie Eigentümer Ihres geistigen Eigentums sind.

8. Gewährleistung des Verkäufers

Der Verkäufer garantiert, daß die gelieferten Waren frei von Material- und Verarbeitungsfehlern sind und genau der Spezifikation der Zeichnung oder eventuell vom Käufer gelieferter Muster entsprechen. Diese Garantie bleibt nach Prüfung der Ware, Lieferung, Annahme und Bezahlung der Ware in Kraft.

9. Prüfung der Ware

Der Käufer ist berechtigt, die Ware auf dem Betriebsgelände des Verkäufers zu prüfen. Er kann die Annahme der Ware verweigern, wenn sie nicht dem Auftrag entspricht, und kann sie auf Kosten des Verkäufers an den Verkäufer zurücksenden.

Wenn der Transportweg sehr lang ist, ist es zweckmäßig, die Ware auf Übereinstimmung mit dem Auftrag und nach der Lieferung auf Schäden zu prüfen. Wenn der Käufer die Waren vor dem Versand nicht persönlich prüfen kann, kann er eine dritte Partei mit der Durchführung der Prüfung beauftragen. Stellen Sie sicher, daß Sie eine schriftliche Bestätigung der Ergebnisse erhalten, wenn eine dritte Partei die Prüfung durchführt.

10. Abtretung

Im Rahmen dieses Auftrags ist keine Partei ohne die vorherige schriftliche Zustimmung der anderen Partei zur Abtretung oder Übertragung von Rechten und Pflichten berechtigt. Jede versuchte Abtretung oder Übertragung ohne vorherige Zustimmung ist nichtig.

Wenn die Vertragsparteien jede Abtretung oder Übertragung von Rechten ausschließen, werden sie eine derartige Vertragsklausel vor Gericht nicht durchsetzen können. Zahlreiche Rechtssysteme gehen davon aus, daß die Vertragsparteien stillschweigend ein Recht zur Abtretung oder Übertragung von Rechten haben. Die Parteien können dieses Recht jedoch zum Beispiel durch Verlangen einer vorherigen Zustimmung der anderen Partei einschränken.

11. Zustandekommen des Kaufvertrags

Wenn der Verkäufer diesen Auftrag ohne Änderung, Streichung oder Hinzufügung von Vertragsbedingungen annimmt, kommt ein Kaufvertrag zustande, der beide Parteien bindet. Die Änderung, Streichung oder Hinzufügung von Vertragsbedingungen wird als Gegenangebot betrachtet. Damit ein bindender Kaufvertrag zustande kommt, ist für das Zustandekommen eines Kaufvertrags die Annahme dieser Änderungen durch den Käufer erforderlich.

Wenn die Vertragsparteien Kaufleute sind, stellt eine unwesentliche Änderung einer Vertragsbedingung nicht unbedingt ein Gegenangebot dar. Wenn Sie mit der Änderung nicht einverstanden sind, bleibt Ihnen nichts anderes übrig, als zu argumentieren, ob die Änderung eine wesentliche Bedingungen betrifft. Dies ist allerdings ein ungenauer Begriff, der unterschiedlich ausgelegt werden kann.

12. Anzuwendendes Recht und Gerichtsstand

Dieser Auftrag wird nach dem Recht von [*Land*] ausgelegt. Bei Streitigkeiten zwischen den Parteien kann ein Gericht in [*Land*] angerufen werden.

Zur Lösung von Streitigkeiten bevorzugen beide Vertragsparteien vielleicht ihr Landesrecht und einen Gerichtsstand in ihrem eigenen Land. Daher müssen die Vertragsparteien über diese Vertragsklausel verhandeln. Sie sollten sich unbedingt einigen. Wenn diese Bestimmung der Klausel des Verkäufers widerspricht, werden Gerichte wahrscheinlich beide Klauseln nicht anerkennen. Denken Sie daran, daß es auch gute Gründe geben kann, das Landesrecht der anderen Partei anzuwenden. Zumindest kann die Vollstreckung von Titeln leichter sein, als wenn Sie den Antrag stellen, ein ausländisches Gerichtsurteil anzuerkennen und zu vollstrecken.

15 Kauf unter Eigentumsvorbehalt

Wenn die Waren einen hohen Wert haben, möchte der Käufer die Waren vielleicht sofort verarbeiten oder verwenden und später bezahlen. Der folgende Kaufvertrag regelt den Verkauf unter Eigentumsvorbehalt. Ein derartiger Kaufvertrag sollte aber nur geschlossen werden, wenn das Zahlungsziel relativ kurz ist – zum Beispiel sechs Monate. Sollte das Zahlungsziel länger als ein Jahr sein, dann sollte statt dessen ein Kreditvertrag geschlossen werden.

■ Mustervertrag für Verkauf unter Eigentumsvorbehalt

Dieser Vertrag wird am [*Datum*] zwischen

[*Firmenbezeichnung, Beschreibung des Geschäftszweigs, Staatsangehörigkeit*] in [*Anschrift*] (nachfolgend »Verkäufer« genannt) und

[*Firmenbezeichnung, Beschreibung des Geschäftszweigs, Staatsangehörigkeit*] in [*Anschrift*] (nachfolgend »Käufer« genannt)

geschlossen.

Die Parteien vereinbaren folgendes:

Dieser Kaufvertrag bindet die Vertragsparteien, die ihn unterzeichnen, und diese sollten in dieser Vertragsklausel angegeben werden. Führen Sie die Vertragsparteien mit voller Firmenbezeichnung und Angabe der Rechtsform auf. Die Anschriften der Vertragsparteien können hier angegeben werden; manchmal werden die Firmenanschriften in internationalen Kaufverträgen am Schluß des Vertrags nach den Unterschriften aufgeführt. Zur Beschreibung der Vertragsparteien gehört in internationalen Verträgen auch die Angabe der Staatsangehörigkeit beziehungsweise des Stammlandes wie zum Beispiel »eine Aktiengesellschaft nach französischem Recht«, »eine Kommanditgesellschaft nach dem Recht des State of California in den USA« oder »ein italienischer Staatsbürger«.

1. Waren

Der Verkäufer verkauft und der Käufer kauft die folgenden Waren: [*Beschreibung der Waren*] (nachfolgend »Waren« genannt).

Die Beschreibung der Waren sollte möglichst konkret sein und Artikelbezeichnung, Artikelnummer, Farbe, Menge usw. beinhalten. Wenn der Käufer eine technische Spezifikation liefert, sollte sie dem Vertrag als Anhang beigefügt werden. Dann sollte in dieser Vertragsklausel auf den Anhang verwiesen werden.

2. Kaufpreis

Der Käufer zahlt [*Währung und Betrag wie zum Beispiel:* US$ 18.000] für die Waren (nachfolgend »Kaufpreis« genannt) wie folgt:

- **[*Beschreibung wie zum Beispiel:* US$ 6.000 bar bei Unterzeichnung dieses Vertrags durch beide Parteien] und**
- **[den Restbetrag von US$ 12.000 beginnend am (*Datum*) und endend am (*Datum*) in sechs gleichen Monatsraten von US$ 2.000, die am 10. Tag jedes Monats gezahlt werden].**

Obgleich es sich um ein kurzes Zahlungsziel handelt, könnte diese Vertragsklausel gegebenenfalls dahingehend modifiziert werden, daß der Käufer Zinsen zahlen muß. Die Zinsen sollten zum gleichen Zeitpunkt fällig sein wie die Monatsraten. Um dem Käufer einen Anreiz zu geben, möglichst früh zu zahlen, könnte der Verkäufer bei vorzeitiger Zahlung auf die Zinsen verzichten.

3. Eigentumsvorbehalt

Ungeachtet der Tatsache, daß die Waren vor der vollständigen Entrichtung des Kaufpreises an den Käufer geliefert werden, bleibt der Verkäufer Eigentümer der Waren, bis der Käufer den vertraglich vereinbarten Kaufpreis voll bezahlt hat.

4. Verwendung der Waren

Bis zur Entrichtung des vollen Kaufpreises darf der Käufer die Waren nur an den folgenden Orten lagern und verwenden: [*Auflistung*]. Der Käufer verpflichtet sich, die Waren weder zu verleihen oder zu verkaufen noch zu verpfänden (Warenlombard) beziehungsweise über die Waren zu verfügen, solange der Verkäufer Eigentümer der Waren ist.

Diese Vertragsklausel ist ziemlich restriktiv formuliert. Aber dennoch sollte der Verkäufer anhand des Landesrechts des Käufers prüfen, ob es noch weitere Verwendungsmöglichkeiten gibt, die ausdrücklich erwähnt werden sollten. Der Verkäufer sollte gegebenenfalls berücksichtigen, daß die Waren durch das Finanzamt gepfändet werden oder ein Konkursgericht die Verfügung über die Waren untersagen könnte, solange sie im Besitz des Käufers sind. Darüber müßten die Parteien verhandeln. Stellt eine Pfändung eine Vertragsverletzung dar? Wie wird der Verkäufer entschädigt, oder wie wird sichergestellt, daß die Waren zurückgegeben werden?

5. Versicherung

Bis zur Entrichtung des vollen Kaufpreises ist der Käufer verpflichtet, eine Versicherung gegen Verlust, Beschädigung oder Untergang der Waren mit einem Versicherungsschutz in Höhe von [*Währung und Betrag*] abzuschließen. In der Versicherungspolice ist der Verkäufer als Berechtigter anzugeben. Die Police sollte von einer angesehenen und solventen Versicherungsgesellschaft ausgestellt werden. Der Käufer verpflichtet sich, dem Verkäufer eine Kopie der Versicherungspolice zur Verfügung zu stellen. Wenn der Käufer die Versicherung nicht abschließen kann, ist der Verkäufer berechtigt, die Versicherung auf Kosten des Käufers abzuschließen. Wenn die Waren beschädigt oder zerstört werden beziehungsweise verlorengehen, bevor der Kaufpreis in voller Höhe bezahlt ist, partizipiert der Verkäufer bis zur Höhe des ausstehenden Kaufpreises an der Zahlung der Versicherung an den Käufer.

6. Gewerbliche Schutzrechte

Im Rahmen dieses Vertrags werden keine gewerblichen Schutzrechte des Verkäufers auf den Käufer übertragen oder entsprechende Lizenzen vergeben. Diese Rechte sind das ausschließliche Eigentum des Verkäufers, und der Käufer hat im Zusammenhang mit den Waren kein Recht am geistigen Eigentum des Verkäufers. Der Käufer verpflichtet sich, die gewerblichen Schutzrechte des Verkäufers nicht zu verletzen.

7. Zahlungsverzug

Wenn der Käufer mit der Zahlung von zwei oder mehr Raten des Kaufpreises oder einer anderen Verpflichtung aus diesem Vertrag in Verzug kommt, hat der Verkäufer das Recht, die Zahlung des ausstehenden Kaufpreises in voller Höhe zu verlangen.

Wenn der Käufer die Forderung des Verkäufers nicht erfüllt, bemühen sich die Parteien, die Zahlungsbedingungen neu zu verhandeln. Wenn die Parteien den Streit nicht lösen können, gibt der Käufer entweder die Waren dem Verkäufer zurück oder gewährt dem Verkäufer während der Geschäftszeit Zugang zum Betriebsgrundstück des Käufers, um die Ware abzuholen. Der Verkäufer ist berechtigt, die Waren auf Rechnung des Käufers weiterzuverkaufen oder die Waren zum aktuellen Marktwert zurückzukaufen. Der Erlös aus dem Verkauf der Waren dient zur Deckung der Kosten im Zusammenhang mit der Rücknahme und dem Weiterverkauf der Ware sowie zur Begleichung des

restlichen Kaufpreises. Ein Überschuß wird dem Käufer erstattet, einen Mindererlös muß der Käufer ausgleichen.

Diese Vertragsklausel sieht bei Zahlungsverzug vor, daß über die Zahlungsbedingungen verhandelt wird. Das ist zwar nicht unbedingt notwendig, aber empfehlenswert. Sonst steht der Verkäufer mit benutzten Waren von geringem Wert da, und keine Partei kann alle ihre Kosten decken. Im Auslandsgeschäft sollten die Vertragsparteien flexibel genug sein, um im Interesse der Gewinnerzielung auf Veränderungen der Wirtschaftslage und der Märkte reagieren zu können.

[*Firmenbezeichnung*]	**[*Firmenbezeichnung*]**
[*Unterschrift des Käufers*]	**[*Unterschrift des Verkäufers*]**
[*Name und Funktion*]	**[*Name und Funktion*]**

16 Beratungsvertrag

Wenn Sie im Rahmen des Auslandsgeschäfts eine Marktstudie durchführen, eine Werbekonzeption entwickeln oder verdeckte Ermittlungen wegen Verletzung Ihrer gewerblichen Schutzrechte durchführen lassen, dann schließen Sie Werkverträge. Diese sind nach deutschem Recht in den §§ 631 ff. BGB geregelt. Durch den Werkvertrag wird der Unternehmer zur Herstellung des versprochenen Werkes, der Besteller zur Entrichtung der vereinbarten Vergütung verpflichtet. Gegenstand des Werkvertrags können sowohl die Herstellung oder Veränderung einer Sache als auch ein anderer durch Arbeit oder Dienstleistung herbeizuführender Erfolg sein (§ 631 BGB). Der sogenannte Werklieferungsvertrag stellt eine Sonderform des Werkvertrags dar. Verpflichtet sich der Unternehmer, das Werk aus einem von ihm zu beschaffenden Stoff herzustellen, so hat er dem Besteller die hergestellte Sache zu übergeben und das Eigentum an der Sache zu verschaffen (§ 651 BGB). Auf einen solchen Vertrag finden die Vorschriften über den Kauf Anwendung. Verpflichtet sich der Unternehmer nur zur Beschaffung von Zutaten oder sonstigen Nebensachen, so finden ausschließlich die Vorschriften über den Werkvertrag Anwendung.

Der folgende Beratungsvertrag bezieht sich auf eine einmalige Beratung. Wenn Sie die Beratungsunterstützung für einen längeren Zeitraum benötigen, dann können Sie einen Honorarvertrag abschließen, durch den sich der Dienstleistungsanbieter verpflichtet, die versprochenen Dienstleistungen gegen ein monatliches oder Jahreshonorar zu liefern. Wenn Sie im Ausland einen langfristigen Dienstleistungs- beziehungsweise Werkvertrag abschließen, ist aber Vorsicht geboten. In manchen Ländern verlangt das Arbeitsrecht bei Kündigung eines Beraters, der im Rahmen eines Beratungsvertrags längere Zeit für ein Unternehmen tätig war, die Zahlung einer beträchtlichen Abfindung.

■ Beispiel eines Beratungsvertrags

Dieser Vertrag wird am [*Datum*] zwischen

[*Firmenbezeichnung, Beschreibung des Geschäftszweigs, Staatsbürgerschaft*] in [*Anschrift*] (nachfolgend »Auftraggeber« genannt) und

[*Firmenbezeichnung, Beschreibung des Geschäftszweigs, Staatsbürgerschaft*] in [*Anschrift*] (nachfolgend »Berater« genannt)

zu folgenden Bedingungen geschlossen:

Dieser Vertrag bindet die Vertragsparteien, die ihn unterzeichnen, und diese sollten in dieser Vertragsklausel angegeben werden. Führen Sie die Vertragsparteien mit voller Firmenbezeichnung und Angabe der Rechtsform auf. Die Anschriften der Vertragsparteien können hier angegeben werden; manchmal werden die Firmenanschriften in internationalen Kaufverträgen am Schluß des Vertrags nach den Unterschriften aufgeführt. Zur Beschreibung der Vertragsparteien gehört in internationalen Verträgen auch die Angabe der Staatsangehörigkeit beziehungsweise des Stammlandes wie zum Beispiel »eine Aktiengesellschaft nach französischem Recht«, »eine Kommanditgesellschaft nach dem Recht des State of California in den USA« oder »ein italienischer Staatsbürger«.

1. Vertragsgegenstand

Der Auftraggeber beauftragt den Berater und der Berater verpflichtet sich, [*Beschreibung des Auftrags wie zum Beispiel*: den XXX-Markt in (*Land*) zu analysieren].

2. Laufzeit des Vertrags

Dieser Vertrag tritt am [*Datum*] in Kraft und wird mit der Vorlage eines abschließenden Marktberichtes durch den Berater abgeschlossen. Die Parteien vereinbaren, daß der Marktbericht dem Auftraggeber spätestens bis zum [*Datum*] vorgelegt wird.

Ein Fix- oder Termingeschäft liegt vor, wenn die Einhaltung des Termins wesentlicher Inhalt der vertraglichen Leistungspflicht ist. Beim absoluten Fixgeschäft begründet die Nichteinhaltung des Termins nach deutschem Recht dauernde Unmöglichkeit. Beim relativen Fixgeschäft tritt bei Nichteinhaltung des Termins keine Unmöglichkeit ein, der Gläubiger ist aber gemäß § 361 BGB berechtigt, vom Vertrag zurückzutreten. Es genügt nicht, daß der Termin genau festgelegt ist, sondern die Einhaltung des Termins muß nach dem Willen der Parteien derart wesentlich sein, daß das Geschäft mit der termingerechten Leistung stehen und fallen soll. Auf einen solchen Willen können Formulierungen wie »fix«, »genau« oder »spätestens« hinweisen.

3. Leistungen des Beraters

Die Durchführung der Beratung entspricht dem neuesten Stand der Arbeitsmethodik. Der Berater konzentriert sich auf diesen Auftrag und widmet ihm angemessene Zeit. Die Parteien vereinbaren, daß die Leistungen des Beraters nicht ausschließlich an Orten und zu Zeiten durchgeführt werden, die für den Berater günstig sind. Der Berater sichert zu, bei der Erbringung der Dienstleistungen alle gesetzlichen Vorschriften zu beachten. Der Auftraggeber haftet nicht dafür, wie der Berater die Beratungsleistungen durchführt.

Dieser Vertrag geht aus arbeits- und steuerrechtlichen Gründen davon aus, daß der Berater selbständiger Unternehmer und kein Angestellter des Auftraggebers ist. In einigen Ländern wird dieser Unterschied nicht anerkannt und der Berater als Angestellter des Auftraggebers betrachtet.

4. Vergütung

Als Vergütung für alle Beratungsleistungen, die auf Grund dieses Vertrags erbracht werden, zahlt der Auftraggeber dem Berater [*Währung und Betrag*]. Die Zahlung der Vergütung erfolgt innerhalb von [*Anzahl*] Tagen nach Abschluß der Beratung. Für Steuern und Versicherungen wird kein Abzug vorgenommen.

Auch in dieser Vertragsklausel wird berücksichtigt, daß der Berater selbständiger Unternehmer ist.

5. Der Berater ist selbständiger Unternehmer

Beim Abschluß und in der Durchführung dieses Vertrags handelt der Berater als selbständiger Unternehmer. Keine Partei geht irgendwelche Verpflichtungen oder Kosten zu Lasten der anderen ein. Der Berater ist kein Angestellter des Auftraggebers und erhält daher keine Sozialleistungen vom Auftraggeber (das heißt Arbeitgeberbeiträge zur gesetzlichen Renten-, Kranken-, Arbeitslosenversicherung, betrieblichen Altersversorgung, Belegschaftsaktien oder Gratifikationszahlungen).

Der Berater haftet für Schäden, die infolge seiner Handlungen oder Unterlassungen eintreten. Der Berater versteuert seine Vergütung aus diesem Vertrag. Der Berater ist berechtigt, auf seine Kosten Assistenten einzustellen und zu beschäftigen; diese sind keine Angestellten des Auftraggebers. Der Berater stellt alle Materialien, Werkzeuge und Ausrüstung, die erforderlich sind, um die Beratungsleistungen zu erbringen.

Wenn Sie einen Selbständigen beschäftigen, dann sollte dies im Vertrag auch ausdrücklich festgestellt werden. Sie sollten alles ausschließen, was ein Beschäftigungsverhältnis begründen könnte.

6. Beratungsbericht

Der Berater erstellt und liefert dem Auftraggeber einen Bericht über die Ergebnisse der Untersuchung. Der Bericht soll folgenden Inhalt haben: [*Aufzählung*]. Der Berater bewahrt eine Kopie des Berichts mindestens sechs Monate nach Beendigung dieses Vertrags auf.

Die gewünschten Beratungsergebnisse sollten in dieser Vertragsklausel aufgelistet werden, ohne den Status des Beraters als selbständigem Unternehmer in Frage zu stellen. Je nach Umfang dieser Aufzählung könnte die Beschreibung der Ergebnisse dem Vertrag auch als Anhang beigefügt werden.

7. Interessenkonflikte

Der Berater sichert ausdrücklich zu, daß außer den Interessenkonflikten, die er dem Auftraggeber bereits mitgeteilt hat, keine weiteren potentiellen Interessenkonflikte im Rahmen der Durchführung der Beratung bestehen.

Mit dieser Vertragsklausel soll sichergestellt werden, daß keine Interessenkonflikte bestehen, die die Objektivität des Beraters beeinflussen. Wenn der Auftraggeber später feststellt, daß dennoch Interessenkonflikte bestehen, dann macht sich der Berater einer Vertragsverletzung schuldig.

8. Vertraulichkeit

Der Berater verpflichtet sich, alle Informationen des Auftraggebers über die Herstellung und den Verkauf seiner Produkte vertraulich zu behandeln und derartige Informationen nicht ohne Genehmigung des Auftraggebers weiterzugeben.

9. Gewerbliche Schutzrechte

Die Rechte am geistigen Eigentum im Zusammenhang mit den Produkten oder Dienstleistungen des Auftraggebers liegen ausschließlich beim Auftraggeber. Diese Rechte werden nicht auf den Berater übertragen. Der Berater verpflichtet sich, die gewerblichen Schutzrechte des Auftraggebers zu schützen und ihre Verletzung zu vermeiden.

10. Kündigung des Vertrags

Jede Partei kann diesen Vertrag durch schriftliche Mitteilung an die andere Partei mit Wirkung zum genannten Termin kündigen. Der Berater kann dem Auftraggeber die bis zu diesem Termin zusammengestellten Unterlagen vorlegen und die erbrachten Leistungen mit einem vereinbarten Stundensatz in Rechnung stellen. Nur für den Fall einer Kündigung vereinbaren die Parteien, daß der angemessene Stundensatz für die Beratung [*Währung und Betrag*] beträgt.

Es ist üblich, daß Beratungsverträge jederzeit ohne Angabe von Gründen gekündigt werden können. Dies wird damit erklärt, daß es schwierig und unzweckmäßig ist, einen Berater, mit dessen Arbeit der Auftraggeber nicht zufrieden ist, zur Durchführung der vertraglich vereinbarten Dienstleistungen zu zwingen. Dabei sollte es sich um ein gegenseitiges Kündigungsrecht handeln, das heißt, beide Parteien sollten das gleiche Recht haben.

11. Abtretung von Rechten

Der Berater verpflichtet sich, die vertraglich vereinbarten Dienstleistungen persönlich zu erbringen. Die Parteien vereinbaren, daß keine Partei ihre Rechte und/oder Pflichten aus diesem Vertrag ohne vorherige schriftliche Zustimmung der anderen Partei abtreten oder übertragen darf.

Im allgemeinen können die Vertragsparteien die Abtretung oder Übertragung von Rechten und Pflichten aus diesem Vertrag nicht vollständig ausschließen, weil eine derartige Vertragsbedingung nach dem Gesetz nichtig ist. Sie können diese Rechte jedoch einschränken, indem sie verlangen, daß die andere Partei vorher zustimmen muß. In einem Beratungsvertrag ist diese Einschränkung wegen des persönlichen Charakters der Beratungsleistung besonders wichtig. Beide Vertragsparteien arbeiten schließlich zusammen, weil sie die Persönlichkeit, Fähigkeiten, Philosophie und Arbeitsethik der anderen Partei schätzen.

12. Mitteilungen

Wenn eine Partei die andere benachrichtigen will, ist die Mitteilung nur wirksam, wenn sie schriftlich mit Einschreibebrief erfolgt. Mitteilungen an die andere Vertragspartei müssen an die in diesem Vertrag angegebene Anschrift zugestellt werden – es sei denn, die betreffende Partei hat die andere Partei über die Änderung ihrer Anschrift benachrichtigt.

13. Anzuwendendes Recht

Auf diesen Vertrag wird das Recht von [*Land*] angewendet.

[***Firmenbezeichnung***]	[***Firmenbezeichnung***]
[***Unterschrift des Beraters***]	[***Unterschrift des Auftraggebers***]
[***Name und Funktion***]	[***Name und Funktion***]

17 Handelsvertretervertrag

Ein weiterer Vertrag im Zusammenhang mit dem Verkauf von Waren ist der Handelsvertretervertrag, der nach deutschem Recht in den §§ 84 ff. HGB geregelt ist. Nach § 92 c HGB kann von diesen Vorschriften abgewichen werden, wenn der Handelsvertreter seine Tätigkeit nicht innerhalb des Gebietes der Europäischen Union oder der anderen Vertragsstaaten des Abkommens über den Europäischen Wirtschaftsraum ausübt.

Nach § 84 HGB ist Handelsvertreter, wer als selbständiger Gewerbetreibender ständig damit betraut ist, für einen anderen Hersteller Geschäfte zu vermitteln oder in dessen Namen abzuschließen. Selbständig ist, wer seine Tätigkeit und Arbeitszeit im wesentlichen frei gestalten beziehungsweise bestimmen kann.

Im Auslandsgeschäft sollte die Auswahl und Beauftragung eines Handelsvertreters besonders sorgfältig erfolgen. Man sollte den Handelsvertreter persönlich treffen, die Beziehung allmählich entwickeln und ständig kontrollieren. Wenn Sie einen Handelsvertreter beauftragen, um einen ausländischen Markt zu erschließen, sollten Sie sicher sein, daß Sie diesen Schritt sorgfältig vorbereitet haben.

■ Beispiel eines Handelsvertretervertrags

Dieser Vertrag wird am [*Datum*] zwischen

[*Firmenbezeichnung, Beschreibung des Geschäftszweigs, Staatsbürgerschaft*] in [*Anschrift*] (nachfolgend »Hersteller« genannt) und

[*Firmenbezeichnung, Beschreibung des Geschäftszweigs, Staatsbürgerschaft*] in [*Anschrift*] (nachfolgend »Handelsvertreter« genannt)

geschlossen:

Dieser Vertrag bindet die Vertragsparteien, die ihn unterzeichnen, und diese sollten in dieser Vertragsklausel angegeben werden. Führen Sie die Vertragsparteien mit voller Firmenbezeichnung und Angabe der Rechtsform auf. Die Anschriften der Vertragsparteien können hier angegeben werden; manchmal werden die Firmenanschriften in internationalen Kaufverträgen am Schluß des Vertrags nach den Unterschriften aufgeführt. Zur Beschreibung der Vertragsparteien gehört in internationalen Verträgen auch die Angabe der Staatsangehörigkeit beziehungsweise des Stammlandes wie zum Beispiel »eine Aktiengesellschaft nach französischem Recht«, »eine Kommanditgesellschaft nach dem Recht des State of California in den USA« oder »ein italienischer Staatsbürger«.

Präambel

Der Hersteller produziert und verkauft [*Beschreibung der Waren* oder die in Anhang A dieses Vertrags aufgelisteten Waren] (nachfolgend »Waren« genannt). Der Hersteller beauftragt den Handelsvertreter, die Waren für ihn in [*Land*] anzubieten und zu verkaufen. Daher vereinbaren die Parteien:

1. Vertragsgegenstand

Der Hersteller beauftragt den Handelsvertreter, seine Waren entsprechend den Bedingungen dieses Vertrags in [*Land*] an Firmen zum Wiederverkauf zu verkaufen.

Diese Vertragsklausel unterstellt, daß die Waren zum Wiederverkauf verkauft werden. Wenn die Waren auch direkt an Endverbraucher verkauft werden sollen, muß der Vertrag entsprechend ergänzt werden. Diese Vertragsklausel muß auch dann ergänzt werden, wenn der Hersteller dem Handelsvertreter exklusive Vertriebsrechte gewährt. Dann sollte sich der Hersteller verpflichten, seine Produkte in dem betreffenden Land nicht selbst zu verkaufen und Dritten keine Vertriebsrechte einzuräumen. Exklusive Vertriebsrechte sind für den Handelsvertreter sehr vorteilhaft, und sie werden in der Regel gewährt, wenn der Markt relativ klein ist. Auf größeren Märkten werden dem Handelsvertreter nur in einem bestimmten Vertriebsgebiet, exklusive Vertriebsrechte gewährt. Dies erlaubt einerseits eine hinreichende Marktdurchdringung, und andererseits wird vermieden, daß die Handelsvertreter des Unternehmens miteinander im Wettbewerb stehen. Wenn exklusive Vertriebsrechte gewährt werden, sollte das Unternehmen auf einen eigenen Vertrieb verzichten, weil sich seine Verkäufe mit denen des Handelsvertreters überschneiden würden.

2. Pflichten des Handelsvertreters

Der Handelsvertreter verpflichtet sich, die Produkte des Herstellers in [*Land*] aggressiv zu verkaufen. Der Handelsvertreter übermittelt dem Hersteller alle Aufträge spätestens innerhalb von [*Anzahl*] Tagen nach Auftragserhalt. Der Handelsvertreter verpflichtet sich, keine Produkte zu bewerben oder zu verkaufen, die mit den Produkten des Herstellers identisch oder diesen täuschend ähnlich sind. Der Handelsvertreter beachtet die Vorgaben des Herstellers für Verkaufspreise und Verkaufsbedingungen. Zur Erzielung maximaler Umsätze in [*Land*] formuliert der Hersteller diese Vorgaben in Abstimmung mit dem Handelsvertreter, obwohl die endgültige Entscheidung bei dem Hersteller liegt. Der Hersteller benachrichtigt den Handelsvertreter über Änderungen dieser Vorgaben mindestens [*Anzahl*] Tage vor Inkrafttreten schriftlich.

In Standardverträgen ist im allgemeinen eine Klausel enthalten, die dem Handelsvertreter ohne Zustimmung des Herstellers den Vertrieb von Konkurrenzprodukten verbietet. Bezüglich der Vorgaben des Herstellers ist davon auszugehen, daß der Handelsvertreter den Markt im allgemeinen am besten kennt. Daher sollten die Vorgaben auch in Abstimmung mit dem Handelsvertreter formuliert werden. Als international tätiges Unternehmen versuchen Sie vielleicht, für den Vertrieb weltweit einheitliche Vorgaben zu machen; Sie sollten jedoch berücksichtigen, daß vielleicht jeder Markt besondere Anforderungen stellt. Daher ist es wichtig, internationale Richtlinien für den Vertrieb flexibel zu handhaben. So können zum Beispiel Anpassungen für den Verkaufspreis, die Gewährleistung und die Verkaufsförderung notwendig sein, um auf einem ausländischen Markt den Marktanteil zu erhöhen oder ein neues Produkt einzuführen.

3. Laufzeit des Vertrags

Dieser Vertrag hat eine Laufzeit von [*Anzahl*] Tagen und gilt vom [*Datum*] bis zum [*Datum*]. Er bleibt für weitere [*Anzahl*] Tage in Kraft, wenn er nicht durch eine Partei schriftlich gekündigt wird. Diese Kündigung muß mittels Einschreibebrief mindestens [*Anzahl*] Tage vor dem Ablauf des laufenden Vertrags erfolgen.

Im Auslandsgeschäft wird zu Beginn der Zusammenarbeit mit einem Handelsvertreter eine relativ kurze Vertragslaufzeit mit der Option zur Kündigung oder Verlängerung empfohlen. Wenn es sich um eine neue Geschäftsbeziehung handelt oder der ausländische Markt noch nicht getestet wurde, dann ist es für jede Vertragspartei unzweckmäßig, eine längere Verpflichtung einzugehen. Noch wichtiger ist in diesem Zusammenhang, daß Arbeitnehmer und freie Mitarbeiter in manchen Ländern arbeitsrechtlich besonders geschützt sind. Diese Gesetze verpflichten den Arbeitgeber, die Kündigung zu begründen und bei Kündigung eine Abfindung zu zahlen. Um die Absicht der Vertragsparteien zum Ausdruck zu bringen, daß sie kein Arbeitsverhältnis eingehen wollen, sollte die Vertragslaufzeit relativ kurz sein. Aus dem gleichen Grund sollte der Begriff »Vertreter« vermieden werden; mit der hier verwendeten Bezeichnung »Handelsvertreter« wird dagegen ausgedrückt, daß der Handelsvertreter selbständiger Gewerbetreibender ist.

4. Pflichten des Herstellers

Der Hersteller verpflichtet sich, genügend zu produzieren, damit alle Aufträge des Handelsvertreters termingerecht ausgeführt werden können. Der Hersteller bestätigt, liefert und fakturiert die Kundenaufträge nach seinen Geschäftsbedingungen. Wenn der Hersteller die Produktion eines Produktes ändert oder einstellt, informiert er den Handelsvertreter umgehend und bietet ein Ersatzprodukt an.

Wenn es der Handelsvertreter ablehnt, das Ersatzprodukt zu verkaufen, endet dieser Vertrag, und die Parteien haben keine weitergehenden Ansprüche oder Verpflichtungen gegeneinander.

Diese Vertragsklausel trägt der Tatsache Rechnung, daß Produkte ständig verändert beziehungsweise verbessert werden.

5. Provision

Der Handelsvertreter hat für alle während des Vertragsverhältnisses abgeschlossenen Geschäfte, die auf seine Tätigkeit zurückzuführen sind, Anspruch auf eine Provision in Höhe von [*Zahl*] Prozent des Großhandelslistenpreises. Die Provision wird monatlich im Folgemonat nach Lieferung der Ware in [*Währung*] gezahlt.

Es ist allgemein üblich, für verschiedene Umsatzarten unterschiedliche Provisionen zu zahlen. So kann die Provision zum Beispiel reduziert oder gestrichen werden, wenn die Verkaufstätigkeit des Handelsvertreters durch besondere Verkaufsförderungsmaßnahmen erleichtert wurde. Es sollte von Zeit zu Zeit überprüft werden, ob der Handelsvertreter auf Umsätze, die ein Dritter in seinem Vertragsgebiet erzielt hat, eine Provision erhalten soll. Es sollte auch geregelt werden, ob die Provision gekürzt werden kann. Außerdem sollte in einem internationalen Handelsvertretervertrag auch die Währung angegeben werden, in der die Provision gezahlt wird.

6. Selbständiger Gewerbetreibender

Der Handelsvertreter stimmt ausdrücklich zu, daß diese vertragliche Beziehung kein Arbeitsverhältnis ist, sondern daß er selbständiger Gewerbetreibender ist. Mit diesem Vertrag soll keine Partnerschaft, Joint Venture, Treuhänderschaft oder eine ähnliche Beziehung begründet werden. Keine Vertragspartei haftet für die Schulden oder Verpflichtungen der anderen, und keine hat die Vollmacht, die andere Partei in Verträgen zu verpflichten. Es steht dem Handelsvertreter frei, Mitarbeiter oder selbständige Gewerbetreibende zu beschäftigen, und der Hersteller kann die Beschäftigung derartiger Personen nicht beeinflussen. Der Handelsvertreter ist verpflichtet, im Rahmen seiner Geschäftstätigkeit in [*Land*] die Gesetze zu beachten. Er ist darüber hinaus verpflichtet, seine Provisionseinkünfte zu versteuern. Der Hersteller stellt den Handelsvertreter weder von Verlusten, Ansprüchen oder Haftungsansprüchen anderer frei, die im Zusammenhang mit dem Verkauf der Waren entstehen können, noch versichert er ihn dagegen. Auf Verlangen des Herstellers unterstützt der Handelsvertreter den Hersteller bei der Lieferung der Waren an die Kunden.

Selbst wenn ein Hersteller den Vertrag mit einem ausländischen Handelsvertreter in seiner Eigenschaft als selbständiger Gewerbetreibender abschließt, ist Vorsicht geboten, weil eine derartige Beziehung nicht in jedem Land anerkannt wird. Dies kann dazu führen, daß der Handelsvertreter als Angestellter des Herstellers betrachtet wird und der Hersteller die Gesetze zum Schutz der Arbeitnehmer beachten muß – wie zum Beispiel die Kündigung aus wichtigem Grund und Zahlung einer Abfindung bei Kündigung. Selbst wenn diese Vertragsklausel anerkannt wird, muß der Hersteller den Status des Handelsvertreters als selbständigem Gewerbetreibenden strikt beachten. Der Handelsvertreter sollte soviel Freiheit wie möglich haben, um festzulegen, wo, wie und wann er die Waren des Herstellers verkauft. Je mehr Vorgaben für die Arbeit des Handelsvertreters gemacht werden, desto wahrscheinlicher ist es, daß der Handelsvertreter als Angestellter betrachtet wird.

7. Gewerbliche Schutzrechte

Der Handelsvertreter erkennt ausdrücklich an, daß der Hersteller Eigentümer der Markennamen, Geschmacksmuster, Patente und Betriebsgeheimnisse im Zusammenhang mit den Waren ist (nachfolgend »geistiges Eigentum« genannt). Keines dieser Rechte wird auf den Handelsvertreter übertragen. Der Handelsvertreter darf nicht behaupten, Eigentümer der gewerblichen Schutzrechte des Herstellers zu sein. In jeder Werbung muß der Handelsvertreter angeben, daß der Hersteller Eigentümer der gewerblichen Schutzrechte ist, und jede Werbung muß vor der Veröffentlichung dem Hersteller zur Prüfung und Genehmigung vorgelegt werden. Die Verletzung dieser Vertragsklausel führt zur fristlosen Kündigung dieses Vertrags.

Der Wert gewerblicher Schutzrechte sollte nie unterschätzt werden. Der Goodwill und das Ansehen des Unternehmens sind mit seinem Namen und seinen Markennamen verbunden, und die Unverwechselbarkeit seiner Produkte wird durch Patente und Geschmacksmuster geschützt. Ausländische Unternehmen kennen den Wert gewerblicher Schutzrechte, darum sind gefälschte Produkte ein großes Geschäft. Ihr Ansehen trägt dazu bei, Produkte zu verkaufen, ob es sich nun um ihre eigenen Produkte oder um Fälschungen handelt. Wenn Sie Ihr geistiges Eigentum nicht schützen, verlieren Sie nicht nur Umsatz, sondern auch das Recht zur ausschließlichen Verwendung Ihrer gewerblichen Schutzrechte.

8. Abtretung

Keine Partei darf ihre Rechte oder Pflichten aus diesem Vertrag ohne vorherige schriftliche Zustimmung der anderen Partei abtreten. Eine Abtretung, die ohne Zustimmung der anderen Partei erfolgt, ist nich-

tig, und die abtretende Partei trägt weiterhin die Verpflichtungen aus diesem Vertrag.

Die Parteien schließen den Handelsvertretervertrag auf der Grundlage von Merkmalen, die für die Parteien einzigartig sind. Infolge einer Abtretung von Rechten und Pflichten würde die andere Partei mit einem unbekannten Partner konfrontiert. Ein vollständiges Abtretungsverbot wird in der Regel von den Gerichten nicht anerkannt und ist daher nicht vollstreckbar, aber die Vertragsparteien können sich dadurch schützen, daß sie die vorherige Zustimmung der anderen Partei verlangen.

9. Rechtsmittel bei Vertragsverletzungen

Die Parteien erklären, daß sie eine Beziehung begründen wollen, die für beide Seiten vorteilhaft ist, und sich daher bemühen, Meinungsverschiedenheiten durch außergerichtliche Verhandlungen zu lösen. Wenn trotzdem ein Streit entsteht, den sie nicht anders lösen können, rufen die Parteien ein Schiedsgericht nach der [*Name der Schiedsgerichtsgerichts-Organisation*] an. Diese Vertragsklausel schränkt die Rechte des Herstellers nicht ein, bei Verletzung seiner gewerblichen Schutzrechte Rechtsmittel gegen den Handelsvertreter einzulegen.

Wenn es im Land des Handelsvertreters Schiedsgerichte gibt, können sie als Mittel zur Streitlösung gewählt werden. Sie sollten jedoch vorsichtig sein, die Anrufung eines Schiedsgerichts zu vereinbaren, weil es nicht in allen Ländern Schiedsgerichte gibt. Außerdem sind Schiedsgerichtsverfahren teurer und langwieriger als Verhandlungen, obwohl sie im allgemeinen kostengünstiger sind als Prozesse. In manchen Kulturen sind Schiedsgerichtsverfahren genauso verpönt wie Gerichtsverfahren und werden als persönliche Beleidigung betrachtet.

10. Änderungen des Vertrags

Änderungen dieses Vertrags bedürfen der Schriftform und müssen durch beide Parteien unterzeichnet werden.

Im Auslandsgeschäft sollten Sie bei Vertragsänderungen grundsätzlich auf Schriftform bestehen, um später Unklarheiten zu vermeiden.

11. Mitteilungen

Mitteilungen an die andere Partei im Rahmen dieses Vertrags müssen schriftlich erfolgen und an die in diesem Vertrag aufgeführte Anschrift zugestellt werden. Eine Vertragspartei muß die andere Partei innerhalb von [*Anzahl*] Tagen nach Inkrafttreten über eine Adressenänderung informieren. Mitteilungen gelten am Tag des Eingangs als zugestellt.

12. Absicht der Parteien

Die Vertragsparteien schließen diesen Vertrag, um ihre Absicht zu demonstrieren, durch diese Vereinbarung gebunden zu sein. Die Parteien erklären ausdrücklich, daß dieser Vertrag ihre gesamte Vereinbarung darstellt und alle früheren Verhandlungsergebnisse, Vereinbarungen und Darstellungen ersetzt. Jede Vertragspartei war aufgefordert und hatte die Gelegenheit, unabhängige Fachleute wie zum Beispiel Rechtsanwälte und Wirtschaftsprüfer zu konsultieren. Jede Vertragspartei hat sich selbständig entschieden, diesen Vertrag anzunehmen.

Diese Standardklausel ist wichtig und sollte in einem internationalen Vertrag nicht fehlen. Sie dient dazu, das gegenseitige Verständnis und den gemeinsamen Willen zum Ausdruck zu bringen. In internationalen Verträgen hat diese Vertragsklausel eine zusätzliche Bedeutung, weil die Auslegung der Vertragsbedingungen infolge von Barrieren wie zum Beispiel Unterschieden in der Sprache, in der Kultur, im politischen und wirtschaftlichen Umfeld sowie der Erfahrung im Auslandsgeschäft sehr unterschiedlich sein kann.

[*Firmenbezeichnung*]	[*Firmenbezeichnung*]
[*Unterschrift des Herstellers*]	[*Unterschrift des Handelsvertreters*]
[*Name und Funktion*]	[*Name und Funktion*]

18 Franchisevertrag

Im folgenden stelle ich einen kurzen Franchisevertrag vor. Dieses Beispiel dient nur zur Veranschaulichung. Wenn Sie einen Franchisevertrag abschließen wollen, sollten Sie unbedingt einen Rechtsanwalt konsultieren, weil Franchising eine komplexe geschäftliche Vereinbarung ist. Mit diesem Beispiel will ich aufzeigen, was Sie im Rahmen eines ausländischen Franchisevertrags berücksichtigen müssen. Franchising ist ein Konzept, mit dem ein selbständiges Unternehmen Waren oder Dienstleistungen über ein Netz selbständiger Eigentümer vertreibt. Jeder Franchisenehmer profitiert von der Unterstützung durch den Franchisegeber, während er gleichzeitig den Vorteil genießt, Alleineigentümer seines Geschäfts zu sein.

■ Beispiel eines Franchisevertrags

Dieser Vertrag wird am [*Datum*] zwischen

[*Firmenbezeichnung, Beschreibung des Geschäftszweigs, Staatsbürgerschaft*] in [*Anschrift*] (nachfolgend »Franchisegeber« genannt) und

[*Firmenbezeichnung, Beschreibung des Geschäftszweigs, Staatsbürgerschaft*] in [*Anschrift*] (nachfolgend »Franchisenehmer« genannt)

geschlossen:

Dieser Vertrag bindet die Vertragsparteien, die ihn unterzeichnen, und diese sollten in dieser Vertragsklausel angegeben werden. Führen Sie die Vertragsparteien mit voller Firmenbezeichnung und Angabe der Rechtsform auf. Die Anschriften der Vertragsparteien können hier angegeben werden; manchmal werden die Firmenanschriften in internationalen Kaufverträgen am Schluß des Vertrags nach den Unterschriften aufgeführt. Zur Beschreibung der Vertragsparteien gehört in internationalen Verträgen auch die Angabe der Staatsangehörigkeit beziehungsweise des Stammlandes wie zum Beispiel »eine Aktiengesellschaft nach französischem Recht«, »eine Kommanditgesellschaft nach dem Recht des State of California in den USA« oder »ein italienischer Staatsbürger«.

Präambel

A. Der Franchisegeber ist Eigentümer der Rechte an verschiedenen Warenzeichen, Dienstleistungsmarken, Markennamen, Geschmacksmustern (einschließlich kennzeichnender Logos und ur-

heberrechtlich geschützter Materialien, in denen diese Begriffe verwendet werden) und des Namens »[*Warenzeichen*]« (nachfolgend »geistiges Eigentum« genannt). Der Franchisegeber hat die Verwendung und Akzeptanz des geistigen Eigentums durch seine eigene Geschäftstätigkeit und die Tätigkeit seiner Lizenznehmer gefördert und hat ein internationales [*Art des Geschäfts*]-Franchisesystem (nachfolgend »Franchisesystem« genannt) entwickelt, das anhand seiner gewerblichen Schutzrechte zu erkennen ist und breite Marktakzeptanz genießt.

B. Der Franchisenehmer möchte Teilnehmer des Franchisesystems werden und unter Nutzung des geistigen Eigentums des Franchisegebers ein [*Art des Geschäfts*] einrichten und betreiben.

Daher schließen der Franchisegeber und der Franchisenehmer den folgenden Vertrag:

Franchisevertrag

1. Vertragsgegenstand

Der Franchisegeber gewährt dem Franchisenehmer die Genehmigung, in [*Beschreibung des Vertragsgebiets*] (nachfolgend »Vertragsgebiet« genannt) unter Nutzung des geistigen Eigentums des Franchisegebers in der Laufzeit dieses Vertrags und jeder Verlängerung dieses Vertrags ein [*Art des Geschäfts*] zu betreiben. Der Franchisenehmer sichert zu, das geistige Eigentum nur in Verbindung mit und ausschließlich für die Führung des [*Art des Geschäfts*] entsprechend den Bedingungen dieses Vertrags zu nutzen.

Um den Wert des geistigen Eigentums zu schützen und zu steigern sowie sicherzustellen, daß sich die Verbraucher auf dieses geistige Eigentum bei der Erkennung der Art, der Qualität und des Standards des [*Art des Geschäfts*] verlassen können, verpflichtet sich der Lizenznehmer, diese Vertragsbedingungen einzuhalten und das [*Art des Geschäfts*] nach dem Handbuch des Franchisegebers zu betreiben. Der Franchisenehmer sichert zu, sein [*Art des Geschäfts*] nach den Regeln und Verfahren zu betreiben, wie sie der Franchisegeber in der jeweils neuesten Fassung beschreibt. Der Franchisenehmer erkennt an, daß der Franchisegeber der ausschließliche Eigentümer des geistigen Eigentums ist. Der Franchisenehmer verpflichtet sich, das geistige Eigentum nicht registrieren zu lassen und nicht zu versuchen, das geistige Eigentum im Namen einer anderen natürlichen oder juristischen Person registrieren zu lassen.

Der Franchisenehmer verpflichtet sich weiterhin, das geistige Eigentum, den Firmennamen und die Marken des Franchisegebers nach dem Ablauf dieses Vertrags nicht mehr zu nutzen sowie alle Dokumente, Anweisungen, Displays usw., die mit einem gewerblichen Schutzrecht des Franchisegebers ausgezeichnet sind, an den Franchisegeber zurückzugeben oder zu zerstören.

2. Franchise-Abschlußgebühr

Als Gegenleistung für die Möglichkeit, ein [*Art des Geschäfts*] nach dem Konzept des Franchisegebers einzurichten und zu betreiben, zahlt der Franchisenehmer [*Währung und Betrag*] als Gebühr für den Abschluß dieses Franchisevertrags an den Franchisegeber. Diese Franchise-Abschlußgebühr wurde unter Berücksichtigung des Marktpotentials des Vertragsgebiets ermittelt. Der Franchisenehmer erkennt ausdrücklich an, daß diese Gebühr angemessen ist. Es wird ausdrücklich festgestellt, daß die Franchise-Abschlußgebühr bei Ablauf oder Kündigung dieses Vertrags nicht an den Franchisenehmer zurückgezahlt wird.

3. Kaufverpflichtung des Franchisenehmers

Der Franchisenehmer verpflichtet sich, [*Produkt-Aufzählung*], die er in seinem [*Art des Geschäfts*] verkauft, beim Franchisegeber zu kaufen. Die Zahlung erfolgt bei Erhalt der Rechnung.

4. Pflichten des Franchisegebers

Der Franchisegeber verpflichtet sich, während der Laufzeit dieses Vertrags folgende Leistungen zu erbringen:

a) Das unverwechselbare Franchisesystem zu pflegen und zu fördern.

b) Nationale Werbung durchzuführen.

c) Bei Vertragsbeginn Werbe- und Verkaufsförderungsmaterial kostenlos und in Zukunft zu angemessenen Preisen zu liefern.

d) Schilder, Geschäftsformulare, Schreibwaren, Arbeitskleidung und andere standardisierte Artikel zu angemessenen Preisen zu liefern.

e) Auf Verlangen des Franchisenehmers stellt der Franchisegeber dem Franchisenehmer seine Unternehmensberatung, sein Know-how und seine Geschäftsgeheimnisse in bezug auf Gründung und Betrieb des [*Art des Geschäfts*] auf folgenden Gebieten zur Verfügung:

– Grundstücksauswahl,
– Ladenplanung und Geschäftseinrichtung,
– Einrichtung und Betrieb des Abrechnungssystems und des Büros,
– Geschäftsführung,
– Sortimentsplanung und Disposition,
– Werbung,
– Verkaufsförderung.

f) Den Franchisenehmer auf Anforderung bei der Disposition zu unterstützen.

5. Pflichten des Franchisenehmers

Der Franchisenehmer hat die folgenden Pflichten:

a) Der Franchisenehmer nimmt seine Geschäftstätigkeit zumindest an einem Standort im Vertragsgebiet innerhalb von 90 Tagen nach Vertragsbeginn auf.

b) Der Franchisenehmer konzentriert sich darauf, im Vertragsgebiet eine angemessene Zahl von Geschäften einzurichten und zu betreiben, um den Markt zu versorgen und zu entwickeln.

c) Die Standorte des Franchisenehmers müssen für den Betrieb von [*Art des Geschäfts*]-Geschäften geeignet sein. In jedem Objekt werden kompetente Mitarbeiter beschäftigt. Alle Filialen sind jederzeit verkaufsbereit (das heißt Waren- und Aktionsverfügbarkeit) und sauber.

d) Der Franchisenehmer schaltet im Vertragsgebiet Werbeanzeigen im Telefonbuch und den Gelben Seiten. Bei der Gestaltung der Anzeigen sind die Richtlinien des Franchisegebers zu beachten.

e) Der Franchisenehmer wird die Geschäfte sowohl innen als auch außen entsprechend dem einheitlichen Erscheinungsbild der Franchisegeschäfte betreiben und die gewerblichen Schutzrechte des Franchisegebers herausstellen, um den Bekanntheitsgrad und die Wiedererkennbarkeit der Geschäfte zu fördern.

f) Der Franchisenehmer verlangt von seinen Mitarbeitern, Uniformen und standardisierte Abzeichen zu tragen. Er verpflichtet sich, Standardisierungsprogramme zu beachten, die von Zeit zu Zeit vom Franchisegeber durchgeführt werden, um die Akzeptanz des Franchisesystems zu fördern.

g) Der Franchisenehmer bietet eine schnelle und höfliche Bedienung und führt seine [*Art des Geschäfts*]-Geschäfte in einer Weise, die ein

gutes Licht auf das Franchisesystem und das Ansehen des Franchisegebers wirft. Der Franchisenehmer vermeidet mißverständliche oder unlautere Geschäftspraktiken. Im Rahmen der Werbung und Verkaufsförderung benutzt der Franchisenehmer ohne die vorherige schriftliche Genehmigung des Franchisegebers keine Marke.

h) Nach den Vorgaben des Franchisegebers für Archivierung und Berichterstattung führt der Franchisenehmer die Buchhaltung, Datenspeicherung, Erstellung von Berichten und Aufzeichnungen, die alle Einzelheiten über die Arbeitsweise des Franchisenehmers widerspiegeln. Der Franchisenehmer gestattet dem Franchisegeber oder seinem Vertreter, diese Aufzeichnungen, Berichte und Auswertungen jederzeit zu prüfen. Der Franchisenehmer wird in seinen Geschäften nur Formulare verwenden, die den Standardvorgaben des Franchisegebers entsprechen und die vom Franchisegeber genehmigt wurden. Auf Verlangen des Franchisegebers liefert der Franchisenehmer in angemessener Zeit Informationen und Standardberichte, die der Franchisegeber für die Verwaltung des Franchisesystems benötigt. Der Franchisenehmer erklärt, daß er Kopien der Formulare des Franchisegebers erhalten hat und über die Standard-Arbeitsweise informiert wurde, auf die hier Bezug genommen wird.

i) Der Franchisenehmer unterstützt und fördert in seinem Vertragsgebiet alle nationalen Verkaufsförderungsaktionen des Franchisegebers. Solche Aktionen können die Ausgabe von Gutscheinen beinhalten, die in jedem Geschäft des Franchisenehmers beim Kauf von [*Produkt-Aufzählung*] verrechnet werden können.

j) Der Franchisenehmer betreibt die [*Art des Geschäftes*]-Geschäfte nach den Standardverfahren und -Methoden, die vom Franchisegeber entwickelt wurden und von Zeit zu Zeit verändert werden sowie in einem Betriebshandbuch beschrieben sind. Der Franchisegeber erklärt, daß er dem Franchisenehmer eine Kopie dieses Handbuchs ausgehändigt hat. Das Handbuch bleibt ständig im Besitz des Franchisenehmers. Der Franchisenehmer verpflichtet sich, den Inhalt dieses Handbuchs vertraulich zu behandeln und nicht ohne ausdrückliche Zustimmung des Franchisegebers an Dritte weiterzugeben. Bei Ablauf oder Kündigung dieses Vertrags ist der Franchisenehmer verpflichtet, dem Franchisegeber das Handbuch zurückzugeben.

6. Haftungsfreistellung

Der Franchisenehmer verpflichtet sich, den Franchisegeber, seine Muttergesellschaft und ihre Tochtergesellschaften, Führungskräfte, Vertreter und Mitarbeiter von allen Verlusten, Schadensersatz, Haftung und Kosten, die wegen Verletzung dieses Vertrags eintreten, freizustellen; gleichfalls von allen Ansprüchen, Schadensersatz oder Klagen von Personen oder Firmen, die aus dem Betreiben des [*Art des Geschäfts*]-Geschäfts durch den Franchisenehmer entstehen.

7. Versicherung

Der Franchisenehmer schließt bei einer vom Franchisegeber akzeptierten Versicherungsgesellschaft eine Versicherung mit einem Versicherungsschutz ab, dessen Höhe alle versicherungsfähigen Risiken des [*Art des Geschäfts*]-Geschäfts nach Angaben des Franchisegebers abdeckt. Der Versicherungsschutz deckt die folgenden Risiken ab: Feuer, Einbruch, Abfindung von Mitarbeitern und andere Schäden, die vom Franchisenehmer und Franchisegeber als schutzwürdig betrachtet werden. Der Franchisenehmer ist verpflichtet, dem Franchisegeber gegenüber einen Nachweis über den Abschluß der Versicherung zu führen.

8. Wettbewerbsausschluß

Während der Laufzeit dieses Vertrags und für [*Anzahl*] Jahre nach seinem Ablauf oder Kündigung dürfen sich weder der Franchisenehmer noch die Geschäftsführer oder Gesellschafter des Franchisenehmers weder im Vertragsgebiet noch in einem Radius von [*Anzahl*] Kilometern von einem Geschäft, das nach diesem Vertrag betrieben wird, an einem [*Art des Geschäfts*]-Geschäft beteiligen.

9. Leistungsstörungen

Hinsichtlich der Bedingungen dieses Vertrags oder einer damit zusammenhängenden Vereinbarung wird eine Leistungsstörung grundsätzlich erst dann angenommen, wenn sie nicht behoben werden kann beziehungsweise 30 Tage nach der schriftlichen Benachrichtigung der anderen Partei noch anhält.

10. Laufzeit des Vertrags

Dieser Vertrag tritt mit der Annahme durch den Franchisegeber in Kraft und hat eine Laufzeit von [*Anzahl*] Jahren, wenn er nicht früher gekündigt wird. Dieser Vertrag kann mit Zustimmung des Franchisegebers um [*Anzahl*] Jahre verlängert werden. Der Franchisenehmer

muß den Franchisegeber 90 Tage vor Ablauf dieses Vertrags oder einer Verlängerung schriftlich benachrichtigen, ob er den Vertrag verlängern will.

11. Kündigung des Vertrags

Der Franchisenehmer kann diesen Vertrag jederzeit mit einer Kündigungsfrist von 90 Tagen schriftlich kündigen. Dies befreit den Franchisenehmer nicht von Verpflichtungen gegenüber dem Franchisegeber, die im Rahmen oder nach Kündigung dieses Vertrags fällig werden, oder von zusätzlichen schriftlichen Vereinbarungen der Vertragsparteien.

12. Abwicklung des Vertragsverhältnisses

Bei Kündigung dieses Vertrags ist der Franchisegeber berechtigt, vom Franchisenehmer alle im Rahmen dieses Vertrags fälligen Beträge zusammen mit allen Kosten – einschließlich angemessener Rechtsanwaltsgebühren –, die dem Franchisegeber bei der Durchsetzung seiner Rechte aus diesem Vertrag entstanden sind, einzutreiben. Der Franchisenehmer ist verpflichtet, dem Franchisegeber alle schriftlichen Unterlagen, Schilder, Werbematerial, Verkaufsförderungsmaterial und andere Materialien, die den Franchisenehmer mit dem Franchisegeber in Verbindung bringen, zurückzugeben oder zu zerstören. Der Franchisenehmer hört sofort auf, sich auf den Franchisenehmer zu beziehen oder sein geistiges Eigentum oder eine Nachahmung zu verwenden. Der Franchisenehmer wird danach keine Maßnahmen ergreifen, die für den Franchisegeber oder das Franchisesystem nachteilig sind.

13. Beachtung gesetzlicher Vorschriften

Der Franchisenehmer ist allein dafür verantwortlich, alle Gesetze, Verordnungen und Vorschriften zu beachten, denen der Franchisenehmer bezüglich Steuern, Genehmigungen, Registrierungsgebühren und anderen Gebührenforderungen unterliegt, die aus der Gründung des [*Art des Geschäfts*]-Geschäfts und dem Betreiben des [*Art des Geschäfts*] entstehen.

14. Franchisenehmers als selbständiger Gewerbetreibender

Die Vertragsparteien erklären ausdrücklich, daß mit diesem Vertrag keine Partnerschaft, Joint Venture, Treuhänderschaft oder eine ähnliche Beziehung begründet wird. Der Franchisenehmer ist auch kein Vertreter oder Mitarbeiter des Franchisegebers, sondern ein selbständiger Gewerbetreibender. Keine Vertragspartei hat die Vollmacht, die

andere Partei über die Bedingungen dieses Vertrags hinaus zu verpflichten. Der Franchisegeber haftet gegenüber Dritten nicht für Verbindlichkeiten des Franchisenehmers – sofern er nicht schriftlich erklärt hat, derartige Verbindlichkeiten zu bezahlen.

15. Salvatorische Klausel

Wenn es einer Vertragspartei nicht gelingt, Bestimmungen dieses Vertrags gegen die andere Vertragspartei durchzusetzen oder vertraglich vorgesehene Optionen oder Rechtsmittel auszuüben, soll dies nicht als Verzicht auf diese Rechte betrachtet werden oder die Gültigkeit dieses Vertrags berühren.

16. Vollständigkeit der Vereinbarungen

Wenn dieser Vertrag durch einen Vertreter des Franchisegebers, der einen schriftlichen Nachweis über seine Vollmacht zum Vertragsabschluß vorgelegt hat, angenommen und unterzeichnet wird, dann stellt er die vollständige Vereinbarung der Vertragsparteien dar. Darüber hinaus wurden keine weiteren Vereinbarungen getroffen.

[*Firmenbezeichnung*]	**[*Firmenbezeichnung*]**
[*Unterschrift des Franchisenehmers*]	**[*Unterschrift des Franchisegebers*]**
[*Name und Funktion*]	**[*Name und Funktion*]**

19 Vertragshändlervertrag

Ein Vertragshändler ist im Gegensatz zu einem Handelsvertreter Eigentümer der Waren, die er verkauft. Er wird in der Regel nicht als Vertreter des Herstellers betrachtet, sondern er handelt in eigenem Namen, wenn er die Waren vom Hersteller kauft und unter Erzielung eines Gewinns weiterverkauft. Ein Vertragshändler wird im Vergleich zu einem Franchisenehmer vom Hersteller weniger kontrolliert. Dies ist wesentlich darauf zurückzuführen, daß die Abhängigkeit des Franchisenehmers vom Hersteller größer ist. Ein Vertragshändler wird nur mit Waren beliefert, während ein Franchisenehmer neben den Waren ein ganzes Marketingpaket und Training zur Betriebsführung erhält. Der folgende Vertragshändlervertrag dient nur zur Veranschaulichung. Sie sollten Ihren Vertragshändlervertrag wegen der Komplexität der vertraglichen Beziehung unbedingt von einem Rechtsanwalt prüfen lassen, der das Landesrecht sowohl des Herstellers als auch des Vertragshändlers kennt.

■ Beispiel eines Vertragshändlervertrags

Dieser Vertrag wird am [*Datum*] zwischen

[*Firmenbezeichnung, Beschreibung des Geschäftszweigs, Staatsbürgerschaft*] in [*Anschrift*] (nachfolgend »Hersteller« genannt) und

[*Firmenbezeichnung, Beschreibung des Geschäftszweigs, Staatsbürgerschaft*] in [*Anschrift*] (nachfolgend »Vertragshändler« genannt)

geschlossen:

Dieser Vertrag bindet die Vertragsparteien, die ihn unterzeichnen, und diese sollten in dieser Vertragsklausel angegeben werden. Führen Sie die Vertragsparteien mit voller Firmenbezeichnung und Angabe der Rechtsform auf. Die Anschriften der Vertragsparteien können hier angegeben werden; manchmal werden die Firmenanschriften in internationalen Kaufverträgen am Schluß des Vertrags nach den Unterschriften aufgeführt. Zur Beschreibung der Vertragsparteien gehört in internationalen Verträgen auch die Angabe der Staatsangehörigkeit beziehungsweise des Stammlandes wie zum Beispiel »eine Aktiengesellschaft nach französischem Recht«, »eine Kommanditgesellschaft nach dem Recht des State of California in den USA« oder »ein italienischer Staatsbürger«.

Präambel

A. Der Hersteller produziert und vertreibt gegenwärtig [*Beschreibung der Waren oder* die in der aktuellen Produktliste in Anhang A aufgeführten Waren] und in Zukunft ähnliche Produkte (nachfolgend »Waren« genannt).

B. Der Hersteller beabsichtigt, den Vertragshändler nach den Bedingungen dieses Vertrags als ausschließlichen Händler in [*Land*] (nachfolgend »Vertragsgebiet« genannt) zu beauftragen.

C. Der Vertragshändler möchte als ausschließlicher Händler für die Produkte des Herstellers im Vertragsgebiet arbeiten.

Daher vereinbaren die Parteien folgendes:

Vertragshändlervertrag

1. Vertragsgegenstand

Der Hersteller überträgt dem Vertragshändler die ausschließlichen Vertriebsrechte für die Produkte des Herstellers im Vertragsgebiet. Der Vertragshändler nimmt diese Ernennung an.

Das ausschließliche Vertriebsrecht ist für den Vertragshändler äußerst günstig; es wird in der Regel nur für relativ kleine Märkte gewährt. Auf größeren Märkten werden ausschließliche Vertriebsrechte nicht oder nur für kleinere Absatzgebiete gewährt. Bei Gewährung ausschließlicher Vertriebsrechte sollte der Hersteller keinen Direktvertrieb durchführen, weil dies den Umsatz des Vertragshändlers schmälern würde. Im übrigen liegt es im Interesse des Vertragshändlers, daß der örtliche Vertragshändler erfolgreich ist. Außerdem ist ein Direktvertrieb im Ausland wegen der höheren Kosten weniger lukrativ.

2. Laufzeit des Vertrags

Dieser Vertrag tritt an dem Tag in Kraft, an dem er von der zweiten Vertragspartei unterzeichnet wird, und läuft nach [*Anzahl*] Jahren aus, wenn er nicht vorher gekündigt wird. Bei Ablauf dieses Vertrags können die Parteien eine Verlängerung vereinbaren – vorausgesetzt, daß der Vertragshändler den Vertrag voll erfüllt hat.

Mit der Ernennung eines Vertragshändlers legt sich der Hersteller stärker fest als mit der Beauftragung eines Handelsvertreters. Daher sollte die Vertragslaufzeit angemessen lang sein, damit der Vertragshändler ein lukratives Geschäft aufbauen kann. Ein Vertragshändlervertrag sollte nicht abgeschlossen werden, bevor der ausländische Markt getestet wurde. Der Vertragshändlervertrag kann bei Kündigungsmöglichkeit für jede Vertragspartei auch mit unbestimmter Laufzeit abgeschlossen werden. Hier ist allerdings Vorsicht geboten, weil ein Vertragshändlervertrag mit unbestimmter Laufzeit in manchen Ländern als Handelsvertretervertrag betrachtet wird. Damit würden Sie dem Handelsvertreterrecht unterliegen, das zum Beispiel Kündigungen nur aus wichtigem Grund und bei Zahlung einer Abfindung zuläßt.

3. Beziehung der Parteien

Die Parteien erklären, daß der Vertragshändler selbständiger Gewerbetreibender und vom Hersteller völlig unabhängig ist. Durch diesen Vertrag soll kein Beschäftigungsverhältnis, keine Partnerschaft, Joint Venture, Treuhänderschaft oder andere ähnliche Beziehung begründet werden. Keine Partei haftet für Verbindlichkeiten oder Verpflichtungen der anderen, und keine hat Vollmacht, die andere in Verträgen zu verpflichten. Es liegt im freien Ermessen des Vertragshändlers, Mitarbeiter einzustellen und zu beschäftigen oder selbständige Unternehmer zu beauftragen, und der Hersteller hat keinen Einfluß auf die Einstellung oder Entlassung dieser Personen.

Der Vertragshändler verpflichtet sich, im Rahmen seiner Tätigkeit in [*Land*] alle Gesetze zu beachten. Darüber hinaus ist der Vertragshändler verpflichtet, alle Steuern und Gebühren im Zusammenhang mit dem Verkauf der Waren in [*Land*] zu bezahlen.

Der Hersteller stellt den Vertragshändler weder von Verlusten, Ansprüchen oder Haftung frei, die im Zusammenhang mit den Maßnahmen des Vertragshändlers zum Verkauf der Waren stehen, noch versichert er den Vertragshändler gegen derartige Ansprüche.

In dieser Vertragsklausel sollte der Status des Vertragshändlers als selbständiger Gewerbetreibender klargestellt werden. Trotzdem werden Vertragshändler in manchen Ländern wie Angestellte oder Handelsvertreter betrachtet. Dies hat zur Folge, daß der Vertragshändler Schutzregeln des Arbeits- oder Handelsvertreterrechts beachten muß und Kündigungen nur aus wichtigem Grund und gegen Zahlung einer Abfindung möglich sind.

4. Pflichten des Vertragshändlers

Der Vertragshändler hat folgende Pflichten:

a) Der Vertragshändler bewirbt und verkauft die Waren aggressiv im Vertragsgebiet.

b) Der Vertragshändler wendet nach seinem Ermessen verschiedene wirksame Verkaufsstrategien an wie zum Beispiel Einzelhandelsverkauf, Versandhandel, Telefonverkauf und E-Commerce.

c) **Der Vertragshändler eröffnet im Vertragsgebiet mindestens ein Einzelhandelsgeschäft an einem Standort seiner Wahl. Dieses Einzelhandelsgeschäft muß innerhalb von [*Anzahl*] Tagen nach Inkrafttreten dieses Vertrags eröffnet werden. Die Eröffnung weiterer Einzelhandelsgeschäfte im Vertragsgebiet liegt im alleinigen Ermessen des Vertragshändlers.**

d) **Der Vertragshändler vertreibt keine anderen Waren oder Teile, die nicht vom Hersteller hergestellt werden und den Waren des Herstellers täuschend ähnlich sind oder ähnliche Funktionen erfüllen.**

e) **Der Vertragshändler verkauft die Waren des Herstellers nicht an Unternehmen, die im wesentlichen die gleichen oder täuschend ähnliche Waren vertreiben.**

f) **Der Vertragshändler trägt alle Kosten seiner Geschäftstätigkeit – einschließlich aller Steuern, Personalkosten und Strafen im Zusammenhang mit seiner Geschäftstätigkeit.**

g) **Der Vertragshändler beschafft alle Einfuhrlizenzen, Transportgenehmigungen, Geschäftslizenzen und ähnliche Genehmigungen, die für die Einfuhr, den Transport, die Lagerung und den Verkauf der Waren im Land des Vertragshändlers erforderlich sind. Der Vertragshändler ist auch verpflichtet, dem Hersteller alle Unterlagen zu liefern, die für die Einfuhr und den Transport der Ware zum Bestimmungsort erforderlich sind. Wenn der Vertragshändler dem Hersteller diese Unterlagen nicht rechtzeitig liefert, um den Liefertermin einhalten zu können, wird ein Lieferverzug nicht als Vertragsverletzung durch den Hersteller betrachtet.**

In vielen Standardverträgen ist eine Klausel enthalten, die den Verkauf von Wettbewerbsprodukten durch den Vertragshändler verbietet, wenn der Hersteller nicht ausdrücklich zustimmt. Ich empfehle, vertraglich einen vollständigen Wettbewerbsausschluß zu vereinbaren, wenn der Hersteller keinen Grund hat, den Verkauf von Wettbewerbsprodukten zu erlauben – was aber ziemlich unwahrscheinlich ist. Die Klausel über den Wettbewerbsausschluß muß allerdings auf den Verkauf von Wettbewerbsprodukten begrenzt werden. In den meisten Ländern werden Verträge nicht anerkannt, die einem selbständigen Unternehmen verbieten, Produkte zu verkaufen, die nicht mit den anderen Produkten im Wettbewerb stehen. In einigen Ländern sollten Sie auf die Wettbewerbsausschluß-Klausel verzichten, weil es nur wenige (häufig staatliche) Unternehmen gibt, die Waren importieren und verkaufen, oder es gibt Importeure, die sich auf bestimmte Produkte wie zum Beispiel Kosmetika oder Baumaterialien spezialisiert haben.

Wenn Sie einen ausländischen Markt schnell erschließen wollen, dann sind Importeure, die sich spezialisiert haben, Ihre interessantesten Geschäftspartner.

5. Pflichten des Herstellers

a) Der Hersteller liefert alle vom Vertragshändler bestellten Waren innerhalb von [*Anzahl*] Tagen – es sei denn, die Lieferung verzögert sich aus Gründen, die der Vertragshändler zu vertreten hat, oder die Lieferung ist unmöglich.

b) Der Hersteller liefert die bestellten Waren an die vom Vertragshändler angegebenen Standorte im Vertragsgebiet – vorausgesetzt, der Vertragshändler hat seine Pflichten in bezug auf die rechtzeitige Einfuhr erfüllt. Der Hersteller ist verpflichtet, alle für die Ausfuhr erforderlichen Genehmigungen rechtzeitig zu beschaffen, die eventuell erforderliche Warenprüfung durchführen zu lassen und alle Ausfuhrvorschriften zu beachten.

c) Wenn der Hersteller die Produktion bestimmter Produkte einstellt, benachrichtigt er den Vertragshändler sofort und liefert für eine angemessene Zeit noch Ersatzteile für die eingestellten Produkte und führt Kundendienst durch.

d) Der Hersteller verkauft keine Produkte an eine andere natürliche oder juristische Person außer dem Vertragshändler, die gleiche oder täuschend ähnliche Produkte im Vertragsgebiet verkauft.

e) Der Hersteller verkauft seine Produkte im Vertragsgebiet nicht im Direktvertrieb an andere natürliche oder juristische Personen außer dem Vertragshändler.

f) Der Hersteller übergibt dem Vertragshändler sofort alle Informationen über potentielle Kunden im Vertragsgebiet.

g) Der Hersteller übergibt dem Vertragshändler eine Einzelhandels-, Leasing- und Mietpreisliste für die Waren, aber hierbei handelt es sich um unverbindliche Preisempfehlungen.

h) Der Hersteller bietet dem Vertragshändler Mitarbeitertraining und technische Unterstützung in bezug auf Verwendung der Waren, Betriebsführung und Reparatur der Waren an.

i) Der Hersteller bewirbt die Produkte.

j) Der Hersteller liefert dem Vertragshändler das benötigte Verkaufsförderungsmaterial und technische Beschreibungen für seine Produkte.

Diese Vertragsklausel ist so formuliert, daß die Einstellung eines Produktes durch den Hersteller keine Vertragsverletzung darstellt und keine Vertragsänderung erforderlich ist. Damit wird der Praxis Rechnung getragen, daß Produkte nicht unbeschränkte Zeit hergestellt, sondern von Zeit zu Zeit verbessert werden. Mit Preisempfehlungen müssen Sie vorsichtig sein, weil dies ein Verstoß gegen das Kartellgesetz sein kann. Deshalb sollten Sie klarstellen, daß es sich um »unverbindliche Preisempfehlungen« handelt.

6. Aufträge des Vertragshändlers

Die Parteien vereinbaren, daß der Vertragshändler die Waren wie folgt bestellt:

a) Erstauftrag
Innerhalb von [*Anzahl*] Tagen nach Inkrafttreten dieses Vertrags erteilt der Vertragshändler einen Erstauftrag in Höhe von mindestens [*Währung und Betrag*]. Die Preise für den Erstauftrag [*betragen Angabe von Währung und Betrag pro Stück oder* sind in der beigefügten Preisliste aufgeführt].

b) Mindestauftragswert für Folgeaufträge
Um das Recht zum ausschließlichen Vertrieb im Vertragsgebiet zu behalten, muß der Vertragshändler nach dem Erstauftrag Folgeaufträge in der folgenden Häufigkeit und Auftragshöhe erteilen:

- **Innerhalb der ersten [*Anzahl*] Monate nach Inkrafttreten dieses Vertrags einen oder mehrere Aufträge im Gesamtumfang von mindestens [*Währung und Betrag*].**
- **Innerhalb der zweiten [*Anzahl*]-Monatsperiode nach Inkrafttreten dieses Vertrags mindestens einen Auftrag in der Mindesthöhe von [*Währung und Betrag*] alle [*Anzahl*] Monate, bis dieser Vertrag beendet wird.**
- **Innerhalb der dritten [*Anzahl*]-Monatsperiode nach Inkrafttreten dieses Vertrags mindestens einen Auftrag in der Mindesthöhe von [*Währung und Betrag*] alle [*Anzahl*] Monate, bis dieser Vertrag beendet wird.**
- **Innerhalb der vierten [*Anzahl*]-Monatsperiode nach Inkrafttreten dieses Vertrags mindestens einen Auftrag in der Mindesthöhe von [*Währung und Betrag*] alle [*Anzahl*] Monate, bis dieser Vertrag beendet wird.**
- **Innerhalb der folgenden [*Anzahl*]-Monatsperiode nach Inkrafttreten dieses Vertrags mindestens einen Auftrag in der Mindesthöhe von [*Währung und Betrag*] alle [*Anzahl*] Monate, bis dieser Vertrag beendet wird.**

c) Höhere Gewalt
Wenn die Nachfrage im Vertragsgebiet aus Gründen, die der Vertragshändler nicht zu vertreten hat, in einem solchen Ausmaß zurückgeht, daß die in diesem Vertrag vereinbarten Mindestauftragswerte kommerziell nicht realisierbar sind, gelten die Mindestauftragsgrößen so lange nicht, wie der Nachfragerückgang anhält.

Wenn einem Vertragshändler ein ausschließliches Vertriebsrecht eingeräumt wird, ist es zweckmäßig, Mindestauftragswerte zu vereinbaren. Sollte der Vertragshändler diese Mindestauftragswerte nicht einhalten, kann der Hersteller den Vertragshändlervertrag kündigen und die Vertriebsrechte an andere Händler im Vertragsgebiet vergeben. Der Vertragshändler sollte jedoch nicht auf Grund von Ereignissen bestraft werden, die er nicht zu vertreten hat. Daher sollten die Mindestauftragswerte ausgesetzt werden, wenn sie vorübergehend kommerziell undurchführbar sind.

7. Preise und Zahlungsbedingungen

Der Hersteller stellt dem Vertragshändler die Waren zu den Preisen laut anliegender Preisliste in Rechnung. Der Hersteller behält sich das Recht vor, die Preise zu ändern. In diesem Fall stellt der Hersteller dem Vertragshändler sofort eine neue Preisliste zur Verfügung. Die Preise enthalten keine Transportkosten, Versicherung und Einfuhrzoll – diese werden dem Vertragshändler gesondert in Rechnung gestellt. Der Hersteller trägt die Gebühren für Ausfuhrlizenzen und -abfertigung. Wenn ein Auftrag des Vertragshändlers auf dem Postweg ist, bevor der Hersteller den Vertragshändler über eine Preisänderung benachrichtigt hat, führt der Hersteller den Auftrag zu den alten Preisen aus. Der Vertragshändler zahlt für Warenlieferungen innerhalb von [*Anzahl*] Tagen. Auf Zahlungen innerhalb von [*Anzahl*] Tagen nach Rechnungsdatum erhält der Vertragshändler [*Zahl*] Prozent Skonto.

Es könnte gegebenenfalls zweckmäßig sein, eine sicherere Zahlungsweise zu vereinbaren (zum Beispiel Anzahlung bei Auftragserteilung oder Zahlung gegen Nachnahme).

8. Zahlung bei Devisenkontrolle

Wenn das Land einer Vertragspartei eine Devisenkontrolle einführt, kann der Hersteller den Vertragshändler anweisen, an ein Konto des Herstellers im Land des Vertragshändlers zu zahlen. Dieses Konto wird bei einer Bank geführt, die der Hersteller ausgesucht hat. Wenn der Vertragshändler die Zahlung nachweist, stellt ihm der Hersteller eine Quittung aus.

9. Gewährleistung

Der Hersteller gewährt dem Vertragshändler die gleiche eingeschränkte Gewährleistung für die Waren wie seinen eigenen Kunden. Der Vertragshändler ist verpflichtet, jedem Käufer die Gewährleistung des Herstellers einzuräumen. Der Vertragshändler darf die Gewährleistungsbedingungen des Herstellers nicht ändern. Waren, die schlecht funktionieren oder fehlerhaft sind und unter die Gewährleistung fallen, werden vom Hersteller repariert oder umgetauscht – unabhängig davon, ob zu dem Zeitpunkt der Vertragshändler oder der Kunde Eigentümer der Ware ist.

Im allgemeinen übernehmen Hersteller im Auslandsgeschäft eine erweiterte Gewährleistung, weil ein Entgegenkommen des Verkäufers und ein Kundendienst äußerst wichtige Marketingmaßnahmen sind. Örtliche Produkte werden häufig bevorzugt, weil die Kunden glauben, daß ein lokaler Produzent einen persönlichen und schnellen Kundendienst liefert. Um ihren Marktanteil zu steigern, muß für Importprodukte ein besserer Kundendienst als von inländischen Herstellern angeboten werden. Und dies kann über den Umfang der Gewährleistung erreicht werden. Die Gewährleistungsbedingungen des Herstellers sollten im Vertrag detailliert geregelt werden. In manchen Ländern wird stillschweigend eine Gewährleistung des Herstellers angenommen, wenn der Verkäufer sie vertraglich nicht ausdrücklich ausschließt. Auch nach dem UN-Kaufrecht trägt der Verkäufer stillschweigend eine Gewährleistungspflicht.

10. Haftungsfreistellung

Die Vertragsparteien vereinbaren die folgenden gegenseitigen Haftungsfreistellungen:

a) Der Vertragshändler stellt den Hersteller von allen Ansprüchen und Schadensersatz für die Verletzung oder Tötung von Personen und für die Beschädigung oder den Verlust der Ware auf Grund des Verhaltens, der Tätigkeit oder Leistung des Vertragshändlers frei.

b) Der Hersteller stellt den Vertragshändler von allen Ansprüchen und Schadensersatzansprüchen frei, die aus Mängeln der Ware entstehen – mit Ausnahme jener Mängel, die vom Vertragshändler verursacht werden oder aus dem Verhalten, der Tätigkeit oder Leistung des Vertragshändlers entstehen. Für die Laufzeit dieses Vertrags schließt der Hersteller eine Produkthaftpflichtversicherung für die Waren ab, die an den Vertragshändler verkauft werden, mit einem Versicherungsschutz von mindestens [*Währung und Betrag*] pro Fall. In der Versicherungspolice wird der Vertragshändler zusätzlich als Begünstigter aufgeführt.

Eine derartige Haftungsfreistellung ist fakultativ. Im Auslandsgeschäft übernehmen Hersteller manchmal die Freistellung von Vertragshändlern von Schäden infolge von Konstruktions- oder Herstellungsfehlern, um den Vertragshändler zu ermutigen, die Produkte auf dem ausländischen Markt einzuführen. Der Hersteller sollte sich von einer Versicherung eingehend beraten lassen, weil eine Produkthaftpflichtversicherung nicht in allen Ländern abgeschlossen werden kann. Es ist eine freiwillige Geste, die Produkthaftpflichtversicherung auf den Vertragshändler auszudehnen – schließlich haftet der Hersteller für Konstruktions- oder Herstellungsfehler und nicht der Verkäufer der Waren. Häufig können Vertragshändler keine Produkthaftpflichtversicherung abschließen.

11. Gewerbliche Schutzrechte

Die Parteien vereinbaren folgendes:

a) Der Hersteller besitzt im Zusammenhang mit den Waren wertvolle Rechte an Marken, Namen, Geschmacksmustern, Patenten und Geschäftsgeheimnissen (nachfolgend »geistiges Eigentum« genannt). Keines dieser Rechte wird auf den Vertragshändler übertragen. Der Vertragshändler verpflichtet sich, weder zu behaupten, daß er Rechte am geistigen Eigentum des Herstellers besitze, noch den Namen des Herstellers als Teil seiner Firmenbezeichnung zu verwenden.

b) Dem Vertragshändler wird das Recht gewährt, das geistige Eigentum des Herstellers im Zusammenhang mit seiner Tätigkeit als Vertragshändler zu nutzen. Der Vertragshändler ist nicht berechtigt, das geistige Eigentum des Herstellers für andere Zwecke zu nutzen.

c) Jede Werbung sowie alle Werbematerialien, Angebote, Rechnungen, Etiketten, Verpackungen und andere Materialien, die in Verbindung mit den Waren verwendet werden, müssen den Hinweis enthalten, daß der Hersteller Eigentümer der gewerblichen Schutzrechte für die Waren ist. Derartige Materialien müssen auch den Hinweis enthalten, daß der Vertragshändler autorisierter Händler für die Ware ist.

d) Dem Vertragshändler ist es verboten, das geistige Eigentum des Herstellers, das in Verbindung mit den Waren verwendet wird, zu ändern. Alle Einzelheiten, Farben und Formen müssen so verkauft werden, wie sie der Hersteller geliefert hat.

e) Der Vertragshändler verpflichtet sich, die Waren nur unter Verwendung der gewerblichen Schutzrechte des Herstellers zu ver-

treiben. Dem Vertragshändler ist es nicht gestattet, die gewerblichen Schutzrechte für Wettbewerbsprodukte zu verwenden, die nicht vom Hersteller geliefert wurden,

f) **Der Vertragshändler verpflichtet sich, die Waren weder zu kopieren oder zu kopieren zu versuchen, noch die Waren anderen Personen zum Kopieren zur Verfügung zu stellen und keine Wettbewerbsprodukte herzustellen oder zu verkaufen, die den Waren des Herstellers täuschend ähnlich sind.**

g) **Der Vertragshändler verpflichtet sich, nichts zu unternehmen, was die gewerblichen Schutzrechte des Herstellers ungültig machen oder verwässern könnte. Der Vertragshändler versucht nicht, die gewerblichen Schutzrechte zu ändern oder zu widerrufen, und wird keinen Dritten dabei unterstützen.**

h) **Eine Verletzung dieser Vertragsklausel führt zur fristlosen Kündigung dieses Vertrags. Ferner stimmen die Vertragsparteien darin überein, daß die Verletzung dieser Vertragsklausel zur Verwässerung oder Zerstörung der wertvollen Schutzrechte des Herstellers, seines geistigen Eigentums, seines Ansehens und seines Goodwills führt. Wegen der Schwierigkeit, immaterielle Vermögenswerte zu quantifizieren, lassen sich diese Schäden nicht ermitteln. Daher vereinbaren die Vertragsparteien, daß der Hersteller bei Verletzung dieser Vertragsklausel durch den Vertragshändler das Recht hat, gegen den Vertragshändler eine Vertragsstrafe in Höhe von [*Zahl*] Prozent des Listenpreises laut gültiger Preisliste des Herstellers für jedes Produkt, das Gegenstand dieser Verletzung ist, zu verhängen.**

Der Wert gewerblicher Schutzrechte sollte nie unterschätzt werden. Der Goodwill und das Ansehen des Herstellers sind mit seinem Namen und den Markennamen verbunden, und die Unverwechselbarkeit seiner Produkte wird durch gewerbliche Schutzrechte geschützt. Ausländische Unternehmen kennen den Wert dieser Schutzrechte – schließlich sind Raubkopien und Nachahmerprodukte ein großes Geschäft. Wenn Sie Ihr geistiges Eigentum nicht schützen, verlieren Sie nicht nur Umsätze, sondern auch das Recht zur ausschließlichen Verwendung Ihrer gewerblichen Schutzrechte. Diese Vertragsklausel stellt allein jedoch noch keinen vollständigen Schutz dar, sondern Sie sollten Ihr geistiges Eigentum im Land des Vertragshändlers auch zum Beispiel als Patent, Marke, Warenzeichen, Dienstleistungsmarke registrieren lassen, und Sie müssen ein System einrichten, um die Verwendung Ihrer gewerblichen Schutzrechte in den betreffenden Ländern zu überwachen.

12. Abtretung

Keine Vertragspartei darf die Rechte oder Pflichten aus diesem Vertrag ohne die vorherige schriftliche Zustimmung der anderen abtreten. Keine Vertragspartei darf die Zustimmung ohne Grund vorenthalten. Der Hersteller kann die Zustimmung aus einem der folgenden Gründe versagen: Der Vertragshändler ist mit einer Verpflichtung aus diesem Vertrag in Verzug, wenn die Zustimmung verlangt wird; der vorgeschlagene Abtretungsempfänger kann die verbleibenden finanziellen Verpflichtungen des Vertragshändlers aus diesem Vertrag nicht erfüllen; der vorgeschlagene Abtretungsempfänger weigert sich, alle verbleibenden Verpflichtungen des Vertragshändlers aus diesem Vertrag zu übernehmen, oder der vorgeschlagene Abtretungsempfänger erfüllt die Anforderungen des Herstellers an neue Vertragshändler nicht.

Die Parteien eines Vertragshändlervertrags schließen den Vertrag auf der Grundlage von Merkmalen, die für die Parteien einzigartig sind. Die Abtretung der vertraglichen Rechte oder Pflichten durch eine Vertragspartei würde die andere Partei mit einem unbekannten Partner konfrontieren. Ein vollständiger vertraglicher Ausschluß jeder Abtretung wird in der Regel von den Gerichten nicht anerkannt und ist daher nicht vollstreckbar. Aber die Vertragsparteien können sich dadurch schützen, daß sie die vorherige Zustimmung der anderen Partei verlangen.

13. Kündigung der ausschließlichen Vertriebsrechte

Wenn der Vertragshändler die in diesem Vertrag vereinbarten Mindestaufträge nicht erteilen und bezahlen kann und wenn dies nicht durch Einflüsse entschuldigt oder gerechtfertigt werden kann, die der Vertragshändler nicht zu vertreten hat, ist der Hersteller berechtigt, das exklusive Vertriebsrecht des Vertragshändlers im Vertragsgebiet zu kündigen. Der Hersteller kann das exklusive Vertriebsrecht mit einer Kündigungsfrist von [*Anzahl*] Tagen kündigen, indem er dem Vertragshändler die Leistungsstörung und seine Absicht, das exklusive Vertriebsrecht zu kündigen, schriftlich mitteilt. Wenn der Vertragshändler die Leistungsstörung innerhalb der Kündigungsfrist beseitigt, wird das exklusive Vertriebsrecht nicht gekündigt. Die Kündigung des exklusiven Vertriebsrechts beendet diesen Vertrag nicht automatisch. Ohne Rücksicht darauf, ob der Vertragshändler ein exklusives Vertriebsrecht hat, bleibt dieser Vertrag voll in Kraft, solange der Vertragshändler nicht gegen andere Bestimmungen dieses Vertrags verstößt, – nur mit der folgenden Änderung: Der Vertragshändler hat kein exklusives Vertriebsrecht mehr im Vertragsgebiet, und der Hersteller ist nicht mehr verpflichtet, im Vertragsgebiet keine

anderen Händler anzuwerben oder potentielle Kunden an den Vertragshändler zu verweisen.

14. Kündigung des Vertrags durch den Hersteller

Der Hersteller kann diesen Vertrag ohne Auswirkung auf andere Rechtsmittel, die dem Hersteller gesetzlich zustehen, wie folgt kündigen:

a) Durch fristlose Kündigung, wenn
- **über den Vertragshändler auf eigenen oder fremden Antrag ein Konkursverfahren eröffnet wird;**
- **der Vertragshändler auf einen Mahnbescheid [*Anzahl*] Tage oder mehr nicht reagiert;**
- **der Vertragshändler zahlungsunfähig wird oder ein Konkursverfahren eingeleitet wird;**
- **der Vertragshändler seine Rechte oder sein Eigentum an Gläubiger abtritt;**
- **ein Vergleichsverfahren gegen den Vertragshändler läuft.**

b) Kündigung mit einer Kündigungsfrist von [*Anzahl*] Tagen durch schriftliche Benachrichtigung des Vertragshändlers und Aufforderung zur Behebung der Leistungsstörung, wenn der Vertragshändler diese Leistungsstörung nicht innerhalb der Kündigungsfrist beheben kann.

Eine derartige Kündigungsklausel, die verschiedene Situationen berücksichtigt, ist im Auslandsgeschäft durchaus üblich. Unter bestimmten Bedingungen ist eine fristlose Kündigung möglich, während dem Vertragshändler unter anderen Bedingungen die Möglichkeit gewährt wird, seine Leistungsstörung zu beheben. Es ist nicht notwendig, jeden möglichen Kündigungsgrund aufzulisten – Sie werden unvermeidlich einige vergessen und sind dann auf die aufgeführten Kündigungsgründe begrenzt. Bei der Festlegung, welche Ereignisse zur Kündigung berechtigen, ist es wichtig, das Landesrecht des Herstellers und des Vertragshändlers zu prüfen. Ihre Kündigungsrechte können eventuell durch Schutzgesetze eingeschränkt werden. Sie sollten auch unklare Begriffe wie Nichterfüllung einer »wesentlichen« Verpflichtung vermeiden. Die Vertragsparteien können auch Leistungsstörungen aufführen, die nicht zur Kündigung berechtigen, wie zum Beispiel ein Zahlungsverzug von nur fünf Tagen.

15. Kündigung des Vertrags durch den Vertragshändler

Der Vertragshändler kann diesen Vertrag wie folgt kündigen, ohne seine gesetzlichen Rechte einzuschränken:

a) Fristlose Kündigung, wenn:

- **über den Hersteller auf eigenen oder fremden Antrag ein Konkursverfahren eröffnet wird;**
- **der Hersteller [*Anzahl*] Tage oder mehr auf einen Mahnbescheid nicht reagiert;**
- **der Hersteller zahlungsunfähig wird oder ein Konkursverwalter eingesetzt wird;**
- **der Hersteller Rechte oder Eigentum an Gläubiger abtritt;**
- **ein Vergleichsverfahren gegen den Hersteller läuft.**

b) Kündigung mit einer Kündigungsfrist von [*Anzahl*] Tagen durch schriftliche Benachrichtigung des Herstellers und Aufforderung zur Behebung der Leistungsstörung, wenn der Hersteller diese Leistungsstörung nicht innerhalb der Kündigungsfrist beheben kann.

Gerichte erlauben in der Regel gegenseitige Kündigungsrechte, daher sollten Sie vertraglich für beide Vertragsparteien die gleichen Kündigungsrechte vorsehen. Um klarzustellen, daß beide Parteien Kündigungsrechte haben, werden in internationalen Verträgen häufig zwei getrennte Vertragsklauseln vorgesehen.

16. Abwicklung des Vertragsverhältnisses

Wenn dieser Vertrag aus irgendeinem Grund gekündigt wird, kann der Hersteller – muß aber nicht – die Waren zurückkaufen, die der Vertragshändler noch nicht verkauft hat. Wenn die Waren neu und zum Weiterverkauf geeignet sind, kann der Hersteller die Waren zu den Kosten des Vertragshändlers – ohne Transportkosten, Zoll und Lagergebühren – zurückkaufen. Wenn der Hersteller die Waren nicht zurückkauft, ist der Vertragshändler nur verpflichtet, sie in einer Weise zu beseitigen oder zu vernichten, die das geistige Eigentum und den Goodwill des Herstellers nicht verletzt. Der Vertragshändler gibt alle Materialien, die er besitzt und auf denen gewerbliche Schutzrechte des Herstellers aufgeführt sind, an den Hersteller zurück oder vernichtet diese Materialien.

17. Rechtsmittel

Die Vertragsparteien erklären, daß sie eine vorteilhafte gegenseitige Geschäftsbeziehung aufbauen wollen und daß sie sich aus diesem Grund bemühen, Meinungsverschiedenheiten durch außergerichtliche Verhandlungen zu lösen. Wenn die Vertragsparteien dennoch einen Streit nicht lösen können, werden sie ein Schiedsgericht nach der [*Name der Schiedsordnung*] anrufen, dessen Schiedsspruch bindend ist. Es wird das Schiedsgericht in [*Ort*] angerufen, wenn die Vertrags-

parteien zu dem Zeitpunkt nichts anderes beschließen. Jeder Schiedsspruch ist endgültig rechtskräftig, erlaubt keine weiteren Rechtsmittel und kann dem zuständigen Gericht zur Vollstreckung vorgelegt werden. Diese Vertragsklausel schränkt die Rechte des Herstellers nicht ein, wegen Verletzung seiner gewerblichen Schutzrechte andere Rechtsmittel einzulegen.

Wenn es im Land des Vertragshändlers ein Schiedsgericht gibt, kann es zur Lösung von Streitigkeiten angerufen werden. Sie sollten das Schiedsgericht jedoch sorgfältig auswählen. Außerdem ist natürlich zu berücksichtigen, daß ein Schiedsgerichtsverfahren in der Regel kosten- und zeitaufwendiger ist als eine Verhandlungslösung, obwohl es im allgemeinen kostengünstiger als ein Prozeß ist. In manchen Kulturen hat ein Schiedsgerichtsverfahren allerdings das gleiche Stigma wie ein Prozeß – beide werden mißtrauisch und häufig als persönliche Beleidigung betrachtet.

18. Änderung des Vertrags

Änderungen dieses Vertrags bedürfen der Schriftform. Die Änderung muß von beiden Vertragsparteien unterzeichnet werden.

Sie sollten stets darauf bestehen, daß Vertragsänderungen schriftlich erfolgen müssen. Damit können Sie vermeiden, daß später Meinungsverschiedenheiten darüber entstehen, was tatsächlich vereinbart wurde. Außerdem erkennt das zuständige Gericht mündliche Beweise vielleicht nicht an.

19. Mitteilungen

Alle Mitteilungen an die andere Partei im Rahmen dieses Vertrags müssen schriftlich erfolgen und an die in diesem Vertrag angegebene Anschrift erfolgen. Eine Partei muß die andere über eine Änderung der Anschrift innerhalb von [*Anzahl*] Tagen benachrichtigen. Mitteilungen gelten am Tag des Eingangs als zugestellt.

20. Rechtsverzicht und Leistungsstörungen

Keine Partei verzichtet auf ihre vertraglich vereinbarten Rechte, Rechtsmittel wegen Vertragsverletzung der anderen Partei einzulegen oder die genaue Einhaltung des Vertrags zu verlangen, nur weil die Partei nichts gegen ein- oder mehrmalige Vertragsverletzungen der anderen Partei unternommen hat, sich geweigert oder es unterlassen hat, Rechte auszuüben, die durch diesen Vertrag gewährt werden, oder nicht auf der strikten Einhaltung dieses Vertrags bestand.

21. Vollständige Vereinbarung und salvatorische Klausel

Der Hersteller und der Vertragshändler haben diesen Vertrag unterzeichnet, um ihren Willen zu demonstrieren, durch diesen Vertrag gebunden zu sein. Die Vertragsparteien erklären, daß dieser Vertrag ihre ganze Vereinbarung darstellt und alle früheren Verhandlungsergebnisse, Vereinbarungen sowie Darstellungen ersetzt. Jede Vertragspartei wurde ermuntert und hatte die Möglichkeit, unabhängige Fachleute (einschließlich eines Rechtsanwalts und eines Wirtschaftsprüfers) zu konsultieren, und jede hat sich selbständig und unabhängig entschieden, diese Verpflichtung einzugehen.

Die Unwirksamkeit oder Undurchführbarkeit einzelner Bestimmungen dieses Vertrags läßt die Wirksamkeit des Vertrags im übrigen unberührt. An die Stelle einer unwirksamen oder undurchführbaren Bestimmung tritt diejenige wirksame Regelung, die dem von den Parteien mit der unwirksamen oder undurchführbaren Bestimmung wirtschaftlich Gewollten am nächsten kommt.

Diese Standardklausel ist wichtig und sollte nicht ausgelassen werden, weil sie den gemeinsamen Willen der Vertragsparteien ausdrückt. In internationalen Verträgen ist diese Klausel wichtig, weil jede Vertragspartei die Vertragsbedingungen ganz unterschiedlich verstehen kann – angesichts solcher Barrieren wie Unterschiede in der Sprache, in der Kultur, im politischen und wirtschaftlichen Umfeld und der Erfahrung im Auslandsgeschäft.

Jede Vertragspartei versichert ausdrücklich, daß sie die Vertragsbedingungen gelesen und verstanden hat, und unterzeichnet daher nachfolgend.

[*Firmenbezeichnung*]	[*Firmenbezeichnung*]
[*Unterschrift des Vertragshändlers*]	[*Unterschrift des Herstellers*]
[*Name und Funktion*]	[*Name und Funktion*]

20 Kommissionsvertrag

Von einem Kommissionsgeschäft oder -vertrag spricht man, wenn ein Kommissionär es gewerbsmäßig übernimmt, Waren oder Wertpapiere für Rechnung eines anderen (des Kommittenten) in eigenem Namen zu kaufen oder zu verkaufen (§ 383 HGB). Wir wollen in diesem Zusammenhang nur den Verkauf betrachten. Im Rahmen eines Kommissionsvertrags liefert also ein Hersteller (Kommittent) Waren an einen Kommissionär, der sie verkauft. Bis die Waren verkauft sind, bleiben sie Eigentum des Herstellers; das Eigentum an den Waren geht nie auf den Kommissionär über. Das Risiko, daß sich die Ware nicht verkaufen läßt, bleibt beim Hersteller, weil der Kommissionär nicht verkaufte oder veraltete Produkte in der Regel an den Hersteller zurückgeben kann. Damit unterscheidet sich der Kommissionsvertrag vom Vertragshändlervertrag, bei dem die Waren vom Vertragshändler gekauft und weiterverkauft werden, und vom Handelsvertretervertrag, bei dem die Waren im Namen des Herstellers verkauft und in der Regel vom Hersteller direkt an den Kunden geliefert werden.

■ Beispiel eines Kommissionsvertrags

Dieser Vertrag wird am [*Datum*] zwischen

[*Firmenbezeichnung, Beschreibung des Geschäftszweigs, Staatsbürgerschaft*] in [*Anschrift*] (nachfolgend »Hersteller« genannt) und

[*Firmenbezeichnung, Beschreibung des Geschäftszweigs, Staatsbürgerschaft*] in [*Anschrift*] (nachfolgend »Kommissionär« genannt)

geschlossen:

Dieser Vertrag bindet die Vertragsparteien, die ihn unterzeichnen, und diese sollten in dieser Vertragsklausel angegeben werden. Führen Sie die Vertragsparteien mit voller Firmenbezeichnung und Angabe der Rechtsform auf. Die Anschriften der Vertragsparteien können hier angegeben werden; manchmal werden die Firmenanschriften in internationalen Kaufverträgen am Schluß des Vertrags nach den Unterschriften aufgeführt. Zur Beschreibung der Vertragsparteien gehört in internationalen Verträgen auch die Angabe der Staatsangehörigkeit beziehungsweise des Stammlandes wie zum Beispiel »eine Aktiengesellschaft nach französischem Recht«, »eine Kommanditgesellschaft nach dem Recht des State of California in den USA« oder »ein italienischer Staatsbürger«.

Präambel

A. Der Hersteller produziert und vertreibt gegenwärtig [*Beschreibung der Waren oder* die in der aktuellen Produktliste in Anhang A aufgeführten Waren] und in Zukunft ähnliche Produkte (nachfolgend »Waren« genannt).

B. Der Kommissionär möchte vom Hersteller mit Waren beliefert werden, um diese als autorisierter Vertreter des Herstellers zu lagern und zu verkaufen.

C. Der Hersteller verpflichtet sich, den Kommissionär nach den Bedingungen dieses Vertrags als autorisierten Vertreter in [*Land*] (nachfolgend »Vertragsgebiet« genannt) zu beliefern.

Daher vereinbaren die Parteien folgendes:

Kommissionsvertrag

1. Vertragsgegenstand

Der Hersteller verpflichtet sich, den Kommissionär nach den Bedingungen dieses Vertrags mit Waren zu beliefern, und der Kommissionär verpflichtet sich, diese im Vertragsgebiet zu verkaufen. Der Kommissionär [*erhält/erhält nicht*] das ausschließliche Vertriebsrecht im Vertragsgebiet.

Das exklusive Vertriebsrecht ist ein beachtlicher Vorteil für den Kommissionär und wird insbesondere auf kleineren Märkten gewährt. Diese Vertragsklausel könnte dahingehend modifiziert werden, daß der Hersteller sich verpflichtet, selbst keine Waren in dem Land zu verkaufen – weder durch eigene Mitarbeiter noch durch andere Vertreter. Wenn Rechte für den ausschließlichen Vertrieb eingeräumt werden, dann sollten zusätzliche Vertragsbedingungen hinzugefügt werden, die mit dem Vertragshändlervertrag vergleichbar sind, wie zum Beispiel die Regelungen, daß der Hersteller nicht an Dritte verkauft und daß Anfragen potentieller Kunden an den Kommissionär verwiesen werden.

2. Beziehung der Parteien

Die Parteien erklären, daß der Kommissionär selbständiger Gewerbetreibender und vom Hersteller völlig unabhängig ist. Durch diesen Vertrag soll kein Beschäftigungsverhältnis, keine Partnerschaft, Joint Venture, Treuhänderschaft oder andere ähnliche Beziehung begründet werden. Keine Partei haftet für Verbindlichkeiten oder Verpflichtungen der anderen. Es liegt im freien Ermessen des Kommissionärs, Mitarbeiter einzustellen und zu beschäftigen oder selbständige Un-

ternehmer zu beauftragen, und der Hersteller hat keinen Einfluß auf die Einstellung oder Entlassung dieser Personen.

Der Kommissionär verpflichtet sich, im Rahmen seiner Tätigkeit in [*Land*] alle Gesetze zu beachten. Darüber hinaus ist der Kommissionär verpflichtet, alle Steuern und Gebühren im Zusammenhang mit dem Verkauf der Waren in [*Land*] zu bezahlen.

Der Hersteller stellt den Kommissionär nicht von Verlusten, Ansprüchen oder Haftung frei, die im Zusammenhang mit den Maßnahmen des Kommissionärs zum Verkauf der Waren stehen.

In dieser Vertragsklausel sollte unmißverständlich festgestellt werden, daß der Kommissionär selbständiger Gewerbetreibender ist. Trotzdem werden Kommissionäre in einigen Rechtsordnungen ähnlich wie Angestellte oder Vertreter behandelt. Insofern muß der Hersteller vielleicht Arbeitsschutzgesetze beachten.

3. Laufzeit des Vertrags

Dieser Vertrag tritt an dem Tag in Kraft, an dem er von der zweiten Vertragspartei unterzeichnet wird, und läuft nach [*Anzahl*] Jahren aus, wenn er nicht vorher gekündigt wird. Bei Ablauf dieses Vertrags können die Parteien eine Erneuerung oder Verlängerung der Laufzeit vereinbaren – vorausgesetzt, daß der Kommissionär den Vertrag voll erfüllt hat.

Sie können auch eine unbestimmte Laufzeit vereinbaren mit jederzeitiger Kündigung durch eine Vertragspartei. Nach unseren Erfahrungen empfiehlt sich das aber nicht, weil Kommissionsverträge mit unbestimmter Laufzeit in manchen Ländern wie Handelsvertreterverträge betrachtet werden. Dann unterliegt der Hersteller den gesetzlichen Vorschriften für Handelsvertreter, die zum Beispiel nur eine Kündigung aus wichtigem Grund zulassen und die Zahlung einer Abfindung vorschreiben.

4. Lageraufträge

Der Kommissionär übermittelt dem Hersteller alle Lageraufträge auf einem vom Hersteller gelieferten Formular, in dem Art und Menge der vom Hersteller zu liefernden Waren angegeben werden. Nach dem ersten Lagerauftrag übermittelt der Kommissionär Lageraufträge spätestens am [*Zahl*]. Tag des Monats. Lageraufträge müssen vom Hersteller bestätigt werden. Der Hersteller prüft jeden Lagerauftrag des Kommissionärs und akzeptiert oder ändert ihn innerhalb von [*Anzahl*] Tagen nach Eingang der Bestellung. Es liegt im Ermessen des Herstellers, die Bestellung hinsichtlich Art und/oder Menge zu ändern. Wenn der Hersteller eine Bestellung ändert, wird der Auftrag nicht

ausgeliefert, bis der Hersteller den Kommissionär über die Änderung schriftlich benachrichtigt und er eine schriftliche Bestätigung des Kommissionärs erhalten hat.

Angesichts der Verzögerungen in der Kommunikation und im Transport, die für das Auslandsgeschäft typisch sind, ist der in dieser Vertragsklausel vorgesehene monatliche Bestellrhythmus vielleicht unzweckmäßig und muß besser auf den konkreten Einzelfall abgestimmt werden.

5. Lieferbedingungen

Nach Annahme eines Lagerauftrags liefert der Hersteller die Ware innerhalb von [*Anzahl*] Tagen an den Kommissionär – außer bei Lieferverzug infolge Verschuldens des Kommissionärs oder bei Unmöglichkeit. Der Hersteller liefert die Ware an die vom Kommissionär angegebenen Orte im Vertragsgebiet. Der Hersteller ist verpflichtet, alle Ausfuhrlizenzen zu beschaffen, die Prüfung der Ware durchführen zu lassen sowie alle Ex- und Importvorschriften zu beachten. Die erforderlichen Einfuhrlizenzen und andere erforderliche Genehmigungen beantragt der Kommissionär.

Im allgemeinen trägt der Hersteller im Rahmen eines Kommissionsvertrags die Ausfuhr- und Einfuhrgebühren, weil er Eigentümer der Waren ist, bis sie verkauft werden. Der Kommissionär erhält in der Regel nur eine relativ niedrige Provision. Daher sollte die Provision angehoben werden, wenn der Kommissionär die Kosten für Transport und Einfuhr tragen soll, sonst erzielt der Kommissionär kaum einen Gewinn und hat keinen Anreiz, den Kommissionsvertrag abzuschließen.

6. Eigentum

Alle im Rahmen dieses Vertrags an den Kommissionär gelieferten Waren werden auf Kommission geliefert. Die Waren bleiben Eigentum des Herstellers und unterliegen damit seinen Weisungen und seiner Kontrolle, bis sie an den Kunden verkauft werden. Der Kommissionär erwirbt kein Eigentum an den Waren, sondern das Eigentum an den Waren geht direkt vom Hersteller auf den Kunden über.

7. Preise

Von Zeit zu Zeit stellt der Hersteller dem Kommissionär eine Preisliste für die Waren zur Verfügung. Der Hersteller behält sich das Recht vor, Preisänderungen vorzunehmen. Der Kommissionär darf die Waren nur zu den Preisen laut neuester Preisliste des Herstellers verkaufen. Es liegt allerdings in seinem Ermessen, die Waren zu höheren Preisen zu verkaufen. Wenn die Nachfrage nach den Waren im Vertragsgebiet aus Gründen, die der Kommissionär nicht zu vertreten hat, so stark

zurückgeht, daß die in diesem Vertrag vorgesehenen Mindestauftragswerte kommerziell nicht mehr realisierbar sind, werden die Mindestauftragswerte solange ausgesetzt, wie die Nachfrageschwäche anhält.

Im Rahmen eines Kommissionsvertrags kann der Hersteller eine verbindliche Preisliste liefern, ohne das Kartellgesetz zu verletzen, weil er noch Eigentümer der Waren ist.

8. Zahlungsbedingungen – Provision

Mit der Erteilung eines Lagerauftrags – mit Ausnahme des ersten – entrichtet der Kommissionär den Kaufpreis für die im Vormonat verkauften Waren, abzüglich seiner Provision. Der Kommissionär erhält eine Provision von [*Zahl*] Prozent des Listenpreises. Wenn der Kommissionär Waren zu Preisen verkauft, die über den Listenpreisen liegen, dann erhält er 50 Prozent des Überschußbetrags zusätzlich zu seiner normalen Provision. Wenn das Land einer Vertragspartei Geldüberweisungen in das Land der anderen Partei verbietet, kann der Hersteller den Kommissionär anweisen, das Geld auf einem Konto des Herstellers im Land des Kommissionärs einzuzahlen. Dieses Konto wird bei einer Bank geführt, die der Hersteller ausgewählt hat. Wenn der Kommissionär dem Hersteller gegenüber nachweist, daß er den fälligen Betrag eingezahlt hat, erhält er vom Hersteller eine Quittung.

Wenn Sie einen Kommissionsvertrag abschließen, müssen Sie der anderen Vertragspartei vertrauen. Daher sind Sie vielleicht auch bereit, einer Zahlungsweise zuzustimmen, die weniger sicher ist. Dieser Vertrag sieht vor, daß der Kommissionär die verkauften Waren zu Beginn des Folgemonats bezahlt. Diese Frist ist vielleicht zu kurz.

9. Bestandsliste

Wenn der Kommissionär einen Lagerauftrag erteilt, legt er dem Hersteller auch einen Bericht über die im Vormonat verkauften Waren vor. Diese Umsatzstatistik muß nach den Vorgaben des Herstellers erstellt werden. Alle [*Zahl*] Monate oder auf Verlangen des Herstellers muß der Kommissionär dem Hersteller eine Liste über den Bestand im Kommissionslager vorlegen. Auf Verlangen des Herstellers muß der Bestand von einem oder unter der Leitung eines Vertreters des Herstellers aufgenommen werden – in diesem Fall trägt der Hersteller die Kosten für den Einsatz seines Vertreters.

10. Pflichten des Kommissionärs

Der Kommissionär hat folgende Pflichten:

a) **Der Kommissionär bewirbt und verkauft die Waren aggressiv im Vertragsgebiet. Er wendet nach seinem Ermessen verschiedene wirksame Verkaufsstrategien an wie zum Beispiel Verkauf an den Einzelhandel, Versandhandel, Telefonverkauf und E-Commerce.**

b) **Der Kommissionär vertreibt keine anderen Waren oder Teile, die nicht vom Hersteller hergestellt werden und den Waren des Herstellers täuschend ähnlich sind oder ähnliche Funktionen erfüllen.**

c) **Der Kommissionär verkauft die Waren des Herstellers nicht an Unternehmen, die im wesentlichen die gleichen oder täuschend ähnliche Waren verkaufen.**

d) **Der Kommissionär trägt alle Kosten seiner Geschäftstätigkeit – einschließlich aller Steuern, Personalkosten und Strafen im Zusammenhang mit seiner Geschäftstätigkeit.**

e) **Der Kommissionär beschafft alle Einfuhrlizenzen, Transportgenehmigungen, Geschäftslizenzen und ähnliche Genehmigungen, die für die Einfuhr, den Transport, die Lagerung und den Verkauf der Waren im Land des Kommissionärs erforderlich sind. Der Kommissionär ist auch verpflichtet, dem Hersteller alle Unterlagen zu liefern, die für die Einfuhr und den Transport der Ware zum Bestimmungsort erforderlich sind. Wenn der Kommissionär dem Hersteller diese Unterlagen nicht rechtzeitig liefert, um den Liefertermin einhalten zu können, wird ein Lieferverzug, den der Kommissionär zu vertreten hat, nicht als Vertragsverletzung durch den Hersteller betrachtet.**

In vielen Standardverträgen ist eine Klausel enthalten, die den Verkauf von Wettbewerbsprodukten durch den Kommissionär verbietet, wenn der Hersteller nicht ausdrücklich zustimmt. Ich empfehle, vertraglich einen vollständigen Wettbewerbsausschluß zu vereinbaren, wenn der Hersteller keinen Grund hat, den Verkauf von Wettbewerbsprodukten zu erlauben – was aber ziemlich unwahrscheinlich ist. Die Klausel über den Wettbewerbsausschluß muß allerdings auf den Verkauf von Wettbewerbsprodukten begrenzt werden. In den meisten Ländern werden Verträge nicht anerkannt, die einem selbständigen Unternehmen verbieten, Produkte zu verkaufen, die nicht mit den anderen Produkten im Wettbewerb stehen. In einigen Ländern sollten Sie auf die Wettbewerbsausschluß-Klausel verzichten, weil es nur wenige (häufig staatliche) Unternehmen gibt, die Waren importieren und verkaufen, oder es gibt Importeure, die sich auf bestimmte Produkte wie zum Beispiel Kosmetika oder Baumaterialien spezialisiert haben. Wenn Sie einen ausländischen Markt schnell erschließen wollen, dann sind Importeure, die sich spezialisiert haben, Ihre interessantesten Geschäftspartner.

11. Pflichten des Herstellers

Der Hersteller liefert dem Kommissionär das erforderliche Werbematerial und technische Beschreibungen für seine Waren.

12. Gefahren des Verlusts oder der Beschädigung der Ware

Der Kommissionär trägt die Gefahren des Verlusts oder der Beschädigung der Ware. Der Kommissionär bezahlt beschädigte, zerstörte oder aus dem Lager gestohlene Waren so, als wenn sie verkauft worden wären.

Nach dieser Vertragsklausel trägt der Kommissionär die Gefahren des Verlusts oder der Beschädigung der Kommissionsware, obwohl der Hersteller Eigentümer ist. Mit dieser Vertragsklausel soll dem Kommissionär ein Anreiz gegeben werden, sein Geschäft sorgfältig zu betreiben und Verluste zu vermeiden. In der Praxis kann diese Vertragsklausel in manchen Ländern eine unbillige Härte darstellen, wenn es keinen ausreichenden Versicherungsschutz gibt. Dann muß diese Klausel geändert werden.

13. Gewährleistung

Der Hersteller übernimmt eine eingeschränkte Gewährleistung für die Waren. Der Kommissionär muß jedem Kunden die Gewährleistung des Herstellers einräumen. Der Kommissionär darf die Gewährleistungsbedingungen des Herstellers nicht ändern. Fehlerhafte Waren, die unter die Gewährleistung fallen, repariert der Hersteller umgehend oder tauscht sie um – unabhängig davon, ob zu diesem Zeitpunkt der Kommissionär oder der Hersteller Eigentümer der Waren ist.

Im allgemeinen übernehmen Hersteller im Auslandsgeschäft eine erweiterte Gewährleistung, weil ein Entgegenkommen des Verkäufers und ein Kundendienst äußerst wichtige Marketingmaßnahmen sind. Örtliche Produkte werden häufig bevorzugt, weil die Kunden glauben, daß ein lokaler Produzent einen persönlichen und schnellen Kundendienst liefert. Um ihren Marktanteil zu steigern, müssen Importprodukte mit einem besseren Kundendienst als lokale Produkte angeboten werden. Und dies kann über den Umfang der Gewährleistung erreicht werden. Die Gewährleistungsbedingungen des Herstellers sollten im Vertrag detailliert geregelt werden. In manchen Ländern wird stillschweigend eine Gewährleistung des Herstellers angenommen, wenn der Verkäufer sie vertraglich nicht ausdrücklich ausschließt. Auch nach dem UN-Kaufrecht gibt es stillschweigend eine Gewährleistung des Herstellers.

14. Haftungsfreistellung

Die Vertragsparteien vereinbaren die folgenden gegenseitigen Haftungsfreistellungen:

a) Der Kommissionär stellt den Hersteller von allen Ansprüchen und Schadensersatz für die Verletzung oder Tötung von Personen und für die Beschädigung oder den Verlust der Ware auf Grund des Verhaltens, der Tätigkeit oder Leistung des Kommissionärs frei.

b) Der Hersteller stellt den Kommissionär von allen Ansprüchen und Schadensersatzansprüchen frei, die aus Mängeln der Ware entstehen – mit Ausnahme jener Mängel, die vom Kommissionär verursacht werden oder aus dem Verhalten, der Tätigkeit oder Leistung des Kommissionärs entstehen. Für die Laufzeit dieses Vertrags schließt der Hersteller eine Produkthaftpflichtversicherung für die Waren ab, die an den Kommissionär verkauft werden, mit einem Versicherungsschutz von mindestens [*Währung und Betrag*] pro Fall. In der Versicherungspolice wird der Kommissionär zusätzlich als Begünstigter aufgeführt.

Eine derartige Haftungsfreistellung ist fakultativ. Im Auslandsgeschäft übernehmen Hersteller manchmal die Freistellung von Kommissionären von Schäden infolge von Konstruktions- oder Herstellungsfehlern, um den Kommissionär zu ermutigen, die Produkte auf dem ausländischen Markt einzuführen. Der Hersteller sollte sich von einer Versicherung eingehend beraten lassen, weil eine Produkthaftpflichtversicherung nicht in allen Ländern abgeschlossen werden kann. Es ist eine freiwillige Geste, die Produkthaftpflichtversicherung auf den Kommissionär auszudehnen – schließlich haftet der Hersteller für Konstruktions- oder Herstellungsfehler und nicht der Verkäufer der Waren. Häufig können Kommissionäre keine Produkthaftpflichtversicherung abschließen.

15. Gewerbliche Schutzrechte

Die Parteien vereinbaren folgendes:

a) Der Hersteller besitzt im Zusammenhang mit den Waren wertvolle Rechte an Marken, Namen, Geschmacksmustern, Patenten und Geschäftsgeheimnissen (nachfolgend »geistiges Eigentum« genannt). Keines dieser Rechte wird auf den Kommissionär übertragen. Der Kommissionär verpflichtet sich, weder zu behaupten, daß er Rechte am geistigen Eigentum des Herstellers besitze, noch

den Namen des Herstellers als Teil seiner Firmenbezeichnung zu verwenden.

b) Dem Kommissionär wird das Recht gewährt, das geistige Eigentum des Herstellers im Zusammenhang mit seiner Tätigkeit als Kommissionär zu nutzen. Der Kommissionär ist nicht berechtigt, das geistige Eigentum des Herstellers für andere Zwecke zu nutzen.

c) Jede Werbung sowie alle Werbematerialien, Angebote, Rechnungen, Etiketten, Verpackungen und andere Materialien, die in Verbindung mit den Waren verwendet werden, müssen den Hinweis enthalten, daß der Hersteller Eigentümer der gewerblichen Schutzrechte für die Waren ist. Derartige Materialien müssen auch den Hinweis enthalten, daß der Kommissionär autorisierter Händler für die Waren ist.

d) Dem Kommissionär ist es verboten, das geistige Eigentum des Herstellers, das in Verbindung mit den Waren verwendet wird, zu ändern. Alle Einzelheiten, Farben und Formen müssen so verkauft werden, wie sie der Hersteller geliefert hat.

e) Der Kommissionär verpflichtet sich, die Waren nur unter Verwendung der gewerblichen Schutzrechte des Herstellers zu vertreiben. Dem Kommissionär ist es nicht gestattet, die gewerblichen Schutzrechte für Wettbewerbsprodukte zu verwenden, die nicht vom Hersteller geliefert wurden,

f) Der Kommissionär verpflichtet sich, die Waren weder zu kopieren oder zu kopieren zu versuchen noch die Waren anderen Personen zum Kopieren zur Verfügung zu stellen und keine Wettbewerbsprodukte herzustellen oder zu verkaufen, die den Waren des Herstellers täuschend ähnlich sind.

g) Der Kommissionär verpflichtet sich, nichts zu unternehmen, was die gewerblichen Schutzrechte des Herstellers ungültig machen oder verwässern könnte. Der Kommissionär versucht nicht, die gewerblichen Schutzrechte zu ändern oder zu widerrufen, und wird keinen Dritten dabei unterstützen.

h) Eine Verletzung dieser Vertragsklausel führt zur fristlosen Kündigung dieses Vertrags. Ferner stimmen die Vertragsparteien darin überein, daß die Verletzung dieser Vertragsklausel zur Verwässerung oder Zerstörung der wertvollen Schutzrechte des Herstellers, seines geistigen Eigentums, seines Ansehens und seines

Goodwills führt. Wegen der Schwierigkeit, immaterielle Vermögenswerte zu quantifizieren, lassen sich diese Schäden nicht ermitteln. Daher vereinbaren die Vertragsparteien, daß der Hersteller das Recht hat, gegen den Kommissionär eine Vertragsstrafe in Höhe von [*Zahl*] Prozent des Listenpreises laut gültiger Preisliste des Herstellers für jedes Produkt, das Gegenstand der Verletzung ist, zu verhängen.

Der Wert gewerblicher Schutzrechte sollte nie unterschätzt werden. Der Goodwill und das Ansehen des Herstellers sind mit seinem Namen und den Markennamen verbunden, und die Unverwechselbarkeit seiner Produkte wird durch gewerbliche Schutzrechte geschützt. Ausländische Unternehmen kennen den Wert dieser Schutzrechte – schließlich sind Raubkopien und Nachahmerprodukte ein großes Geschäft. Wenn Sie Ihr geistiges Eigentum nicht schützen, verlieren Sie nicht nur Umsätze, sondern auch das Recht zur ausschließlichen Verwendung Ihrer gewerblichen Schutzrechte. Diese Vertragsklausel stellt allein jedoch noch keinen vollständigen Schutz dar, sondern Sie sollten Ihr geistiges Eigentum im Land des Kommissionärs auch zum Beispiel als Patent, Marke, Warenzeichen, Dienstleistungsmarke registrieren lassen, und Sie müssen ein System einrichten, um die Verwendung Ihrer gewerblichen Schutzrechte in den betreffenden Ländern zu überwachen.

16. Abtretung

Keine Vertragspartei darf die Rechte oder Pflichten aus diesem Vertrag ohne die vorherige schriftliche Zustimmung der anderen abtreten. Keine Vertragspartei darf die Zustimmung ohne Grund vorenthalten. Der Hersteller kann die Zustimmung aus einem der folgenden Gründe versagen: Der Kommissionär ist mit einer Verpflichtung aus diesem Vertrag in Verzug, wenn die Zustimmung verlangt wird; der vorgeschlagene Abtretungsempfänger kann die verbleibenden finanziellen Verpflichtungen des Kommissionärs aus diesem Vertrag nicht erfüllen; der vorgeschlagene Abtretungsempfänger weigert sich, alle verbleibenden Verpflichtungen des Kommissionärs aus diesem Vertrag zu übernehmen, oder der vorgeschlagene Abtretungsempfänger erfüllt die Anforderungen des Herstellers an neue Kommissionäre nicht.

Die Parteien eines Kommissionsvertrags schließen den Vertrag auf der Grundlage von Merkmalen, die für die Parteien einzigartig sind. Die Abtretung der vertraglichen Rechte oder Pflichten durch eine Vertragspartei würde die andere Partei mit einem unbekannten Partner konfrontieren. Ein vollständiger vertraglicher Ausschluß jeder Abtretung wird in der Regel von den Gerichten nicht anerkannt und ist daher nicht vollstreckbar. Aber die Vertragsparteien können sich dadurch schützen, daß sie die vorherige Zustimmung der anderen Partei verlangen.

17. Kündigung des Vertrags durch den Hersteller

Der Hersteller ist berechtigt, diesen Vertrag jederzeit mit einer Kündigungsfrist von [*Anzahl*] Tagen schriftlich zu kündigen. Der Hersteller kann diesen Vertrag ohne Auswirkung auf andere Rechtsmittel, die dem Hersteller gesetzlich zustehen, wie folgt kündigen:

a) Durch fristlose Kündigung, wenn
- **der Kommissionär zahlungsunfähig wird oder ein Konkursverfahren über das Vermögen des Kommissionärs beantragt wird;**
- **der Kommissionär seine Rechte oder sein Eigentum an Gläubiger abtritt.**

b) Kündigung mit einer Frist von [*Anzahl*] Tagen, nachdem der Kommissionär vorher schriftlich benachrichtigt und zur Behebung der Leistungsstörung aufgefordert wurde, und er die Leistungsstörung nicht innerhalb der Kündigungsfrist beheben kann.

Eine derartige Kündigungsklausel, die verschiedene Situationen berücksichtigt, ist im Auslandsgeschäft durchaus üblich. Unter bestimmten Bedingungen ist eine fristlose Kündigung möglich, während dem Kommissionär unter anderen Bedingungen die Möglichkeit gewährt wird, seine Leistungsstörung zu beheben. Es ist nicht notwendig, jeden möglichen Kündigungsgrund aufzulisten – Sie werden unvermeidlich einige vergessen und sind dann auf die aufgeführten Kündigungsgründe begrenzt. Bei der Festlegung, welche Ereignisse zur Kündigung berechtigen, ist es wichtig, das Landesrecht des Herstellers und des Kommissionärs zu prüfen. Ihre Kündigungsrechte können eventuell durch Schutzgesetze eingeschränkt werden. Sie sollten auch unklare Begriffe wie Nichterfüllung einer »wesentlichen« Verpflichtung vermeiden. Die Vertragsparteien können auch Leistungsstörungen aufführen, die nicht zur Kündigung berechtigen, wie zum Beispiel ein Zahlungsverzug von nur fünf Tagen.

18. Kündigung des Vertrags durch den Kommissionär

Der Kommissionär kann diesen Vertrag wie folgt kündigen, ohne seine gesetzlichen Rechte einzuschränken:

a) Fristlose Kündigung, wenn:
- **der Hersteller zahlungsunfähig wird oder ein Konkursverwalter eingesetzt wird;**
- **der Hersteller Rechte oder Eigentum an Gläubiger abtritt.**

b) Kündigung mit einer Kündigungsfrist von [*Anzahl*] Tagen, wenn der Hersteller den Vertrag nicht erfüllt und der Kommissionär den Hersteller vorher schriftlich aufgefordert hat, den Vertrag zu erfüllen, und der Hersteller die Leistungsstörung nicht innerhalb der Kündigungsfrist behebt.

Der Kommissionär ist verpflichtet, bei Vertragsende den Restbestand, erhaltene Zahlungen und Forderungen an den Hersteller zurückzugeben.

Gerichte erlauben in der Regel gegenseitige Kündigungsrechte, daher sollten Sie vertraglich für beide Vertragsparteien die gleichen Kündigungsrechte vorsehen. Um klarzustellen, daß beide Parteien Kündigungsrechte haben, werden in internationalen Verträgen häufig zwei getrennte Vertragsklauseln vorgesehen.

19. Abwicklung des Vertragsverhältnisses

Wenn dieser Vertrag beendet wird, muß der Kommissionär alle in seinem Besitz befindlichen Waren sofort zurückgeben. Waren, die nicht zurückgegeben werden, gelten als zerstört, untergegangen oder gestohlen, und der Kommissionär ist verpflichtet, sie voll so zu bezahlen, als ob er sie verkauft hätte. Der Kommissionär überweist an den Hersteller alle Zahlungseingänge und überträgt ihm alle Forderungen. Nach Eintreibung der Forderungen zahlt der Hersteller die Provision auf der Grundlage des tatsächlichen Zahlungseingangs an den Kommissionär.

20. Rechtsmittel

Die Vertragsparteien erklären, daß sie eine vorteilhafte gegenseitige Geschäftsbeziehung aufbauen wollen und daß sie sich aus diesem Grund bemühen, Meinungsverschiedenheiten durch außergerichtliche Verhandlungen zu lösen. Wenn die Vertragsparteien dennoch einen Streit nicht lösen können, werden sie ein Schiedsgericht nach der [*Name der Schiedsordnung*] anrufen, dessen Schiedsspruch bindend ist. Es wird das Schiedsgericht in [*Ort*] angerufen, wenn die Vertragsparteien zu dem Zeitpunkt nichts anderes beschließen. Jeder Schiedsspruch ist endgültig rechtskräftig, erlaubt keine weiteren Rechtsmittel und kann dem zuständigen Gericht zur Vollstreckung vorgelegt werden. Diese Vertragsklausel schränkt die Rechte des Herstellers nicht ein, wegen Verletzung seiner gewerblichen Schutzrechte andere Rechtsmittel einzulegen.

Wenn es im Land des Kommissionärs ein Schiedsgericht gibt, kann es zur Lösung von Streitigkeiten angerufen werden. Sie sollten das Schiedsgericht jedoch sorgfältig auswählen. Außerdem ist natürlich zu berücksichtigen, daß ein Schiedsgerichtsverfahren in der Regel kosten- und zeitaufwendiger ist als eine Verhandlungslösung, obwohl im allgemeinen kostengünstiger als ein Prozeß. In manchen Kulturen hat ein Schiedsgerichtsverfahren allerdings das gleiche Stigma wie ein Prozeß – beide werden mißtrauisch und häufig als persönliche Beleidigung betrachtet.

21. Änderung des Vertrags

Änderungen dieses Vertrags bedürfen der Schriftform. Die Änderung muß von beiden Vertragsparteien unterzeichnet werden.

Sie sollten stets darauf bestehen, daß Vertragsänderungen schriftlich erfolgen müssen. Damit können Sie vermeiden, daß später Meinungsverschiedenheiten darüber entstehen, was tatsächlich vereinbart wurde. Außerdem erkennt das zuständige Gericht mündliche Beweise vielleicht nicht an.

22. Mitteilungen

Alle Mitteilungen an die andere Partei im Rahmen dieses Vertrags müssen schriftlich erfolgen und an die in diesem Vertrag angegebene Anschrift erfolgen. Eine Partei muß die andere über eine Änderung der Anschrift innerhalb von [*Anzahl*] Tagen benachrichtigen. Mitteilungen gelten am Tag des Eingangs als zugestellt.

23. Rechtsverzicht und Leistungsstörungen

Keine Partei verzichtet auf ihre vertraglich vereinbarten Rechte, Rechtsmittel wegen Vertragsverletzung der anderen Partei einzulegen oder die genaue Einhaltung des Vertrags zu verlangen, nur weil die Partei nichts gegen ein- oder mehrmalige Vertragsverletzungen der anderen Partei unternommen hat, sich geweigert oder es unterlassen hat, Rechte auszuüben, die durch diesen Vertrag gewährt werden, oder nicht auf der strikten Einhaltung dieses Vertrags bestand.

24. Vollständige Vereinbarung und salvatorische Klausel

Der Hersteller und der Kommissionär haben diesen Vertrag unterzeichnet, um ihren Willen zu demonstrieren, durch diesen Vertrag gebunden zu sein. Die Vertragsparteien erklären, daß dieser Vertrag ihre ganze Vereinbarung darstellt und alle früheren Verhandlungsergebnisse, Vereinbarungen sowie Darstellungen ersetzt. Jede Vertragspartei wurde ermuntert und hatte die Möglichkeit, unabhängige Fachleute (einschließlich eines Rechtsanwalts und eines Wirtschaftsprüfers) zu konsultieren, und jede hat sich selbständig und unabhängig entschieden, diese Verpflichtung einzugehen.

Die Unwirksamkeit oder Undurchführbarkeit einzelner Bestimmungen dieses Vertrags läßt die Wirksamkeit des Vertrags im übrigen unberührt. An die Stelle einer unwirksamen oder undurchführbaren Bestimmung tritt diejenige wirksame Regelung, die dem von den Parteien mit der unwirksamen oder undurchführbaren Bestimmung wirtschaftlich Gewollten am nächsten kommt.

Diese Standardklausel ist wichtig und sollte nicht ausgelassen werden, weil sie den gemeinsamen Willen der Vertragsparteien ausdrückt. In internationalen Verträgen ist diese Klausel wichtig, weil jede Vertragspartei die Vertragsbedingungen ganz unterschiedlich verstehen kann – angesichts solcher Barrieren wie Unterschiede in der Sprache, in der Kultur, im politischen und wirtschaftlichen Umfeld und der Erfahrung im Auslandsgeschäft.

Jede Vertragspartei versichert ausdrücklich, daß sie die Vertragsbedingungen gelesen und verstanden hat, und unterzeichnet daher nachfolgend.

[*Firmenbezeichnung*]	**[*Firmenbezeichnung*]**
[*Unterschrift des Kommissionärs*]	**[*Unterschrift des Herstellers*]**
[*Name und Funktion*]	**[*Name und Funktion*]**

21 Lizenzvertrag

Eine Lizenzvereinbarung regelt die Überlassung technischer Kenntnisse des Franchisegebers an einen ausländischen Franchisenehmer zur Herstellung und zum Vertrieb der Vertragsprodukte im Vertragsgebiet. Der Lizenzvertrag unterscheidet sich in zweifacher Hinsicht von einem Franchisevertrag. Der Lizenznehmer stellt die verkauften Produkte her, während der Franchisenehmer die Waren vom Hersteller kauft. Ein Franchisevertrag beinhaltet ein komplettes Sortiment und ein vollständiges Konzept zur Betriebsführung, während der Lizenzvertrag dem Lizenznehmer wesentlich mehr Gestaltungsspielraum ermöglicht.

■ Beispiel eines Lizenzvertrags

Dieser Vertrag wird am [*Datum*] zwischen

[*Firmenbezeichnung, Beschreibung des Geschäftszweigs, Staatsbürgerschaft*] in [*Anschrift*] (nachfolgend »Lizenzgeber« genannt) und

[*Firmenbezeichnung, Beschreibung des Geschäftzwangs, Staatsbürgerschaft*] in [*Anschrift*] (nachfolgend »Lizenznehmer« genannt)

geschlossen:

Dieser Vertrag bindet die Vertragsparteien, die ihn unterzeichnen, und diese sollten in dieser Vertragsklausel angegeben werden. Führen Sie die Vertragsparteien mit voller Firmenbezeichnung und Angabe der Rechtsform auf. Die Anschriften der Vertragsparteien können hier angegeben werden; manchmal werden die Firmenanschriften in internationalen Kaufverträgen am Schluß des Vertrags nach den Unterschriften aufgeführt. Zur Beschreibung der Vertragsparteien gehört in internationalen Verträgen auch die Angabe der Staatsangehörigkeit beziehungsweise des Stammlandes wie zum Beispiel »eine Aktiengesellschaft nach französischem Recht«, »eine Kommanditgesellschaft nach dem Recht des State of California in den USA« oder »ein italienischer Staatsbürger«.

Präambel

A. Der Lizenzgeber verfügt über die technischen Kenntnisse zur Herstellung und zum Vertrieb der Vertragsprodukte (nachstehend »Vertrags-Know-how« genannt), die in dem beigefügten Anhang aufgeführt sind.

B. Der Lizenznehmer möchte mit den technischen Kenntnissen des Lizenzgebers [*Art der Waren*] (nachfolgend »Vertragsprodukte« genannt) in [*Land*] (nachfolgend »Vertragsgebiet« genannt) herstellen und vertreiben.

Daher vereinbaren die Parteien folgendes:

Lizenzvertrag

1. Vertragsgegenstand

Der Lizenzgeber gewährt dem Lizenznehmer die Lizenz, das Know-how des Lizenzgebers im Vertragsgebiet zur Herstellung und zum Vertrieb der Vertragsprodukte zu benutzen.

Die Lizenz wird für [*Land/Region*] erteilt. Die Lizenz wird nur für das Vertragsgebiet gewährt. Verkäufe der Vertragsprodukte außerhalb des Vertragsgebiets oder Exporte müssen gesondert vereinbart werden.

Die Lizenzvereinbarung kann auch beinhalten, daß sich der Lizenzgeber verpflichtet, dem Lizenznehmer Lizenzen an Verbesserungen und Weiterentwicklungen des Vertrags-Know-hows einzuräumen. Häufig wird in Lizenzverträgen auch vereinbart, daß der Lizenznehmer berechtigt ist, die Vertragsprodukte durch Dritte herstellen und vertreiben zu lassen. In diesen Fällen ist der Lizenznehmer verpflichtet, von den Dritten Geheimhaltungsverpflichtungen gemäß Anlage . . . des Vertrags unterzeichnen zu lassen. Manchmal ist der Lizenznehmer auch berechtigt, Unterlizenzen zu erteilen.

2. Haftung des Lizenzgebers

Der Lizenzgeber erklärt, daß er zur Zeit des Abschlusses dieses Vertrags in bezug auf das Vertragsgebiet

a) über das Vertrags-Know-how frei verfügen kann und Dritten gegenüber keine Verpflichtungen übernommen hat;

b) Dritten keine Nutzungsrechte des Vertrags-Know-hows erteilt hat;

c) ihm keine Verletzungen des Vertrags-Know-hows und keine Beeinträchtigung von Rechten Dritter durch die Nutzung des Vertrags-Know-hows bekannt sind.

3. Laufzeit des Vertrags

Dieser Vertrag tritt an dem Tag in Kraft, an dem er von der zweiten Vertragspartei unterzeichnet wird, und läuft nach [*Anzahl*] Jahren

aus, wenn er nicht vorher gekündigt wird. Bei Ablauf dieses Vertrags können die Parteien eine Erneuerung oder Verlängerung der Laufzeit vereinbaren – vorausgesetzt, daß der Lizenznehmer den Vertrag voll erfüllt hat.

Da der Lizenzerwerb Kapital und besondere Anstrengungen erfordert, sollte die Vertragsdauer lang genug sein, um dem Lizenznehmer die Möglichkeit zu geben, ein einträgliches Geschäft aufzubauen. Sie können auch eine unbestimmte Laufzeit vereinbaren mit jederzeitiger Kündigung durch eine Vertragspartei. Nach unseren Erfahrungen empfiehlt sich das aber nicht, weil Lizenzverträge mit unbestimmter Laufzeit in manchen Ländern wie Handelsvertreterverträge betrachtet werden. Dann unterliegt der Lizenzgeber den gesetzlichen Vorschriften für Handelsvertreter, die zum Beispiel nur eine Kündigung aus wichtigem Grund zulassen und die Zahlung einer Abfindung vorschreiben.

4. Gewerbliche Schutzrechte

Die Parteien vereinbaren folgendes:

a) Der Lizenzgeber besitzt im Zusammenhang mit den Vertragsprodukten wertvolle Rechte an Marken, Namen, Geschmacksmustern, Patenten und Geschäftsgeheimnissen, die im Land des Lizenznehmers und in zahlreichen anderen Ländern registriert sind. Der Lizenzgeber hat im Handel und in der Öffentlichkeit einen hohen Bekanntheitsgrad und ein positives Image, weil er die gewerblichen Schutzrechte für seine Produkte seit [*Anzahl*] Jahren kontinuierlich genutzt und beträchtlich in Werbung investiert hat.

b) Der Lizenznehmer muß das geistige Eigentum des Lizenzgebers vor Verletzung und andere unerlaubte Nutzung durch konkurrierende Produkte, Dienstleistungen oder Werbung der Konkurrenz im Vertragsgebiet schützen. Der Lizenznehmer wird den Lizenzgeber umgehend über Verletzungen oder drohende Verletzungen des geistigen Eigentums informieren.

c) Jede Werbung sowie alle Werbematerialien, Angebote, Rechnungen, Etiketten, Verpackungen und andere Materialien, die in Verbindung mit den Vertragsprodukten verwendet werden, müssen den Hinweis enthalten, daß der Lizenzgeber Eigentümer der gewerblichen Schutzrechte für die Vertragsprodukte ist und der Lizenznehmer autorisierter Lizenznehmer ist. Der Inhalt und die Medienauswahl der Werbung und des Verkaufsförderungsmaterials muß vom Lizenzgeber genehmigt werden.

d) Der Lizenznehmer verpflichtet sich, das im Zusammenhang mit den Vertragsprodukten genutzte geistige Eigentum des Lizenzgebers nicht zu ändern. Alle Einzelheiten, Farben und Formen müssen genau den Vorgaben des Lizenzgebers entsprechen.

e) Dem Lizenznehmer ist untersagt, das geistige Eigentum im Zusammenhang mit Produkten zu nutzen, die nicht Gegenstand dieses Vertrags sind oder nicht vorher vom Lizenzgeber schriftlich genehmigt wurden.

f) Der Lizenznehmer verpflichtet sich, die Produkte des Lizenzgebers weder zu kopieren oder zu kopieren zu versuchen, noch seine eigenen Produkte oder die Produkte des Lizenzgebers anderen Personen zum Kopieren zur Verfügung zu stellen und keine Wettbewerbsprodukte herzustellen oder zu verkaufen, die den Produkten des Lizenzgebers täuschend ähnlich sind.

g) Der Lizenznehmer verpflichtet sich, nichts zu unternehmen, was die gewerblichen Schutzrechte oder das Eigentum des Lizenzgebers an seinem geistigen Eigentum ungültig machen oder verwässern könnte – außer, daß die Vertragsparteien sich gemeinsam bemühen, daß der Lizenznehmer im Vertragsgebiet als Nutzer des geistigen Eigentums registriert wird. Dafür vereinbaren die Parteien, alle erforderlichen Unterlagen und Vereinbarungen vorzubereiten, zu unterzeichnen und einzureichen. Der Lizenznehmer verpflichtet sich, die Registrierung des geistigen Eigentums nicht zu ändern oder zu löschen, und wird Dritte dabei nicht unterstützen.

h) Wenn der Lizenznehmer sein eigenes geistiges Eigentum für die Herstellung und den Vertrieb von Produkten nutzt, müssen sich diese genügend von den Vertragsprodukten unterscheiden.

i) Eine Verletzung dieser Vertragsklausel führt zur fristlosen Kündigung dieses Vertrags. Ferner stimmen die Vertragsparteien darin überein, daß die Verletzung dieser Vertragsklausel zur Verwässerung oder Zerstörung der wertvollen Schutzrechte des Lizenzgebers, seines geistigen Eigentums, seines Ansehens und seines Goodwills führt. Wegen der Schwierigkeit, immaterielle Vermögenswerte zu quantifizieren, lassen sich diese Schäden nicht ermitteln. Daher vereinbaren die Vertragsparteien, daß der Lizenzgeber das Recht hat, gegen den Lizenznehmer eine Vertragsstrafe in Höhe von [*Zahl*] Prozent des Preises laut Preisliste des Lizenz-

gebers für jedes Produkt, das Gegenstand der Verletzung ist, zu verhängen.

Der Wert gewerblicher Schutzrechte sollte nie unterschätzt werden. Der Goodwill und das Ansehen des Lizenzgebers sind mit seinem Namen und den Markennamen verbunden, und die Unverwechselbarkeit seiner Produkte wird durch gewerbliche Schutzrechte geschützt. Ausländische Unternehmen kennen den Wert dieser Schutzrechte – schließlich sind Raubkopien und Nachahmerprodukte ein großes Geschäft. Wenn Sie Ihr geistiges Eigentum nicht schützen, verlieren Sie nicht nur Umsätze, sondern auch das Recht zur ausschließlichen Verwendung Ihrer gewerblichen Schutzrechte. Diese Vertragsklausel stellt allein jedoch noch keinen vollständigen Schutz dar, sondern Sie sollten Ihr geistiges Eigentum im Land des Lizenznehmers auch zum Beispiel als Patent, Marke, Vertragsproduktzeichen, Dienstleistungsmarke registrieren lassen, und Sie müssen ein System einrichten, um die Verwendung Ihrer gewerblichen Schutzrechte in den betreffenden Ländern zu überwachen.

5. Qualitätskontrolle

a) Der Lizenznehmer hat bei der Herstellung der Vertragsprodukte die in Anlage ... aufgeführten Qualitätsvorschriften einzuhalten.

b) Die Verpflichtungen aus Absatz a bestehen nur insoweit, als sie erforderlich sind, um das Vertrags-Know-how technisch einwandfrei zu nutzen oder um sicherzustellen, daß die Produktion des Lizenznehmers den Qualitätsstandards entspricht, die vom Lizenzgeber und anderen Lizenznehmern eingehalten werden.

c) Der Lizenzgeber hat das Recht, die vereinbarte Qualität zu überwachen. Innerhalb von [*Anzahl*] Monaten nach Vertragsbeginn liefert der Lizenznehmer drei Muster an den Lizenzgeber. Der Lizenznehmer berücksichtigt die Weisungen des Lizenzgebers für die Anpassung der Qualität; diese Weisungen sollen praktisch und finanziell keine unangemessenen Forderungen stellen. Der Lizenznehmer liefert auf Anforderung des Lizenzgebers kostenlos Muster – vorausgesetzt, die Anforderungen erfolgen nicht häufiger als [*Anzahl*] mal pro Quartal.
Sein Kontrollrecht kann der Lizenzgeber auch durch persönliche Kontrolle der Produktion nach vorheriger Ankündigung während der Geschäftszeit ausüben.

6. Zeichnung für Vertragsprodukte

Der Lizenznehmer erstellt auf seine Kosten eine Zeichnung, die zeigt, wie er das geistige Eigentum nutzt, sowie einen Plan für die Verpak-

kung, die Werbung, das Marketing- und Verkaufsförderungsmaterial und legt dies innerhalb von [*Anzahl*] Tagen nach Inkrafttreten dieses Vertrags dem Lizenzgeber vor. Für die Konstruktion und Planung liefert der Lizenzgeber vom Lizenznehmer angeforderte Kopien des geistigen Eigentums und anderer Themen. Der Lizenznehmer verpflichtet sich, bei der Konstruktion der Waren das geistige Eigentum nicht zu verändern.

7. Preise der Vertragsprodukte

Um das Ansehen des Lizenzgebers im Handel und in der Öffentlichkeit zu wahren, verpflichtet sich der Lizenznehmer, seine Preise nur nach vorheriger schriftlicher Genehmigung des Lizenzgebers zu reduzieren.

8. Beziehung der Parteien

Die Parteien erklären, daß der Lizenznehmer selbständiger Gewerbetreibender und vom Lizenzgeber völlig unabhängig ist. Durch diesen Vertrag soll kein Beschäftigungsverhältnis, keine Partnerschaft, Joint Venture, Treuhänderschaft oder andere ähnliche Beziehung begründet werden. Keine Partei haftet für Verbindlichkeiten oder Verpflichtungen der anderen. Es liegt im freien Ermessen des Lizenznehmers, Mitarbeiter einzustellen und zu beschäftigen oder selbständige Unternehmer zu beauftragen, und der Lizenzgeber hat keinen Einfluß auf die Einstellung oder Entlassung dieser Personen.

Der Lizenznehmer verpflichtet sich, im Rahmen seiner Tätigkeit in [*Land*] alle Gesetze zu beachten. Darüber hinaus ist der Lizenznehmer verpflichtet, alle Steuern und Gebühren im Zusammenhang mit dem Verkauf der Vertragsprodukte in [*Land*] zu bezahlen.

Der Lizenzgeber stellt den Lizenznehmer nicht von Verlusten, Ansprüchen oder Haftung frei, die im Zusammenhang mit den Maßnahmen des Lizenznehmers zum Verkauf der Vertragsprodukte stehen.

In dieser Vertragsklausel sollte unmißverständlich festgestellt werden, daß der Lizenznehmer selbständiger Gewerbetreibender ist. Trotzdem werden Lizenznehmer in einigen Rechtsordnungen ähnlich wie Angestellte oder Vertreter behandelt. Insofern muß der Lizenzgeber vielleicht Arbeitsschutzgesetze beachten.

9. Lizenzgebühren

a) Für die Überlassung des Vertrags-Know-hows zahlt der Lizenznehmer an den Lizenzgeber einmalig eine Summe von [*Währung und*

Betrag]. Dieser Betrag ist innerhalb von [_Anzahl_] Tagen nach Inkrafttreten des Vertrags fällig.

b) Der Lizenznehmer verpflichtet sich, für die von ihm verkauften, auf Grund des Vertrags-Know-hows hergestellten Vertragsprodukte an den Lizenzgeber eine Lizenzgebühr in Höhe von [_Zahl_] Prozent des Netto-Verkaufserlöses zu zahlen.

Der Lizenznehmer legt dem Lizenzgeber vierteljährlich innerhalb von [_Anzahl_] Tagen nach Quartalsende eine Lizenzgebühren-Abrechnung vor. Die Zahlung erfolgt zum gleichen Zeitpunkt. Der Lizenzgeber ist berechtigt, die Lizenz-Gebühren-Abrechnung des Lizenznehmers während der Geschäftszeit in den Geschäftsräumen des Lizenznehmers zu überprüfen und Kopien anzufertigen. Er kann auch einen zusätzlichen Nachweis verlangen. Der Lizenznehmer archiviert die Unterlagen über die Lizenzgebühren-Abrechnung mindestens zwei Jahre nach der Beendigung dieses Vertrags.

10. Abtretung

Keine Vertragspartei darf die Rechte oder Pflichten aus diesem Vertrag ohne die vorherige schriftliche Zustimmung der anderen abtreten. Keine Vertragspartei darf die Zustimmung ohne Grund vorenthalten. Der Lizenzgeber kann die Zustimmung aus einem der folgenden Gründe versagen: Der Lizenznehmer ist mit einer Verpflichtung aus diesem Vertrag in Verzug, wenn die Zustimmung verlangt wird, der vorgeschlagene Abtretungsempfänger kann die verbleibenden finanziellen Verpflichtungen des Lizenznehmers aus diesem Vertrag nicht erfüllen, der vorgeschlagene Abtretungsempfänger weigert sich, alle verbleibenden Verpflichtungen des Lizenznehmers aus diesem Vertrag zu übernehmen, oder der vorgeschlagene Abtretungsempfänger erfüllt die Anforderungen des Lizenzgebers an neue Lizenznehmer nicht.

Die Parteien eines Lizenzvertrags schließen den Vertrag auf der Grundlage von Merkmalen, die für die Parteien einzigartig sind. Die Abtretung der vertraglichen Rechte oder Pflichten durch eine Vertragspartei würde die andere Partei mit einem unbekannten Partner konfrontieren. Ein vollständiger vertraglicher Ausschluß jeder Abtretung wird in der Regel von den Gerichten nicht anerkannt und ist daher nicht vollstreckbar. Aber die Vertragsparteien können sich dadurch schützen, daß sie die vorherige Zustimmung der anderen Partei verlangen.

11. Kündigung des Vertrags

Jede Partei kann diesen Vertrag [*Anzahl*] Monate nach Vertragsbeginn jederzeit mit einer Kündigungsfrist von [*Anzahl*] Tagen schriftlich kündigen. Die Kündigung hat keine Auswirkungen auf andere Rechtsmittel, die dem Lizenzgeber wegen Verletzung seiner gewerblichen Schutzrechte gesetzlich zustehen. Jede Partei kann wie folgt kündigen:

a) Durch fristlose Kündigung, wenn die andere Partei ihre Vermögensgegenstände liquidiert oder zahlungsunfähig ist.

b) Wenn eine Partei den Vertrag nicht erfüllt, kann die andere Partei schriftlich zur Behebung der Leistungsstörung innerhalb von [*Anzahl*] Tagen auffordern. Wenn die Leistungsstörung nicht innerhalb dieser Frist behoben wird, kann der Vertrag gekündigt werden.

Eine derartige Kündigungsklausel, die verschiedene Situationen berücksichtigt, ist im Auslandsgeschäft durchaus üblich. Unter bestimmten Bedingungen ist eine fristlose Kündigung möglich, während dem Lizenznehmer unter anderen Bedingungen die Möglichkeit gewährt wird, seine Leistungsstörung zu beheben. Es ist nicht notwendig, jeden möglichen Kündigungsgrund aufzulisten – Sie werden unvermeidlich einige vergessen und sind dann auf die aufgeführten Kündigungsgründe begrenzt. Bei der Festlegung, welche Ereignisse zur Kündigung berechtigen, ist es wichtig, das Landesrecht des Lizenzgebers und des Lizenznehmers zu prüfen. Ihre Kündigungsrechte können eventuell durch Schutzgesetze eingeschränkt werden. Sie sollten auch unklare Begriffe wie Nichterfüllung einer »wesentlichen« Verpflichtung vermeiden. Die Vertragsparteien können auch Leistungsstörungen aufführen, die nicht zur Kündigung berechtigen, wie zum Beispiel ein Zahlungsverzug von nur fünf Tagen.

12. Vertragsabwicklung

Wenn dieser Vertrag beendet wird, muß der Lizenznehmer alle in seinem Besitz befindlichen Materialien, die er zur Produktion, Verpakkung, zum Verkauf und Transport benutzt hat, aufbewahren oder zurückgeben. Nach Wahl des Lizenzgebers können diese Materialien statt dessen auch zerstört werden. Der Lizenzgeber überprüft dies.

Diese Vertragsbedingung erlaubt dem Lizenzgeber, an Stelle einer Rückgabe auch die Vernichtung anzuordnen. Es gibt keine Notwendigkeit zur Rückgabe der Waren, und die Zerstörung kann außerdem kostengünstiger sein. In jedem Fall sollte der Lizenzgeber sein geistiges Eigentum bei Beendigung des Lizenzvertrags schützen.

13. Rechtsmittel

Die Vertragsparteien erklären, daß sie eine vorteilhafte gegenseitige Geschäftsbeziehung aufbauen wollen und daß sie sich aus diesem Grund bemühen, Meinungsverschiedenheiten durch außergerichtliche Verhandlungen zu lösen. Wenn die Vertragsparteien dennoch einen Streit nicht lösen können, werden sie ein Schiedsgericht nach der [*Name der Schiedsordnung*] anrufen, dessen Schiedsspruch bindend ist. Es wird das Schiedsgericht in [*Ort*] angerufen, wenn die Vertragsparteien zu dem Zeitpunkt nichts anderes beschließen. Jeder Schiedsspruch ist endgültig rechtskräftig, erlaubt keine weiteren Rechtsmittel und kann dem zuständigen Gericht zur Vollstreckung vorgelegt werden. Diese Vertragsklausel schränkt die Rechte des Lizenzgebers nicht ein, wegen Verletzung seiner gewerblichen Schutzrechte andere Rechtsmittel einzulegen.

Wenn es im Land des Lizenznehmers ein Schiedsgericht gibt, kann es zur Lösung von Streitigkeiten angerufen werden. Sie sollten das Schiedsgericht jedoch sorgfältig auswählen. Außerdem ist natürlich zu berücksichtigen, daß ein Schiedsgerichtsverfahren in der Regel kosten- und zeitaufwendiger ist als eine Verhandlungslösung, obwohl im allgemeinen kostengünstiger als ein Prozeß. In manchen Kulturen hat ein Schiedsgerichtsverfahren allerdings das gleiche Stigma wie ein Prozeß – beide werden mißtrauisch und häufig als persönliche Beleidigung betrachtet.

14. Änderung des Vertrags

Änderungen dieses Vertrags bedürfen der Schriftform. Die Änderung muß von beiden Vertragsparteien unterzeichnet werden.

Sie sollten stets darauf bestehen, daß Vertragsänderungen schriftlich erfolgen müssen. Damit können Sie vermeiden, daß später Meinungsverschiedenheiten darüber entstehen, was tatsächlich vereinbart wurde. Außerdem erkennt das zuständige Gericht mündliche Beweise vielleicht nicht an.

15. Mitteilungen

Alle Mitteilungen an die andere Partei im Rahmen dieses Vertrags müssen schriftlich erfolgen und an die in diesem Vertrag angegebene Anschrift erfolgen. Eine Partei muß die andere über eine Änderung der Anschrift innerhalb von [*Anzahl*] Tagen benachrichtigen. Mitteilungen gelten am Tag des Eingangs als zugestellt.

16. Rechtsverzicht und Leistungsstörungen

Keine Partei verzichtet auf ihre vertraglich vereinbarten Rechte, Rechtsmittel wegen Vertragsverletzung der anderen Partei einzulegen oder die genaue Einhaltung des Vertrags zu verlangen, nur weil die Partei nichts gegen ein- oder mehrmalige Vertragsverletzungen der anderen Partei unternommen hat; sich geweigert oder es unterlassen hat, Rechte auszuüben, die durch diesen Vertrag gewährt werden; oder nicht auf der strikten Einhaltung dieses Vertrags bestand.

17. Vollständige Vereinbarung und salvatorische Klausel

Der Lizenzgeber und der Lizenznehmer haben diesen Vertrag unterzeichnet, um ihren Willen zu demonstrieren, durch diesen Vertrag gebunden zu sein. Die Vertragsparteien erklären, daß dieser Vertrag ihre ganze Vereinbarung darstellt und alle früheren Verhandlungsergebnisse, Vereinbarungen sowie Darstellungen ersetzt. Jede Vertragspartei wurde ermuntert und hatte die Möglichkeit, unabhängige Fachleute (einschließlich eines Rechtsanwalts und eines Wirtschaftsprüfers) zu konsultieren, und jede hat sich selbständig und unabhängig entschieden, diese Verpflichtung einzugehen.

Die Unwirksamkeit oder Undurchführbarkeit einzelner Bestimmungen dieses Vertrags läßt die Wirksamkeit des Vertrags im übrigen unberührt. An die Stelle einer unwirksamen oder undurchführbaren Bestimmung tritt diejenige wirksame Regelung, die dem von den Parteien mit der unwirksamen oder undurchführbaren Bestimmung wirtschaftlich Gewollten am nächsten kommt.

Diese Standardklausel ist wichtig und sollte nicht ausgelassen werden, weil sie den gemeinsamen Willen der Vertragsparteien ausdrückt. In internationalen Verträgen ist diese Klausel wichtig, weil jede Vertragspartei die Vertragsbedingungen ganz unterschiedlich verstehen kann – angesichts solcher Barrieren wie Unterschiede in der Sprache, in der Kultur, im politischen und wirtschaftlichen Umfeld und der Erfahrung im Auslandsgeschäft.

18. Entschädigung

Die Vertragsparteien vereinbaren die folgenden Entschädigungen:

a) **Der Lizenzgeber kann einzelne oder alle Rechte, die durch diesen Vertrag gewährt werden, mit der Begründung zurückhalten oder widerrufen, daß ihre Benutzung die Rechte Dritter verletzen oder dem Lizenzgeber schaden würde. In dem Fall entschädigt der Lizenzgeber den Lizenznehmer dadurch, daß er den Materialbestand, die Werkzeuge zur Herstellung der Vertragsprodukte und**

den Warenbestand der Vertragsprodukte zu Selbstkosten zuzüglich eines Aufschlags von [*Zahl*] Prozent kauft.

b) Der Lizenznehmer entschädigt den Lizenzgeber für Schäden, die der Lizenzgeber infolge von Ansprüchen einer dritten Partei erleidet, wenn das Material oder die Konstruktion für die Vertragsprodukte nicht vom Lizenzgeber, sondern vom Lizenznehmer stammte.

Jede Vertragspartei versichert ausdrücklich, daß sie die Vertragsbedingungen gelesen und verstanden hat, und unterzeichnet daher nachfolgend.

[*Firmenbezeichnung*]	**[*Firmenbezeichnung*]**
[*Unterschrift des Lizenznehmers*]	**[*Unterschrift des Lizenzgebers*]**
[*Name und Funktion*]	**[*Name und Funktion*]**

Kurzlexikon

Die Lieferklauseln der Incoterms 2000 werden in Kapitel 5 erläutert. Für eine umfassende Erklärung der Begriffe aus dem Außenhandel, der Wirtschaft, des Zahlungsverkehrs und der Versandbedingungen empfehle ich das *Dictionary of International Trade* von Edward G. Hinkelman, das 1999 in dritter Auflage bei World Trade Press erschienen ist.

Im Rahmen der folgenden Erläuterung der wichtigsten Rechtsbegriffe wird zur besseren Einordnung neben international gültigen oder üblichen Regelungen jeweils auf deutsche gesetzliche Vorschriften Bezug genommen.

Abnahmeverpflichtung: Eine Vereinbarung, nach der sich der Käufer verpflichtet, die ganze Produktion des Verkäufers zu kaufen.

Abtretung: Die Übertragung von Rechten, Eigentum, Zinsen und Vorteilen aus einem Vertrag durch eine Vertragspartei (Abtretender oder Zedent) auf eine andere natürliche oder juristische Person (Abtretungsempfänger oder Zessionar), die keine Vertragspartei ist (§ 398 BGB).

Abwendung von Schäden: Bei Schadensersatz kann der Anspruchsberechtigte gemäß § 249 BGB Naturalrestitution oder Geldersatz verlangen. Zu ersetzen ist der erforderliche Geldbetrag, das heißt die Aufwendungen, die ein *verständiger, wirtschaftlich denkender Mensch* in der Lage des Geschädigten für zweckmäßig und notwendig halten durfte. Die geschädigte Vertragspartei sollte sich bemühen, die eigenen Schäden möglichst gering zu halten, beziehungsweise vermeiden, einen erlittenen Schaden zu verschlimmern. Wenn zum Beispiel ein Käufer die Annahme einer Lieferung mit leichtverderblichen Waren verweigert, dann hat der Verkäufer die Pflicht, angemessene Maßnahmen zu ergreifen, um einen anderen Käufer zu finden oder die verderblichen Waren in einem Kühllager einzulagern.

Änderung: Die Änderung, Ergänzung oder Streichung eines Vertrags.

Anfechtbarer Vertrag: Wird ein anfechtbares Rechtsgeschäft angefochten, so ist es nach § 142 BGB als von Anfang an nichtig anzusehen. Anfechtungsgründe können sein: Irrtum (§ 119 BGB), falsche Übermittlung (§ 120 BGB), arglistige Täuschung oder widerrechtliche Drohung (§ 123 BGB).

Angebot: Ein Vorschlag, der einer natürlichen oder juristischen Person zum Abschluß eines Vertrags gemacht wird. Der Vorschlag muß bestimmte Bedingungen enthalten und die Absicht des Anbieters ausdrücken, durch die Annahme des Angebots gebunden zu werden. Der Auftrag eines Käufers, bestimmte Waren zu einem bestimmten Preis, Liefertermin und Zahlungsweise zu kaufen, stellt ein Angebot dar. *Siehe auch* Annahme und Gegenangebot.

Annahme: Die bedingungslose Zustimmung zu einem Angebot oder die bedingte Zustimmung mit kleineren Änderungen, die die wesentlichen Bedingungen des Angebots nicht berühren. *Siehe auch* Gegenangebot, Angebot.

Anzuwendendes Recht: Die Vertragsparteien legen in der sogenannten Rechtswahlklausel fest, welches Landesrecht für die Auslegung des Vertrags zugrunde gelegt wird. Ob die Rechtswahl der Vertragsparteien von Gerichten anerkannt wird, ist eine Frage der Auslegung, da es den Vertragsparteien nicht erlaubt ist, sich einem Gericht zu entziehen.

Aufhebung des Vertrags: Die Aufhebung beziehungsweise Rückgängigmachung (Wandlung) des Teils eines Vertrags, der noch nicht erfüllt ist. Wenn die Vertragsparteien zum Beispiel verschiedene Lieferungen vereinbaren, aber im Land des Käufers ein Krieg ausbricht und keine Waren mehr geliefert werden können, dann muß der Käufer die erste Lieferung bezahlen, aber der Vertrag wird bezüglich der weiteren Lieferungen aufgehoben. Nach § 275 BGB (nicht zu vertretende Unmöglichkeit) beziehungsweise § 323 BGB (nicht zu vertretendes Unmöglichwerden bei gegenseitigen Verträgen) wird der Schuldner von der Verpflichtung zur Leistung frei, soweit die Leistung infolge eines nach der Entstehung des Schuldverhältnisses eintretenden Umstandes, den er nicht zu vertreten hat, unmöglich wird.

Auslegung von Verträgen: Nach § 157 BGB sind Verträge so auszulegen, wie *Treu und Glauben* es mit Rücksicht auf die *Verkehrssitte* erfordern.

Bedarfsdeckungsvertrag: Eine Vereinbarung, in der sich der Verkäufer verpflichtet, alle Waren, die der Käufer in einem bestimmten Zeitraum benötigt, zu einem bestimmten Preis zu liefern, und sich der Käufer verpflichtet, diese Waren ausschließlich vom Verkäufer zu kaufen.

Beglaubigung: Ist für eine Erklärung öffentliche Beglaubigung vorgeschrieben, so muß die Erklärung schriftlich abgefaßt und die Unterschrift oder das Handzeichen des Erklärenden von einem Notar beglaubigt werden. Bei einer ***notariellen Beurkundung*** findet vor dem Notar eine Verhandlung statt, in der die Beteiligten die zu beurkundenden Willenserklärungen abgeben. Über den Beurkundungsvorgang wird eine Niederschrift aufgenommen, die vorgelesen, genehmigt und von den Beteiligten und dem Notar eigenhändig unterschrieben wird.

Begünstigter: Eine Person, die nicht Vertragspartei ist, aber von einem Vertrag profitiert, der zwischen anderen Vertragsparteien geschlossen wurde (Vertrag zugunsten Dritter siehe §§ 328 BGB). So kann zum Beispiel ein Kaufvertrag vorsehen, daß der Kaufpreis an den Nachlaß des Verkäufers zu zahlen ist, falls der Verkäufer vor Abschluß der Transaktion stirbt. Der Nachlaß des Verkäufers ist in diesem Fall Begünstigter des Kaufvertrags.

Begünstigung: Die Handlung einer Partei (Begünstigerin), die ohne Gegenleistung einer anderen Partei (Begünstigte) eine Gunst oder Gefälligkeit erweist.

Bestätigung: Ein schriftlicher Vermerk oder Vertrag, der die Bedingungen einer Vereinbarung festhält, die sonst schwierig zu beweisen und durchzusetzen wären. Vertragsparteien, die mündlich oder mit verschiedenen Briefen einem Kaufvertrag zugestimmt haben, können ihre Vereinbarung bestätigen, indem sie eine Bestätigung unterzeichnen, die alle Vertragsbedingungen enthält.

Dokumente im Außenhandel: Zu den Dokumenten im Rahmen eines Außenhandelsgeschäfts gehören: Handelsrechnung, Konsulatsrechnung, Zollrechnung, Herkunftsbescheinigung, Frachtbrief, Prüfungsbescheinigung.

GATT *siehe* Uruguay-Runde

Gegenangebot: Die Antwort auf ein Angebot, die die Bedingungen des ursprünglichen Angebots wesentlich ändert. Wenn ein Verkäufer zum Beispiel den Auftrag eines Käufers unter der Bedingung annimmt, daß die zu liefernden Waren aus einem anderen Material sind, dann unterbreitet er dem Käufer ein Gegenangebot.

Gegenleistung: Als Anreiz zum Abschluß eines Vertrags gewährt eine Vertragspartei der anderen eine Gegenleistung. Dies kann ein Recht, ein Gewinn oder ein Vorteil sein. In einem Kaufvertrag ist der Kaufpreis zum Beispiel die Gegenleistung.

Gegenseitige Rechtsmittel: Vertragsbedingungen, mit denen beide Vertragsparteien das Recht erhalten, die gleichen Rechtsmittel einzulegen.

Gegenseitigkeit des Vertrags: Die Absicht beider Vertragsparteien, sich den Vertragsbedingungen zu unterwerfen. Die Gegenseitigkeit ist für die Durchsetzung eines Vertrags wichtig; sie kommt zum Ausdruck in dem offensichtlichen Willen der Vertragsparteien, wie er sich in ihren Handlungen in bezug auf Durchführung und Erfüllung des Vertrags ausdrückt (siehe §§ 320 BGB).

Geistiges Eigentum: Immaterielle Rechte, die wegen ihrer Neuheit, Einzigartigkeit und ihres Wertes für den Urheber geschützt werden können. Diese Rechte beinhalten Urheberrechte (UrhG), Warenzeichen und Dienstleistungsmarken (MarkenG – Gesetz über den Schutz von Marken und sonstiger Kennzeichen), Geschmacksmuster (GeschmMG) und Patente (PatG). Nach § 1 MarkenG werden Marken, geschäftliche Bezeichnungen und geographische Herkunftsangaben durch Eintragung in das vom Patentamt geführte Register geschützt.

Gerichtsstand: Die Kontaktpflege, Geschäftsanbahnung oder Geschäftstätigkeit einer natürlichen oder juristischen Person, die als hinreichend wichtig betrachtet werden, um in die Zuständigkeit eines bestimmten Gerichts zu fallen.

Geschäftsfähigkeit: Nach § 104 BGB ist geschäftsunfähig, wer nicht das siebente Lebensjahr vollendet hat oder wer sich in einem die freie Willensbestimmung ausschließenden Zustand krankhafter Störung der Geistestätigkeit befindet, sofern nicht der Zustand seiner Natur nach ein vorübergehender ist. Ein Minderjähriger, der das siebente Lebensjahr vollendet hat, ist nach Maßgabe der §§ 107–113 BGB in der Geschäftsfähigkeit beschränkt (§ 106 BGB).

Geschmacksmuster: In vielen Ländern kann man ein Geschmacksmuster (das heißt das Urheberrecht an Mustern und Modellen) beim Patentamt eintragen und schützen lassen. Das Recht, ein gewerbliches Muster oder Modell ganz oder teilweise nachzubilden, steht ausschließlich dem Urheber desselben zu (§ 1 GeschmMG).

Gewährleistung: Im Rahmen des Kaufvertrags beziehen sich die gesetzlichen Gewährleistungsrechte auf die Haftung für *Rechtsmängel* (§§ 434–443 BGB) mit den Rechtsfolgen der Nichterfüllung gemäß §§ 320–327 BGB und die Haftung für *Sachmängel* (§§ 459–480 BGB).

Der Verkäufer ist verpflichtet, dem Käufer den verkauften Gegenstand frei von Rechten zu verschaffen, die von Dritten gegen den Käufer geltend gemacht werden können (§ 434 BGB – Gewährleistung für Rechtsmängel). Der Verkäufer einer Forderung oder eines sonstigen Rechts haftet für den rechtlichen Bestand der Forderung oder des Rechts (§ 437 BGB – Gewährleistung bei Rechtskauf). Der Verkäufer eines Wertpapiers haftet auch dafür, daß es nicht zum Zweck der Kraftloserklärung aufgeboten ist. Eine Vereinbarung, durch welche die nach den §§ 433–437, 439–442 BGB wegen eines Rechtsmangels dem Verkäufer obliegende Verpflichtung zur Gewährleistung erlassen oder beschränkt wird, ist nichtig, wenn der Verkäufer den Mangel arglistig verschweigt (§ 443 BGB vertraglicher Ausschluß der Gewährleistung).

Der Verkäufer einer Sache haftet dem Käufer dafür, daß sie zu der Zeit, zu welcher die Gefahr auf den Käufer übergeht, nicht mit Fehlern behaftet ist, die den Wert oder die Tauglichkeit zu dem gewöhnlichen oder nach dem Vertrag vorausgesetzten Gebrauch aufheben oder mindern (§ 459 BGB – Haftung für Sachmängel). Eine unerhebliche Minderung des Wertes oder der Tauglichkeit kommt nicht in Betracht. Der Verkäufer haftet auch dafür, daß die Sache zur Zeit des Gefahrenübergangs die zugesicherten Eigenschaften hat. Der Verkäufer hat einen Mangel der verkauften Sache nicht zu vertreten, wenn der Käufer den Mangel beim Kaufabschluß kennt (§ 460 BGB). Wegen eines Mangels, den der Verkäufer nach den Vorschriften der §§ 459, 460 BGB zu vertreten hat, kann der Käufer Rückgängigmachung des Kaufs (Wandlung) oder Herabsetzung des Kaufpreises (Minderung) verlangen (§ 462 BGB). Fehlt der verkauften Sache zur Zeit des Kaufs eine zugesicherte Eigenschaft, so kann der Käufer statt der Wandlung oder Minderung Schadensersatz wegen Nichterfüllung verlangen (§ 463 BGB). Das gleiche gilt, wenn der Verkäufer einen Fehler arglistig verschwiegen hat. Eine Vereinbarung, durch welche die Verpflichtung des Verkäufers zur Gewährleistung wegen Mängel der Sache erlassen oder beschränkt wird, ist nichtig, wenn der Verkäufer den Mangel arglistig verschweigt (§ 476 BGB – Vertraglicher Ausschluß der Gewährleistung). Ist an Stelle des Rechts des Käufers auf Wandlung oder Minderung ein Recht auf Nachbesserung vereinbart, so hat der zur Nachbesserung verpflichtete Verkäufer auch die zum Zwecke der Nachbesserung erforderlichen Aufwendungen, insbesondere Transport-, Wege-, Arbeits- und Materialkosten, zu tragen (§ 476 a BGB – Recht auf Nachbesserung).

Gutgläubiger Erwerb: Durch eine nach § 929 BGB erfolgte Veräußerung einer beweglichen Sache wird der Erwerber nach § 932 BGB auch dann Eigentümer, wenn die Sache nicht dem Veräußerer gehört, es sei denn, daß er zu der Zeit, zu der er nach diesen Vorschriften das Eigentum erwerben würde, nicht in *gutem Glauben* ist. Der Erwerber ist nicht in gutem Glauben, wenn ihm bekannt oder infolge grober Fahrlässigkeit unbekannt ist, daß die Sache nicht dem Veräußerer gehört. Mangelnde Gutgläubigkeit (Bösgläubigkeit) des Erwerbers hindert den Erwerb. Sie liegt zum Beispiel vor, wenn Pelze oder Markenwaren zu Schleuderpreisen verkauft werden.

Handelsvertreter: Eine natürliche oder juristische Person, die bevollmächtigt ist, für eine andere natürliche oder juristische Person zu handeln und für diese Verpflichtungen einzugehen. In manchen Ländern wird für den Handelsvertretervertrag Schriftform verlangt. In Deutschland ist das Recht für Handelsvertreter in den §§ 84–92 c HGB geregelt. Handelsvertreter ist, wer als selbständiger Gewerbetreibender ständig damit betraut ist, für einen anderen Unternehmer Geschäfte zu vermitteln oder in dessen Namen abzuschließen (§ 84 HGB). Jeder Teil kann verlangen, daß der Inhalt des Vertrags sowie spätere Vereinbarungen zu dem Vertrag in eine vom anderen Teil unterzeichnete Urkunde aufgenommen werden (§ 85 HGB). Dieser Anspruch kann nicht ausgeschlossen werden. Hat der Handelsvertreter seine Tätigkeit für den Unternehmer nach dem Vertrag nicht innerhalb des Gebietes der Europäischen Union auszuüben, so kann hinsichtlich aller Vorschriften der §§ 84–92 c HGB etwas anderes vereinbart werden.

Hinterlegung: Abweichend von den Bestimmungen der §§ 372 BGB, in denen die Hinterlegung als Erfüllungssurrogat geregelt ist, bezeichnen wir im Rahmen der Vertragsfreiheit als Hinterlegung die Übertragung von Waren in den Besitz eines anderen (zum Beispiel eines Kommissionärs, Lagerhalters oder Spediteurs) für einen bestimmten Zweck. Der Empfänger hat die Pflicht, über diese Waren entsprechend den Anweisungen des Hinterlegers zu verfügen oder sie dem Hinterleger zurückzugeben. Ein Verkäufer, der zum Beispiel Güter an einen Spediteur mit dem Auftrag übergibt, sie zum Käufer an einen bestimmten Ort zu liefern, hat die Waren hinterlegt. Bei entgeltlicher Hinterlegung verpflichtet sich der Hinterleger, den Hinterlegungsempfänger zu bezahlen. Der Hinterlegungsempfänger ist zu erhöhter Sorgfalt für den sicheren Transport und die Lieferung der Waren verpflichtet.

Höhere Gewalt: Eine Vertragsklausel, die eine den Vertrag brechende Vertragspartei entschuldigt, wenn die Leistung durch das Eintreten eines Ereignisses verhindert wird, das die Vertragspartei nicht zu vertreten hat (wie zum Beispiel eine Naturkatastrophe, ein Krieg oder ein Streik). Höhere Gewalt liegt vor, wenn die Verhinderung auf Ereignissen beruht, die von außen kommen, keinen betrieblichen Zusammenhang aufweisen und die auch durch die äußerste, billigerweise zu erwartende Sorgfalt nicht vorausgesehen und verhütet werden konnten. Schon das geringste Verschulden schließt höhere Gewalt aus. Der Begriff entspricht damit im wesentlichen dem des unabwendbaren Zufalls.

Internationales Privatrecht: Die Grundsätze des internationalen Privatrechts entscheiden keinen Fall, sondern bestimmen, welche nationale materielle Privatrechtsordnung für einen Fall maßgebend ist. Das deutsche IPR ist in Artikel 3 bis 38 EGBGB geregelt.

Juristische Person: Eine juristische Person (zum Beispiel GmbH oder Aktiengesellschaft) hat Rechte und Pflichten.

Kaufvertrag: Durch den Kaufvertrag wird der Verkäufer einer Sache verpflichtet, dem Käufer die Sache zu übergeben und das Eigentum an der Sache zu verschaffen. Der Verkäufer eines Rechtes ist verpflichtet, dem Käufer das Recht zu verschaffen und, wenn das Recht zum Besitz einer Sache berechtigt, die Sache zu übergeben. Der Käufer ist verpflichtet, dem Verkäufer den vereinbarten Kaufpreis zu zahlen und die gekaufte Sache abzunehmen. Das deutsche Kaufvertragsrecht ist in den §§ 433 BGB geregelt.

Kleingedrucktes: Allgemeine Geschäftsbedingungen, die in der Regel kleingedruckt auf der Rückseite vorgedruckter Vertragsformulare aufgeführt sind.

Knebelungsvertrag: Ein Standardkaufvertrag für Waren oder Dienstleistungen, dessen Bedingungen der Käufer in der Regel nicht beeinflussen kann. Wenn er den Vertragsbedingungen nicht zustimmt, kann er die Waren oder Dienstleistungen nicht erwerben. Knebelungsverträge, die die wirtschaftliche Freiheit des anderen Teils so sehr beschränken, daß dieser seine freie Selbstbestimmung verliert, sind sittenwidrig. *Siehe auch* sittenwidriges Rechtsgeschäft.

Kommissionsvertrag: Dies ist ein Vertrag (siehe §§ 383 ff. HGB), nach dem ein Verkäufer (Kommittent, Konsignant) Waren an eine natürliche oder juristische Person (Konsignationsempfänger, Konsignatar) liefert, der es gewerbsmäßig übernimmt, Waren oder Wertpapiere für Rechnung eines anderen (des Kommittenten) in eigenem Namen zu kaufen oder zu verkaufen. Der Kommissionär überweist den Verkaufspreis an den Kommittenten abzüglich einer Provision (§ 396 HGB). Waren, die nicht verkauft werden, können an den Kommittenten zurückgegeben werden.

Konsularbescheinigung: Die Beglaubigung durch den Konsul oder einen ähnlichen Beamten eines Landes.

Koppelungsgeschäft: Als Koppelungsgeschäft wird ein Kaufvertrag bezeichnet, wenn der Käufer bei Kauf eines Produktes (Hauptprodukt) auch ein zweites Produkt (Nebenprodukt) kaufen muß – unabhängig davon, ob der Käufer beide Produkte wünscht. In einigen Ländern sind Koppelungsgeschäfte verboten. In Deutschland können Koppelungsgeschäfte nach § 138 BGB oder § 631 BGB nichtig sein.

Leistung nach Treu und Glauben: Nach § 242 BGB ist der Schuldner verpflichtet, die Leistung so zu bewirken, wie Treu und Glauben mit Rücksicht auf die Verkehrssitte es erfordern.

Mündliche Beweise: Mündliche Erklärungen, die angeboten werden, um den Vertragsinhalt beziehungsweise die Bedingungen eines Vertrags zu interpretieren und zu beweisen. Sie sind jedoch als Beweismittel völlig ungeeignet. Um Mißverständnisse auszuschließen, sollten beide Vertragsparteien den Vertrag schriftlich abschließen und für Vertragsänderungen oder -ergänzungen ebenfalls Schriftform vorsehen.

Nachträgliche Vertragsänderung: Die einvernehmliche Änderung des Vertragsinhalts nach Vertragsabschluß. Wenn ein Verkäufer zum Beispiel vertraglich verpflichtet ist, roten Stoff zu liefern, diesen aber nicht beschaffen kann, einigt er sich mit dem Käufer, blauen Stoff zu einem geringfügig niedrigeren Preis zu liefern.

Nichtiger Vertrag: Ein Vertrag, der gegen Gesetze verstößt (§ 134 BGB) oder sittenwidrig ist (§ 138 BGB), ist von Anfang an nichtig. Weitere Gründe für die Nichtigkeit eines Rechtsgeschäfts oder Vertrags können sein: unzumutbare Härte (§ 6 Absatz 3 AGB-Gesetz), Willenserklärung eines Geschäftsunfähigen (§ 105 BGB), geheimer Vorbehalt bei einer Willenserklärung (§ 116 BGB), Scheingeschäft (§ 117 BGB), Mangel der Ernstlichkeit (§ 118 BGB), Formmangel (§ 125 BGB), Teilnichtigkeit (§ 139 BGB), Anfechtung (§ 142 BGB) und unmögliche Leistung (§ 306 BGB). Nach § 9 AGB-Gesetz sind Bestimmungen in Allgemeinen Geschäftsbedingungen unwirksam, wenn sie den Vertragspartner des Verwenders entgegen den Geboten von Treu und Glauben unangemessen benachteiligen.

Notwendige Bedingungen: Vertragsbedingungen wie zum Beispiel die Beschreibung der Waren, die Aufführung des Preises, der Lieferzeit und der Zahlungsweise, ohne die ein Vertrag im allgemeinen nicht erfüllt werden kann. Manche Gerichte leiten diese Vertragsbedingungen aus den Verkehrssitten im Handelsverkehr ab.

Offenlegungspflicht: In manchen Verträgen ist vorgesehen, daß die Vertragspartei, die den Vertrag verletzt, auf Verlangen der anderen Vertragspartei zur Offenlegung der Bücher verpflichtet ist (vergleiche § 259 BGB).

Orderpapier: Ein schriftliches Dokument (zum Beispiel ein Scheck oder Wechsel), das durch Indossament oder Lieferung übertragen werden kann.

Pfandrecht: Als Pfändung, Sequestration oder Arrest wird die Pfändung von Eigentum vor einem richterlichen Urteil bezeichnet, um im Falle der Verurteilung zu Schadensersatz die Zahlung zu sichern. Die Bestellung eines Pfandrechts kann nach §§ 1204 ff.

BGB vor Einreichung der Klage oder während des Prozesses beantragt werden. Die Zwangsvollstreckung wegen Geldforderungen in das bewegliche Vermögen des Schuldners erfolgt durch Pfändung, die der Gerichtsvollzieher vornimmt (§§ 803, 808 ZPO).

Produkt- oder Produzentenhaftung: Bei der Produkthaftung stehen sich in den einzelnen Rechtsordnungen die *Verschuldenshaftung* (günstig für Hersteller und Händler) und die *verschuldensunabhängige Garantiehaftung* (günstig für Verbraucher) gegenüber. In Deutschland wird die Produkthaftung im Sinne einer verschuldensunabhängigen Gefährdungshaftung durch das Gesetz über die Haftung für fehlerhafte Produkte (Produkthaftungsgesetz – ProdHaftG) vom 15. 12. 1989 geregelt.

Proformarechnung: Eine Rechnung, die von einem Lieferanten vor einem Kauf oder Warenversand vorgelegt wird, um den Käufer über die Art und Menge der zu liefernden Waren, ihren Wert, ihre Art (wie zum Beispiel Größe und Gewicht) zu informieren. Zusammen mit einem Angebot wird eine Proformarechnung als vorläufige Rechnung der Zollverwaltung vorgelegt, um die Zolltarifklasse feststellen zu lassen.

Rechtsgeschäft: Eine Handlung, mit der eine bestimmte rechtliche Wirkung erzielt werden soll (wie zum Beispiel die Schaffung, Änderung oder Beendigung eines Rechts). Die Unterzeichnung einer Vertretungsvollmacht für einen Rechtsanwalt ist zum Beispiel ein Rechtsgeschäft.

Rücktritt: Das Recht einer Partei, vom Vertrag zurückzutreten. Wird die aus einem gegenseitigen Vertrag dem einen Teil obliegende Leistung infolge eines Umstands, den er zu vertreten hat, unmöglich, so kann der andere Teil nach § 325 BGB Schadensersatz wegen Nichterfüllung verlangen oder von dem Vertrag zurücktreten. Das gleiche gilt bei Verzug (§ 326 BGB). Das Rücktrittsrechts ist gesetzlich in den §§ 346 ff. BGB geregelt. Hat sich in einem Vertrag ein Teil den Rücktritt vorbehalten, so sind die Parteien, wenn der Rücktritt erfolgt, verpflichtet, einander die empfangenen Leistungen zurückzugewähren (§ 346 BGB). Für geleistete Dienste sowie für die Überlassung der Benutzung einer Sache ist der Wert zu vergüten oder, falls in dem Vertrag eine Gegenleistung in Geld bestimmt ist, diese zu entrichten.

Salvatorische Klausel: Eine Vertragsbedingung, die vorsieht, daß jede Vertragsbedingung unabhängig von allen anderen gültig ist. Dies hat folgende Wirkung: Falls ein Gericht eine der Vertragsbedingungen für ungültig erklärt, bleibt der Rest des Vertrags gültig.

Schadensersatz: Wer zum Schadensersatz verpflichtet ist, hat nach § 249 BGB den Zustand herzustellen, der bestehen würde, wenn der zum Ersatz verpflichtende Umstand nicht eingetreten wäre. Ist wegen der Verletzung einer Person oder wegen Beschädigung einer Sache Schadensersatz zu leisten, so kann der Gläubiger statt der Herstellung den dazu erforderlichen Geldbetrag verlangen. Der zu ersetzende Schaden umfaßt auch den

entgangenen Gewinn (§ 252 BGB); für immaterielle Schäden (Schäden, die keine Vermögensschäden sind), kann nach deutschem Recht nur in den Fällen Entschädigung in Geld verlangt werden, die das Gesetz vorsieht (§ 253 BGB). Die Vertragsparteien können auch vereinbaren, daß der Schuldner dem Gläubiger eine Geldsumme als Strafe (Vertragsstrafe) zahlt, wenn er seine Verbindlichkeit nicht gehörig erfüllt (§§ 339 ff. BGB).
Schadensersatzansprüche können auf Vertrag, Delikt oder Gefährdung beruhen. Anspruchsgrundlagen für Schadensersatzansprüche können zum Beispiel sein: Schadensersatz wegen Nichterfüllung, arglistiger Täuschung, arglistigem Verschweigen von Sachmängeln, Fehlens zugesicherter Eigenschaften, Unmöglichkeit (§§ 275 f. BGB) beziehungsweise positiver Vertragsverletzung, unerlaubter Handlung.
Nach § 275 BGB (das heißt nicht zu vertretende Unmöglichkeit) wird der Schuldner von der Verpflichtung zur Leistung frei, soweit er die Leistung infolge eines nach der Entstehung des Schuldverhältnisses eintretenden Umstandes, den er nicht zu vertreten hat, unmöglich wird. Der Schuldner hat nach § 276 (Haftung für eigenes Verschulden) Vorsatz und Fahrlässigkeit zu vertreten. Fahrlässig handelt, wer die im Verkehr erforderliche Sorgfalt außer acht läßt.
Nach § 823 BGB ist derjenige, der das Leben, den Körper, die Gesundheit, die Freiheit, das Eigentum oder ein sonstiges Recht eines anderen widerrechtlich verletzt, dem anderen zum Ersatz des daraus entstehenden Schadens verpflichtet.

Schriftform: Ein Vertrag muß in Schriftform abgeschlossen werden, um ihn vor Gericht durchsetzen zu können. *Siehe auch* mündliche Beweise.

Sittenwidriges Rechtsgeschäft: Gemäß § 138 BGB ist ein Rechtsgeschäft, das gegen die *guten Sitten* verstößt, nichtig. Nichtig ist insbesondere ein Rechtsgeschäft, durch das jemand unter Ausnutzung der Zwangslage, der Unerfahrenheit, des Mangels an Urteilsvermögen oder der erheblichen Willensschwäche eines anderen sich oder einem Dritten für eine Leistung Vermögensvorteile versprechen oder gewähren läßt, die in einem auffälligen Mißverhältnis zu der Leistung stehen.

Sorgfaltspflicht: Wer aus einem Geschäft, das auf seiner Seite ein Handelsgeschäft ist, einem anderen zur Sorgfalt verpflichtet ist, hat nach § 347 HGB für die *Sorgfalt eines ordentlichen Kaufmanns* einzustehen.

Treu und Glauben: Nach § 242 BGB hat der Schuldner die Leistung so zu bewirken, wie Treu und Glauben es mit Rücksicht auf die *Verkehrssitte* erfordern (verkehrsübliche Sorgfalt).

UN-Kaufrecht: Am 11. April 1980 hat in Wien eine UNO-Konferenz ein neues Übereinkommen über internationale Kaufverträge beschlossen, das an die Stelle des Haager Kaufrechtsübereinkommens von 1964 trat. Das Wiener Übereinkommen ist allgemein am 1. Januar 1988 und für die Bundesrepublik Deutschland am 1. Januar 1991 in Kraft getreten. Das Einheitliche UN-Kaufrecht gilt für alle Kaufverträge zwischen Vertragsparteien, die ihren Sitz in verschiedenen Vertragsstaaten haben.

Ungültiger Vertrag *siehe* anfechtbarer Vertrag

Unlauterer Wettbewerb: Das Gesetz gegen den unlauteren Wettbewerb (UWG) verbietet im Geschäftsverkehr alle Handlungen zum Zwecke des Wettbewerbs, die gegen die *guten Sitten* verstoßen (Generalklausel laut § 1 UWG).

Unmögliche Leistung: Nach § 306 BGB ist ein auf eine unmögliche Leistung gerichteter Vertrag nichtig.

Unwirksame Handlung: Wenn zum Beispiel eine Vertragsbedingung verlangt, daß eine Abtretung von beiden Vertragsparteien genehmigt werden muß, so ist eine Abtretung, die eine Vertragspartei ohne die Zustimmung der anderen vornimmt, unwirksam.

Uruguay-Runde: Damit wird die achte Runde der multilateralen Verhandlungen über den Welthandel im Rahmen des GATT bezeichnet. Diese Verhandlungen begannen 1987 in Uruguay und wurden im Dezember 1993 mit einer Vereinbarung der 117 Mitgliedsländer abgeschlossen. Die Hauptziele dieser Runde bestanden darin, Handelshemmnisse für den Warenhandel abzubauen, die internationale Funktion des GATT zu stärken, den multilateralen Handel zu verbessern, die Reaktionsfähigkeit des GATT auf die Veränderungen des wirtschaftlichen Umfeldes zu erhöhen, die Abstimmung zwischen Handels- und Wirtschaftspolitik zu verbessern, um die wirtschaftliche Entwicklung und das Wachstum zu fördern, und einen multilateralen Rahmen von Prinzipien und Regeln für den Außenhandel mit Dienstleistungen zu schaffen.

Verkehrsübliche Sorgfalt *siehe* Sorgfaltspflicht *sowie* Treu und Glauben

Vertrag mit unbegrenzter Laufzeit: Eine Vereinbarung, nach der der Käufer die Waren des Verkäufers jederzeit ohne Preisänderung oder Änderung anderer Vertragsbedingungen kauft.

Vertragsstrafe: Ein bestimmter Geldbetrag, der nach Vereinbarung der Vertragsparteien gezahlt werden muß, wenn eine Vertragspartei den Vertrag verletzt (§§ 339 ff. BGB, § 348 HGB). Der vereinbarte Geldbetrag sollte eine vernünftige Schätzung der Schäden darstellen, die eine Vertragspartei infolge der Vertragsverletzung der anderen Vertragspartei tatsächlich erleiden würde. Vertragsstrafen werden häufig in internationale Verträge aufgenommen, um die Schwierigkeiten des Schadensnachweises zu vermeiden. Wenn zum Beispiel ein Käufer gezwungen ist, Ersatzwaren zu einem höheren Preis zu beschaffen, weil er die bestellten Waren nicht erhalten hat, läßt sich der Schaden leicht ermitteln (das heißt, Kosten der Ersatzbeschaffung abzüglich der ursprünglichen Beschaffungskosten). Wenn der Käufer jedoch keine Ersatzwaren beschaffen kann, weil die bestellten Waren unverwechselbare Eigenschaften haben, läßt sich der Schaden nicht nach den üblichen Verfahren (das heißt, Kosten der Ersatzbeschaffung oder Marktwert) ermitteln. Daher könnte es für die Vertragsparteien zweckmäßig sein, vertraglich eine Vertragsstrafe zu vereinbaren.

Vertretungsvollmacht: Die Vollmacht einer natürlichen oder juristischen Person, die entsprechend den Forderungen oder Anweisungen des Vollmachtgebers handelt und diesen vertritt und verpflichtet (siehe §§ 164 ff. BGB). In manchen Ländern muß die Erteilung der Vollmacht schriftlich erfolgen.

Verzicht: Darunter verstehen wir den Verzicht auf einen Anspruch oder ein Recht wie zum Beispiel Bestätigung des anfechtbaren Rechtsgeschäfts (§ 144 BGB), Erlaß der Schuld (§ 397 BGB) oder Aufgabe des Grundeigentums (§ 928 BGB).

Werkvertrag: Durch den Werkvertrag, der in den §§ 631 ff. BGB geregelt ist, ist der Unternehmer zur Herstellung des versprochenen Werkes, der Besteller zur Entrichtung der vereinbarten Vergütung verpflichtet. Gegenstand des Werkvertrags kann sowohl die Herstellung oder Veränderung einer Sache als ein anderer durch Arbeit oder Dienstleistung herbeizuführender Erfolg sein.

Werklieferungsvertrag: Verpflichtet sich der Unternehmer, das Werk aus einem von ihm zu beschaffenden Stoff herzustellen, so hat er dem Besteller die hergestellte Sache zu übergeben und das Eigentum an der Sache zu verschaffen (§ 651 BGB).

Wesentliche Bedingungen: Vertragsbedingungen, die für ein Geschäft so wichtig sind, daß der Vertrag einen ganz anderen Inhalt hätte, wenn diese Bedingungen geändert oder entfernt werden sollten.

Wettbewerbsbeschränkungen: In den meisten Ländern gibt es Gesetze gegen Wettbewerbsbeschränkungen, sogenannte Kartellgesetze (GWB – Gesetz gegen Wettbewerbsbeschränkungen.

Wie gesehen: Eine Vertragsbedingung, nach der ein Käufer verpflichtet ist, Waren in der tatsächlichen Beschaffenheit – ohne Gewährleistung des Verkäufers – abzunehmen.

Wiedereinsetzung in den vorherigen Stand: Ein vertraglich vereinbartes Rechtsmittel, durch das die Vertragsparteien bei Vertragsbruch wieder in ihren vorherigen Stand vor dem Vertragsbruch versetzt werden. Wenn zum Beispiel ein Käufer eine Vorschußzahlung leistet und der Verkäufer Waren liefert, die nicht der Spezifikation des Käufers entsprechen, kann der Käufer die Rückzahlung der Anzahlung verlangen und die Waren an den Verkäufer zurückgeben. Im deutschen Recht wird dieser Begriff nur verwendet, wenn bei Fristversäumnis infolge höherer Gewalt auf Antrag eine Fristverlängerung gewährt wird.

Zahlbar bei Sicht: Die Bezeichnung für eine bestimmte Zahlungsweise. Zum Beispiel ist ein bei Sicht zahlbarer Wechsel zur Zahlung fällig, wenn die Person, auf die der Wechsel ausgestellt ist (Wechselbezogener), ihn einer Bank (Anweisungsempfänger) vorlegt.

Zahlbar nach Vorlage: Die Bezeichnung einer bestimmten Zahlungsweise. Der Käufer ist innerhalb einer bestimmten Frist nach Vorlage oder Aufforderung zur Zahlung verpflichtet. Zum Beispiel wird ein Wechsel, der 30 Tage nach Vorlage zahlbar ist, in 30 Tagen fällig, nachdem die Person, auf die der Wechsel gezogen ist

(Bezogener), ihn der Bank präsentiert (Empfänger).

Zwangsvollstreckung: Die Zwangsvollstreckung ist die mit staatlichen Machtmitteln erzwungene Befriedigung eines privatrechtlichen Anspruchs. Das Verfahren ist in den §§ 704 ff. ZPO geregelt. Man unterscheidet die Zwangsvollstreckung wegen Geldforderungen oder wegen sonstiger Ansprüche (Herausgabe von Sachen, Erwirkung von Handlungen beziehungsweise von Duldungen oder Unterlassungen). Nach § 704 ZPO findet die Zwangsvollstreckung aus Endurteilen statt, die rechtskräftig oder für vorläufig vollstreckbar erklärt sind. Die §§ 722 f. ZPO regeln die Vollstreckbarkeit ausländischer Urteile. Die Vollstreckung wird durch Gerichtsvollzieher durchgeführt (§ 753 ZPO). Die Zwangsvollstreckung im Ausland ist in § 791 ZPO geregelt: Soll die Zwangsvollstreckung in einem ausländischen Staat erfolgen, dessen Behörden im Wege der Rechtshilfe die Urteile deutscher Gerichte vollstrekken, so hat auf Antrag des Gläubigers das Prozeßgericht des ersten Rechtszugs die zuständige Behörde des Auslands um die Zwangsvollstreckung zu ersuchen. Kann die Vollstreckung durch einen Bundeskonsul erfolgen, so ist das Ersuchen an diesen zu richten. Die gepfändeten Sachen sind vom Gerichtsvollzieher öffentlich zu versteigern (§ 814 ZPO).

Begriffsverzeichnis Deutsch-Englisch

Ab Kai	Ex Dock or Ex Quay
Ab Werk	Ex Factory
Abfindung, Entschädigung, Schadloshaltung	indemnity, indemnification
Abholklausel	departure clause
Abladen vom Lieferfahrzeug	Unloaded From Arriving Vehicle
Ablehnung	disagreement
Abnahme	taking delivery, to accept delivery
Absichtserklärung	letter of intent
Abtretender	assignor
Abtretung (§§ 398 ff. BGB)	assignment (i. e. transfer of a right by agreement only)
Abtretung von Forderungen *siehe* Forderungsabtretung	
Abtretungsempfänger	assignee
Abtretungsverbotsklausel	non-assignment clause
Aktiengesellschaft (AG)	stock corporation, company limited by shares, full public company
Allgemeine Deutsche Binnentransportbedingungen (ADB)	General Domestic Transport Conditions
Allgemeine Deutsche Seeversicherungsbedingungen (ADS)	General German Ocean Marine Insurance Conditions
Allgemeine Deutsche Spediteurbedingungen (ADSp)	General German Forwarders' Conditions
Allgemeine Geschäftsbedingungen (AGB)	standard terms and conditions
Allgemeine Lagerbedingungen des deutschen Möbeltransports (ALB)	General Storage Conditions of German Furniture Removers
Allgemeine Rollfuhrbedingungen (ARB)	General Cartage Conditions
Allgemeine Versicherungsbedingungen (AVB)	General Insurance Conditions
Amtsgericht	Local First-Instance Court
Änderung	amendment
Anfechtbar	voidable, contestable, avoidable, refutable
Anfechtbare Behauptung	refutable assertion

Anfechtbares Rechtsgeschäft / anfechtbare Rechtshandlung	voidable transaction
Anfechtbarer Vertrag	voidable contract
Anfechtbarkeit	right of avoidance, voidability
Anfechten	to avoid, dispute, rescind, oppose, challenge, contest, appeal
Anfechtungsgegner	party subject to avoidance, opposing party
Anfechtungsklage (Schuldrecht)	action for the invalidation of a contract, action for annulment
Anfechtungsklausel	avoidance clause
Angebot	offer to sell goods, quotation, quote, proposal, bid
Angebot einholen	to send out requests for quotations (RQF) / for proposals (RFP)
Angebot einreichen	to submit (put out) a proposal
Angebot und Annahme	offer and acceptance (in contract law)
Angebotsbedingungen	terms of a bid
Ankunftsklauseln	arrival clauses
Anspruchsverjährung	limitation of claims, prescription
Anzuwendendes Recht	applicable law, law to apply, governing law
Auf eine Forderung verzichten	to waive a claim
Aufhebung eines Vertrags	cancellation / abrogation of a contract
Aufhebungserklärung	declaration of avoidance
Aufhebungsklage	action for rescission
Aufhebungsvertrag	agreement to annul an obligatory relation
Auflösende Bedingung (Resolutivbedingung, § 158 Absatz 2 BGB)	condition subsequent
Aufschiebende / aufhebende Bedingungen (Suspensivbedingungen)	conditions precedent
Auftrag	(purchase) order
Auftrag / Einsatz	assignment
Auftragsbestätigung	memorandum of sale; acknowledgment of order (seller); confirmation of order (buyer)
Ausfuhrerklärung	Export Declaration
Ausführungsbestimmungen	implementing regulations
Auslandsgeschäft	international business
Außenhandel	international / foreign trade

Außenwirtschaftsgesetz (AWG)	Foreign Trade Law
Außenwirtschaftsverordnung (AWV)	Foreign Trade Ordinance
Außergerichtliche Beilegung	amicable arrangement
Außergerichtlicher Vergleich	amicable settlement
Beachtung gesetzlicher Vorschriften	government compliance, compliance with laws
Bedingte Annahme	conditional acceptance
Bedingung	condition, stipulation
Bedingungen	terms (and conditions)
Beförderungsvertrag	contract of carriage
Beglaubigen	to authenticate, legalize, certify
Beglaubigte Kopie	certified copy
Beglaubigte Übersetzung	certified translation
Beglaubigte Urkunde	authenticated document
Beglaubigung	authentication, certification, verification, acknowledgment
Beglaubigungsvermerk	attestation clause, certificate of acknowledgment
Begünstigter, Nutznießer	beneficiary
Beklagter	defendant
Benachrichtigung des Käufers	notice to the buyer
Beratungsvertrag	consulting contract, consultancy agreement
Beschlagnahme	seizure
Besitz	possession, property, right to possession
Besitzanspruch	possessory claim
Bestätigungsschreiben *siehe* Auftragsbestätigung	
Bestechung	bribery
Bestimmungskauf (§ 375 HGB)	sale subject to buyer's specifications
Betrug, arglistige Täuschung	fraud
Bringschuld	obligation to be performed at creditor's habitual residence
Bundesamt für gewerbliche Wirtschaft (BAW)	Federal Trade and Industry Office
Bürgerliches Gesetzbuch (BGB)	German Civil Code
Bürgerliches Recht, Zivilrecht	civil law

Bürgschaft	loan guarantee
CFR – Kosten und Fracht	Cost and Freight
CIF – Kosten, Versicherung, Fracht	Cost, Insurance and Freight
CIP – Frachtfrei versichert	Carriage and Insurance Paid To
CPT – Frachtfrei	Carriage Paid To
DAF – Geliefert Grenze	Delivered At Frontier
Dauer der Beziehung	commitment to relationship
DDP – Geliefert verzollt	Delivered Duty Paid
DDU – Geliefert unverzollt	Delivered Duty Unpaid
DEQ – Geliefert ab Kai (verzollt)	Delivered Ex Quay
DES – Geliefert ab Schiff	Delivered Ex Ship
Diebstahl	theft
Durchführungsverordnung	Regulating Ordinance
Durchsetzung	enforcement
Eigentum	legal title, legal right of property, right of ownership
Eigentumsanspruch	right of ownership
Eigentumsaufgabe / -verzicht	voluntary abandonment of ownership (§ 959 BGB), dereliction (civil law)
Eigentumserwerb	acquisition of ownership
Eigentumsübergang	passing of title, passage / transfer of title to property, passage of ownership
Eigentumsübertragung	transfer of ownership
Eigentumsvorbehaltsklausel	retention-of-title clause
Einfuhrerklärung	import declaration
Eingang vorbehalten	subject to collection
Eingetragene Genossenschaft mit beschränkter Haftpflicht (eGmbH)	registered limited-liability cooperative
Eingetragener Verein (e. V.)	registered association
Einheitliche Richtlinien für das Inkasso von Handelspapieren (ERI)	Uniform Rules for the Collection of Commercial Papers
Einheitliche Richtlinien für Vertragsgarantien (ERV)	Uniform Rules for Contract Guarantees
Einheitliche Richtlinien und Gebräuche für Dokumenten-Akkreditive (ERA)	Uniform Customs and Practice for Commercial Documentary Credits
Einigung	agreement, mutual consent / understanding, assensio mentium

Einigungsmangel	lack of agreement
Einrede	defense, plea
Einrede der Verjährung	exceptio temporis, plea of the statute of limitations
Einrede des nicht erfüllten Vertrags	exceptio non adimpleti contractus, defense of nonperformance of contract
Eintragung in das Handelsregister	incorporation
Entgangener Gewinn (§ 252 BGB)	lost benefit of the bargain, loss of prospective profits
Erfüllung	performance
Erfüllung einer Forderung	satisfaction of a claim
Erfüllung eines Vertrags	performance of a contract
Ermessensspielraum	scope of discretion
Ersatzlieferung	substitute delivery
Europäische Artikelnumerierung (EAN)	European Product Code
EXW – Ab Werk	Ex Works
Fahrlässig	negligent
Fahrlässig handeln	to act negligently
Fahrlässige Handlung	negligent act
Fahrlässigkeit (§ 276 BGB)	negligence
Fälligkeitstermin	due date
FAS – Frei Längsseite Schiff	Free Alongside Ship
FCA – Frei Frachtführer	Free Carrier
Fixgeschäft (§ 361 BGB, § 376 HGB)	contract where time is of the essence, firm deal / bargain, fixed-date purchase
FOB – Frei an Bord	Free On Board
Forderung abtreten (§§ 398 ff. BGB)	to assign a claim
Forderung anerkennen	to allow a claim
Forderung einklagen	to sue for the recovery of a debt
Forderung erfüllen	to satisfy a claim
Forderung geltend machen	to assert / set up a claim
Forderungen	claims
Forderungsabtretung (§§ 398 ff. BGB)	assignment of claim / accounts receivable
Forderungsverletzung	breach of an obligation
Forderungsverzicht	waiver of claims outstanding

Formular- / Standardvertrag	standard form contract
Fracht bezahlt und weiterberechnet	Freight Prepaid and Charged
Fracht kassieren	Freight Collect
Fracht vor Reiseantritt bezahlt	Freight Prepaid
Franchisevertrag	franchise agreement
Frei Abholfahrzeug	Loaded On Departing Vehicle
Frei Abholfahrzeug – keine Abladepflicht	Loaded On Arriving Vehicle
Frei an Bord	FOB Vessel
Frei Eisenbahn	FOR (Free On Rail)
Frei Flughafen	FOB Airport
Frei Waggon / Lkw	FOT (Free On Truck)
Freizeichnung	contracting out of statutory liability
Freizeichnungsklausel	disclaimer / exemption / hold-harmless / non-warranty clause
Frist	time limit
Frist bewilligen	to grant a deadline
Frist einhalten	to keep a time limit, to meet a deadline
Frist einräumen	to grant a period of time
Frist läuft ab	period set aside for . . . runs out
Frist setzen	to set a deadline, to fix a time limit
Frist überschreiten	to disregard a time limit, to pass a deadline, to fail to meet a time target
Frist verlängern	to extend a time limit / deadline
Frist versäumen	to fail to meet a deadline
Frist wahren	to observe a time limit
Frist zur Äußerung	final date for reply
Frist- und formgerecht	in due form and time
Fristablauf	expiration of time, lapse of time
Fristen einhalten	to observe time limits
Fristlos	without notice
Fristlose Entlassung	instant dismissal, dismissal without notice
Fristlose Kündigung	termination without notice
Fristüberschreitung	failure to keep within the time limit
Fristverlängerung	extension of deadline / time limit, extension of time for the filing of returns

Fristwahrung	observance of deadline
Garantiehaftung	liability under a guaranty
Garantieklausel	warranty clause
Gebrauchshaftung	warranty for wear
Gefahr(en)übergang	transfer / passage of risk
Gefährdungshaftung	strict / absolute liability, liability based on causation irrespective of fault
Gefahrenübergang (Gefahren des Verlusts oder der Beschädigung der Ware)	transfer of risks (of loss of or damage to the goods)
Gefahrenübernahme	assumption / acceptance of risk
Gegenanspruch	counter-claim
Gegenargument	counter-argument
Gegenbeweis	counter-evidence
Gegenerklärung	counter-declaration
Gegenmaßnahme	countermeasure
Gegenseite	counterpart / opponent
Gegenstrategie	counterstrategy
Gegenvorschlag	counterproposal
Gegenzug	countermove
Gegner	adversary
Gemeinschaftskontenrahmen industrieller Verbände (GKR)	Joint Standard Accounting system of Industrial Associations
Genehmigung, Ermächtigung, Bevoll-mächtigung, Befugnis	authorisation
Gerichtliche Schritte	legal action
Gerichtliche Schritte unternehmen	to take legal action
Gerichtlicher Vergleich	court settlement
Gerichtshof erster Instanz	first-instance court
Gerichtshof zweiter Instanz	court of second instance
Gerichtsstand	forum, place of jurisdiction, domicilium disputandi
Gerichtsstand des Erfüllungsortes	jurisdiction at the place of performance
Gerichtsstand des Wohnsitzes	forum domicilii
Gerichtsverfahren	legal proceedings
Gerichtsvollzieher	bailiff
Geschäft, Abschluß	deal

Geschäftsbedingungen	general terms and conditions
Geschäftsfähig	competent to contract
Geschäftsfähige Partei	competent party
Geschäftsfähigkeit	legal capacity to contract
Geschäftsführung ohne Auftrag	management of affairs without mandate
Geschäftsgebaren / Geschäftspraxis / Handelspraxis	business methods / practices
Geschäftssitz	registered office
Geschmacksmuster	design patent
Gesellschaft des bürgerlichen Rechts (GbR)	civil law association
Gesellschaft mit beschränkter Haftung (GmbH)	limited liability company
Gesetz gegen den unlauteren Wettbewerb (UWG)	Law Against Unfair Competition
Gesetz gegen Wettbewerbsbeschränkungen (GWB)	Antitrust Law; Law Against Restraints of Competition
Gesetz zur Regelung des Rechts der Allgemeinen Geschäftsbedingungen (AGBG)	Law Relating to Standard Terms and Conditions
Gesetzlich	statutory, legal
Gesetzliche Gewährleistungspflicht	legal warranty
Gestalten, entwerfen	to draft
Gewährleistung für Rechtsmängel	warranty of title
Gewährleistung für Sachmängel	warranty of merchantable quality
Gewährleistung, Garantie	warranty, guaranty
Gewährleistungs- / Garantieklausel	warranty clause
Gewährleistungsansprüche	warranty claims
Gewährleistungsgarantie	guarantee for warranty obligations; defects liability guaranty
Gewährleistungsklage	action for warranty
Gewerbliche Schutzrechte	industrial / intellectual property rights
Gewohnheitsrecht	common law
Grobe Fahrlässigkeit	gross negligence, culpa lata
Grundstück, Immobilie	real estate
Haftbar machen	to hold/make liable in damages, to hold responsible for
Haftpflichtversicherung	liability / third-party insurance

Haftung	(legal) liability
Haftung aus unerlaubter Handlung (§ 823 BGB)	tort liability, liability in tort, liability for unlawful acts
Haftung aus Vertrag	contract(ual) liability
Haftung ausschließen	to rule out liability, to indemnify, indemnification
Haftung bestreiten	to deny liability
Haftung für fremdes Verschulden (§ 278 BGB)	vicarious liability
Haftung für vertragsgemäßen Gebrauch	warranty of fitness for contractual use
Haftung nach dem Verursacherprinzip	source responsibility
Haftung ohne Verschulden	strict liability, liability based on causation, liability without fault
Haftungsausschluß	disclaimer / exclusion of liability, indemnification
Haftungsausschlußklausel	disclaimer / indemnification clause
Haftungsbefreiung	exemption from liability
Haftungsbeschränkung	limitation of liability
Haftungsbeschränkung des Transportunter-nehmers	risk note
Haftungsbeschränkungsklausel	liability exemption clause
Haftungsdauer	indemnity period
Haftungsfreistellung	release from liability
Haftungsfreistellungsvertrag	contract of indemnity
Haftungsfreistellungsklausel	indemnity clause
Haftungsverzicht	waiver of liability
Haftungsverzichtsklausel	liability waiver clause
Haftungszusage	guaranty commitment
Handelsgesetzbuch (HGB)	German Commercial Code
Handelsrecht	commercial law
Handelsregister	Commercial Register
Handelsvertretervertrag	sales representative contract, commercial agency agreement
Haupttransport vom Verkäufer bezahlt	main carriage paid
Haupttransport vom Verkäufer nicht bezahlt	main carriage unpaid
Hinterlegung	bailment, deposit, safekeeping, warehousing
Höhere Gewalt	force majeure

Holschuld	obligation where place of performance is debtor's residence or registered office
Im Auftrag (i. A.)	by order of
Im Auftrag von	on behalf of
In Kraft treten	come into force
Inkrafttreten	effective date
Internationaler Kaufvertrag	international sales contract
Internationales Privatrecht	conflict of laws, private international law
Internationales Warenverzeichnis für den Außenhandel (CST)	Statistical and Tariff Classification for International Trade
Juristisch	legalistic
Juristische Person	legal entity / person, corporate body
Kartellgesetz bzw. Gesetz gegen Wettbewerbsbeschränkungen	antitrust regulations
Kartellrecht	Antitrust Law
Kaufvertrag	sales contract, contract for sale of goods
Kaufvertrag unter Eigentumsvorbehalt	conditional contract of sale
Kautions- / Sicherheitsleistung	bailment
Kennzeichnung	marking
Kläger	plaintiff
Kleingedrucktes	boilerplate, fine print
Knebelungsvertrag	adhesion / oppressive contract
Kommanditgesellschaft (KG)	Limited Commercial Partnership
Kommanditgesellschaft auf Aktien (KGaA)	Commercial Partnership Limited by Shares
Kommission	consignment
Kommissionär (§ 383 HGB), Kommissionsagent / -vertreter, Konsignatar, Konsignationsempfänger	consignee, commission agent
Kommissionsgeschäft (§§ 383 ff. HGB)	commission agency / business
Kommissionsgut	goods consigned; goods on consignment
Kommissionslager	consignment stock
Kommissionsprovision	consignment commission
Kommissionsrechnung	consignment invoice
Kommissionsverkauf	sale on commission

Kommissionsvertrag (§§ 383 ff. HGB), Kommissionärsvertrag	consignment agreement / contract
Kommissionsware	goods in consignment; consignment goods; goods on commission
Kommittent (§ 385 HGB), Konsignant	consignor
Konkurrenzausschlußklausel	noncompetition clause
Konkursordnung (KO)	Bankruptcy Law
Koppelungsvertrag	tying arrangement
Kostenteilung	division of costs
Kündigung	termination, notice
Kündigung eines Vertrags	notice to terminate a contract
Kündigungsfrist	notice term
Landgericht	Regional Court, First-Instance District Court
Leistungsstörung	defective performance, default in performance (e. g. delayed acceptance, default, impossibility)
Liefer- und Zahlungsbedingungen	terms of payment and delivery
Lieferbedingungen	delivery terms, terms of delivery, terms and conditions of sale
Lieferklauseln im internationalen Handel	incoterms (international commercial terms), trade terms
Liefernachweis	proof of delivery
Liefertermin	delivery date
Lieferung vertragsgemäßer Ware	provision of goods in conformity with the contract
Lieferverzug	default of delivery
Lizenzvergabe	licensing
Lizenzvertrag	licensing contract
Machtverhältnis, -gleichgewicht	balance of power
Mangel	deficiency in title, physical defect
Mängel beheben	to remedy a defect
Mängelanzeige, -rüge (§ 478 BGB)	notice of defects
Mängelbeseitigung	remedies on default, correction of faults
Mängeleinrede	defense based on warranty for defects
Mängelgewähr / -haftung (§ 459 BGB)	warranty (for defects), liability for defects
Mangelhafte Erfüllung	defective performance

Mangelhafte Lieferung	defective delivery
Mängelhaftung	warranty for defects
Materielles Recht	substantive law
Materielles Schadensersatzrecht	substantive tort law
Meinungsverschiedenheit	dissent(ion)
Mietkauf	hire-purchase agreement (engl.)
Minderleistung	short-fall in output, loss of efficiency
Minderlieferung	short shipment
Minderung	reduction of purchase price
Mobiliarhypothek, -sicherheit	chattel mortgage / paper
Mustervertrag	sample contract
Nachbesserung	rework, rectification of defects / faults
Nachbesserungspflicht (§§ 633 f. BGB)	obligation to remedy defects
Nachlieferung	additional supply, subsequent delivery
Nachträgliche Vertragsänderung	to enter into an accord and satisfaction
Nicht geschäftsfähig	non sui juris
Nichtig	void
Notarielle Beglaubigung	legalization by a notary
Notarielle Beurkundung	notarial verification, notarization
Oberlandesgericht (OLG)	Intermediate Court of Appeals
Offene Handelsgesellschaft (oHG)	general commercial partnership
Ohne Verschulden	through no fault of one's own
Patentgesetz	German Patent Law
Pauschalierter Schadensersatz, Vertragsstrafe	liquidated amages
Pfand	collateral, pledge
Pfänden	to attach
Pfändung; Beschlagnahme	attachment, sequestration
Positive Forderungs- / Vertragsverletzung	positive breach of contract, defective performance (i. e., other than delay or impossibility of performance)
Präambel	recital
Privatrecht	private law
Produkthaftpflichtversicherung	product liability insurance
Produkthaftung (d. h. verschuldensunabhängige Haftung)	product(s) liability (i. e. strict liability in tort)

Projektbeschreibung	project summary, sell sheet
Prüfung der Waren	inspection of goods
Qualitätsmangel	quality failure
Rahmenvertrag	basic / framework agreement
Reagieren, entgegenwirken	counteract
Recht geltend machen	to assert a right
Recht gewähren	to grant a right
Rechtfertigungsgründe	legal justification
Rechtlich begründet	legally justified
Rechtlich bindende Verpflichtung	legal obligation
Rechtlich vertretbar	legally justifiable
Rechtmäßiger Vertreter	lawful representative
Rechtsanspruch	legal claim
Rechtsanwalt	attorney, lawyer
Rechtsanwaltskanzlei	law firm
Rechtsberatung	legal advice
Rechtsfolgen	legal consequences
Rechtsform	legal form
Rechtsfrage	question of law
Rechtsgeschäft	legal transaction
Rechtsgeschäftlich vertreten	to act for; to contract on behalf of
Rechtsgrundlage	legal foundation
Rechtsgültig	legally effective
Rechtsgültigkeit	legal validity
Rechtsgutachten	legal opinion
Rechtskraft	validity, legal efficacy
Rechtskräftig	legally effective
Rechtskräftiger Anspruch	legally enforceable claim
Rechtskräftiges Urteil	final judgment
Rechtslexikon	legal glossary
Rechtsmittel, Rechtsbehelf	legal remedy, remedy in law, legal relief
Rechtsmittelverzicht	waiver of legal remedy
Rechtsschutz	legal protection, legal recourse
Rechtsstellung	legal position / status

Rechtsstreit (Prozeß)	lawsuit, legal action, suit
Rechtsstreitigkeiten	legal wranglings
Rechtssystem, -ordnung	legal system
Rechtsunwirksam	legally inoperative
Rechtsverbindlich	legally binding, binding in law
Rechtsverbindliche Fassung	legally binding formula
Rechtsverbindlichkeit	binding effect, legal force
Rechtsverhältnis	legal relation(ship)
Rechtsverzicht	waiver of title, disclaimer of right
Rechtsvorschriften	legal requirements
Rechtswahl, anzuwendendes Recht	applicable law, law to apply, governing law
Rechtswidriger Vertrag	illegal contract
Rechtswirksamer Vertrag	valid contract
Rechtswirksamkeit	legal validity
Regeln bestimmen	to set the rules
Retouren	returns
Rückgängigmachung, Stornierung	cancellation
Rückgriff / Regreß nehmen	to have recourse to / against
Rückgriffs- / Regreßrecht	right of recourse
Rücktritt	rescission of, withdrawal from repudiation of contract
Rücktritt vom Vertrag (§ 346 BGB)	rescission of contract
Rücktrittsberechtigter (§ 350 BGB)	rescinding party
Rücktrittserklärung (§ 349 BGB)	notice of rescission
Rücktrittsrecht (§§ 346 ff. BGB)	right to rescind a contract, right to claim rescission of contract
Sachschaden	damage/injury to property, loss of property
Sachschäden-Haftpflichtversicherung	property-damage liability insurance
Sachschadenrisiko	property risk
Sachschadenversicherung	property damage insurance
Salvatorische Klausel	escape clause; severability of provisions
Schadenbearbeitung	claims handling
Schadensabfindung	indemnification, claim adjustment
Schadensabwendungs- und -minderungspflicht (§ 254 BGB)	mitigation of damages

Schadensabwicklung	settlement of claims
Schadensaufstellung	statement of damage
Schadensausgleich	compensation for damage, contributions
Schadensersatz	damages, compensarion in damages (§§ 249–255 BGB)
Schadensersatzanspruch	claim for damages
Schadensersatzansprüche geltend machen	to claim damages
Schadensersatzklage	action to recover damages
Schadensersatzpflicht	liability for damages, obligation to compensate / pay damages
Schadloshaltungsklausel	hold-harmless clause
Schiedsgericht	commercial arbitration
Schiedsgerichtsbarkeit / Schiedsgerichtsbarkeitsverfahren	arbitration
Schilderung des Sachverhalts / Tatbestands, Präambel	recital
Schlichter, Vermittler	arbitrator
Schnellverfahren	expedited procedure
Schriftlich	in writing
Schriftliche Abmachung	written understanding
Schuldhaft	culpably
Schuldhaftes Zögern	culpable delay
Schuldrecht (§§ 241–853 BGB)	law of obligations
Seeversicherung	Ocean Marine Insurance
Sicherheit	collateral
Sicherungsübereignung	transfer of ownership by way of security
Sittenwidrige Bedingung	condition contra bonos mores
Sittenwidriger Vertrag	agreement contrary to public policy
Sittenwidriges Geschäft	transaction contra mores
Sittenwidriges Rechtsgeschäft (§ 138 BGB)	legal transaction violating public policy
Sorgfalt eines ordentlichen Kaufmanns (§ 347 HGB)	due care and diligence of a prudent businessman
Sorgfaltspflicht	duty of care
Speditionsversicherungsschein	Forwarders' Risk Insurance Policy
Spezifikation / Beschreibung der Ware	specification of goods
Steuerrecht	Tax Law

Stillschweigende Bedingung	implied condition
Stillschweigende Einwilligung	acquiescence
Stillschweigende Vereinbarung	tacit agreement / understanding
Stillschweigende Voraussetzung	implicit understanding
Stillschweigende Zustimmung	implied / tacit consent
Stillschweigendes Einverständnis	connivance
Strafschadensersatz	punitive damages
Streitfrage / Streitpunkt	issue
Strittig	contentious
Termin	deadline
Termingerecht	on schedule
Termingeschäft, *siehe auch* Fixgeschäft	time is of the essence, timely performance
Terminplan	(time) schedule
Thema	subject, topic
Transportbedingungen	transport / freight terms
Triftige Gründe	valid reasons
Übereinstimmende Vereinbarung	letter of understanding, heads of agreement
Unabdingbarkeit	prohibitions to change legal provisions by agreement
Unerlaubte Handlung (§ 823 BGB)	tort, tortious act, unlawful act, delict (civil law)
Ungerecht, unbillig, unangemessen	inequitable
Ungerechtfertigte Bereicherung (§ 812 BGB)	injustified benefit, unjust / undue enrichment
Unlauterer Wettbewerb	unfair competition, unfair trade practices
Unlauteres Geschäftsgebaren	dishonest / dubious business practices
Unter Ausschluß der Gewährleistung	without guaranty / warranty
Unterschriftsvollmacht	authority to sign documents
Unterzeichner	signer, signatory
Unverzollt	Duty Unpaid
Unverzollt und keine Zollabfertigung für Import	Duty Unpaid Not Cleared For Import
Urheberrechte	copyrights
Verantwortung	responsibility
Verbindlichkeit	legal validity, binding force, obligation
Verbindlichkeitserklärung	declaration of commitment
Vereinbarung	arrangement, agreement

Vergleich	settlement (i. e. mutual waiver made to put an end to a dispute, § 779 BGB); may be achieved in and out of court
Verhandeln	negotiate
Verhandler	negotiator
Verhandlung	negotiation, bargaining
Verhandlungsangebot	offer to negotiate
Verhandlungsführer	chief negotiator
Verhandlungspartner	counterpart, negotiating counterpart
Verhandlungsposition	bargaining position
Verhandlungsstärke	bargaining power
Verhandlungstechnik	negotiating technique
Verjährter Anspruch	statute-barred debt, stale claim
Verjährung	statutory limitation, statute of limitations, prescription
Verkaufsbedingungen	conditions of sale
Verkehrssitte	common trade or industry practice
Verkehrsübliche Sorgfalt (§ 276 BGB, § 347 HGB)	due diligence
Verletzung der Gewährleistungspflicht	breach of warranty
Verlustrisiko	risk of loss
Versand	shipping, shipment, dispatch
Versandanzeige	delivery / dispatch / shipping note
Versandbedingungen	shipping terms
Versandpapiere	shipping documents
Verschuldenshaftung	liability for default, liability based (proof of) fault
Verstaut und befestigt	Stowed and Trimmed
Vertrag	contract (schuldrechtlicher Vertrag), agreement (allgemein)
Vertrag anfechten	to avoid a contract
Vertrag einhalten	to comply with the terms of a contract
Vertrag erfüllen	to perform one's duties under a contract
Vertrag kündigen	to terminate a contract
Vertrag schließen	to sign an agreement
Vertrag unterzeichnen	to sign a contract

Vertrag verlängern	to renew a contract
Vertrag verletzen	to violate a contract
Vertrag widerrufen	to repudiate a contract
Vertrag zugunsten Dritter	third-party beneficiary contract
Vertraglich	contractual
Vertraglich festgelegt	stipulated by contract
Vertraglich verpflichtet	bound by contract
Vertragliche Bindung	contractual commitment / engagement
Vertragliche Vereinbarung	contractual arrangement
Vertragsablauf	expiration of a contract
Vertragsanspruch	contractual claim
Vertragsaufhebung	rescission of a contract
Vertragsbedingungen	terms / stipulations of a contract, contract provisions
Vertragsbeginn	commencement of a contract, term of agreement
Vertragsdauer	contractual period
Vertragsentwurf	draft contract
Vertragserfüllung	performance of a contract
Vertragsformen	types of cover
Vertragsfreiheit	freedom of contract
Vertragsgegenstand	subject matter of a contract
Vertragsgemäß	contractual
Vertragsgrundlage	basis of contract
Vertragshaftung	contractual liability
Vertragshändlervertrag	distribution / distributorship agreement
Vertragslaufzeit	term of contract, contract period
Vertragsmäßiges Rücktrittsrecht	right of rescission under a contract
Vertragspartei	contracting party
Vertragsparteien (sind zur Durchsetzung ihrer vertraglichen Rechte berechtigt)	privity of contract
Vertragspartner	party to the contract
Vertragspflichten	contractual duties
Vertragsrecht	law of contracts; contract law
Vertragsschluß	formation / making of a contract

Vertragsstrafe (§§ 339 ff. BGB, § 348 HBG)	contract penalty, liquidated damages
Vertragstermin	contract deadline
Vertragstreue Partei	nondefaulting party
Vertragsurkunde	contractual document
Vertragsverhältnis	contractual relationship
Vertragsverlängerung	renewal of a contract
Vertragsverletzung	breach / violation of contract
Vertragsverpflichtung	contractual obligation
Vertragswerk	set of agreements
Vertragswidrig	not conforming to a contract
Vertragswidrigkeit	lack of conformity with the contract
Vertretervollmacht	commision of authority
Vertretungsmacht	power of representation
Verzicht, Verzichtserklärung	waiver, disclaimer
Verzug	delayed performance, delay in performance, default
Vollmacht	authority, proxy, power of attorney
Vollmacht ausstellen	to execute a power of attorney
Vollmacht zum Vertragsabschluß	authority to contract
Vollstreckbar	enforceable by execution
Vollstreckbare Entscheidung	enforceable decision
Vollstreckbare Forderung	enforceable claim
Vollstreckbarkeit	enforceability by execution
Vollstreckung	judicial enforcement, execution
Vollstreckung aussetzen	to stay execution of decision
Vollstreckungsbehörde	law enforcement authority
Vollstreckungsbescheid	judicial order for execution
Vollstreckungsgegenklage (§ 767 ZPO)	action opposing judicial enforcement
Vollstreckungsgericht (§ 764 ZPO)	court in charge of enforcement procedures
Vollstreckungsgläubiger	execution creditor
Vollstreckungsschuldner	execution debtor
Vollstreckungsschutz (§ 765 a ZPO)	protection against unfair judicial execution
Vollstreckungstitel (eines ausländischen Gerichts)	enforceable legal document (exequatur)
Vollstreckungsverfahren	execution proceedings

Vorhaben	venture
Vorsatz	intent, intention
Vorsätzlich	intentional
Vorsätzliche unerlaubte Handlung	intential tort
Vorsichtsmaßnahme, Vorkehrung	safeguard
Wandlung	cancellation of sale (§ 462 BGB), cancellation of contract for work (§ 634 BGB)
Wandlungsrecht	conversion privilege, right of conversion
Warenzeichen	trademark
Werklieferungsvertrag (§ 651 BGB)	work performance contract, contract for work and materials
Werkvertrag (§§ 631 ff. BGB)	contract for work / services / hire, work contract
Wettbewerbsbeschränkung	restraint of competition / trade, restrictive practices
Wie gesehen	as is
Wiedereinsetzung in den vorherigen Stand	restitution (restoration) to the previous condition; restitutio in integrum
Wiederverladung nach Abgangsort	Reloaded On Carrying Vehicle
Willenserklärung	declaration of intention, manifestation of intent
Zahlbar bei Aufforderung	payable on demand
Zahlbar bei Fälligkeit	payable when due / at maturity
Zahlbar bei Lieferung	payable on delivery
Zahlbar bei Sicht	payable on demand / at sight / on presentation
Zahlbar bei Vorlage	payable on presentation
Zahlbar nach Sicht	payable after sight
Zahlungsbedingungen	payment terms
Zivilklage / Zivilprozeß	civil action / suit / proceedings / litigation
Zivilkammer	Chamber for Civil Matters
Zivilprozeßordnung (ZPO)	Code of Civil Procedure
Zollabfertigung	customs clearance
Zollabfertigung für Export	Cleared For Export
Zollabfertigung für Import	Cleared For Import
Zollvorschriften, -bestimmungen	customs regulations

Zugeständnis	concession
Zurückbehaltungsrecht, Faustpfand	lien
Zustimmung	agreement
Zwangsversteigerung (§§ 814 ff. ZPO)	forced (execution) sale
Zwangsvollstreckung	compulsory execution, levy upon property

Literaturverzeichnis

Außenwirtschaftsrecht '98/99. Einführung, Fundstellen, Vorschriftentexte. Deutscher Wirtschaftsdienst, Köln 1998 (25. Auflage).

Axtell: *Do's and Taboos of International Trade. A Small Business Primer.* John Wiley Publications.

Bernstorff, Ch. Graf von: *Rechtsprobleme im Auslandsgeschäft.* Frankfurt 1992.

Bernstorff, Ch. Graf von: *Vertragsgestaltung im Auslandsgeschäft.* Frankfurt.

Black's Law Dictionary. West Publishing, St. Paul, Minnesota.

Curry, Jeffrey E.: *A Short Course in International Negotiating.* Deutsche Übersetzung: *Internationale Verhandlungen planen und führen.* Deutscher Wirtschaftsdienst, Köln 1999.

Digest of Commercial Laws of the World. Oceana Publications, Dobbs Ferry, New York.

Haferkamp, D.; Hafke, H. C.; Lo, Th.; Paesler, St.: *EG-Wirtschaftsrecht Außenwirtschaft.* Deutscher Wirtschaftsdienst, Köln (6 Bände; Loseblattsammlung).

International Law Digest. Martindale Hubbell. 1997.

Hinkelman, Edward G.: A *Short Course in International Payments.* World Trade Press, San Rafel, California. 1999. Deutsche Übersetzung in Vorbereitung beim Fachverlag Deutscher Wirtschaftsdienst, Köln.

Hinkelman, Edward G.: *Dictionary of International Trade.* 3 rd edition. World Trade Press, San Rafael, California, 1999.

ICC Model International Sale Contract. Manufactured Goods Intended for Resale. ICC Publishing, Inc., New York.

Incoterms 2000. ICC Publishing. Publ. Nr. 560.

The Legal Dictionary for Bad Spellers. John Wiley Publications.

Managing for Products Liability Avoidance. The Product Integrity Program, CCH Inc., Chicago, Illinois, 1994.

Mitchell, Charles: *A Short Course in International Business Culture.* World Trade Press, San Rafel, California, 1999. Deutsche Übersetzung in Vorbereitung beim Fachverlag Deutscher Wirtschaftsdienst, Köln.

Otto, Hans H.; Müller, Holger: *Allgemeine Geschäftsbedingungen im internationalen Wirtschaftsverkehr.* Hermann Luchterhand Verlag, Neuwied 1994.

Real Life Dictionary of the Law. General Publishing Group, Inc.

Retailing in the Single European Market. Office for Official Publications of the European Communities. 1993.

Schlicher: *Licensing Intellectual Property. Legal, Business, and Market Dynamics.* Wiley Law Publications, Colorado Springs, Colorado.

Simensky und Bryer (Hrsg.): *The New Role of Intellectual Property in Commercial Transactions*. Wiley Law Publications. 1994.
Sitarz: *The Complete Book of Small Business Legal Forms*. Nova Publishing.
Weiss: *Building an Import/Export Business*. John Wiley Publications.

Register

Dieses Register erschließt den Hauptteil des Buches. Weitere Begriffe finden Sie im Kurzlexikon sowie im Begriffsverzeichnis Deutsch-Englisch im Anhang.

Über die Autorin

Karla C. Shippey, J. D., ist als internationale Rechtsanwältin auf gewerbliche Schutzrechte sowie Transaktionen weltweit tätiger Unternehmen spezialisiert und hat zahlreiche Beiträge über Rechtsfragen des Auslandsgeschäftes veröffentlicht. Sie ist Partnerin der Rechtsanwaltskanzlei Hilborne, Hawkin & Co. in Orange, Kalifornien/USA. Zu ihren Mandanten gehören multinationale Unternehmen.